自然资源权利配置法律机制研究

单平基 著

东南大学出版社
·南京·

图书在版编目(CIP)数据

自然资源权利配置法律机制研究/单平基著. —南京：东南大学出版社,2020.6
ISBN 978-7-5641-8890-0

Ⅰ.①自… Ⅱ.①单… Ⅲ.①自然资源保护法—研究—中国 Ⅳ.①D922.604

中国版本图书馆 CIP 数据核字(2020)第 068624 号

⊙ 本著作为司法部国家法治与法学理论研究一般课题"自然资源权利配置法律机制研究(15SFB2031)"研究成果

自然资源权利配置法律机制研究
Ziran Ziyuan Quanli Peizhi Falü Jizhi Yanjiu

著　　者	单平基
出版发行	东南大学出版社
社　　址	南京市四牌楼2号　邮编：210096
出版人	江建中
网　　址	http://www.seupress.com
经　　销	全国各地新华书店
排　　版	南京星光测绘科技有限公司
印　　刷	南京工大印务有限责任公司
开　　本	700mm×1000mm　1/16
印　　张	13.25
字　　数	270千字
版　　次	2020年6月第1版
印　　次	2020年6月第1次印刷
书　　号	ISBN 978-7-5641-8890-0
定　　价	72.00元

本社图书若有印装质量问题,请直接与营销部联系。电话：025-83791830

作者简介

单平基，男，东南大学法学院副院长、副教授、硕士生导师，法学博士。担任最高人民检察院民事检察研究基地（CTTI）主任、东南大学环境资源法研究中心主任、《东南法学》编辑。现为中国法学会民法学研究会理事、中国水利学会"水法专业委员会"委员、江苏省环境资源法学研究会常务理事、副秘书长、江苏省民法学研究会理事、江苏省生态法学研究会理事、南京市人大常委会立法咨询委员会委员、南京市"七五"普法讲师团成员。入选江苏省高校"青蓝工程"优秀青年骨干教师、第四届江苏省优秀青年法学家提名奖、东南大学至善青年学者、东南大学优秀青年教师教学科研资助计划。取得吉林大学民商法学博士、吉林大学民商法学硕士、山东大学法学学士学位，曾于加拿大英属哥伦比亚大学（UBC）、香港大学法学院访学及江苏省委党校进修。研究方向：民法原理、物权法、合同法、侵权法、环境资源法。

作为主持人，主持承担国家社科基金项目、教育部人文社科基金项目、教育部人文社科基金后期资助项目、司法部国家法治与法学理论研究项目、中国法学会部级法学研究课题、江苏省社科基金项目、江苏省教育规划"十三五"重点课题等国家级、省部级课题7项，主持承担中国民法学青年学者研究项目、江苏省高校哲学社会科学研究课题等厅局级及其他课题20余项，出版专著3部，在《法律科学》《法商研究》《清华法学》《法学》《现代法学》《当代法学》等期刊发表学术论文近40篇，其中在CLSCI法学核心期刊发表论文10余篇，在CSSCI核心期刊发表论文24篇。多篇论文被人大报刊复印资料《民商法学》《经济法学、劳动法学》《中国社会科学报》及《检察日报》等转载/摘。曾获中国民法学"佟柔民商法发展基金青年优秀研究成果奖"、环境保护部及中国法学会优秀论文一等奖、中国法学家论坛二等奖、江苏省"社科应用研究精品工程"优秀成果一等奖、江苏省法学优秀成果奖、东南大学教学奖励一等奖、东南大学"三育人"积极分子等奖项。

目 录

导 言 …………………………………………………………（1）
  一、研究背景 …………………………………………………（1）
  二、主要研究内容 ……………………………………………（6）

第一章 自然资源所有权归属及其定性纷争 ……………（15）
  第一节 自然资源的内涵及其所有权归属 …………………（15）
    一、自然资源的内涵 ………………………………………（15）
    二、《宪法》和《物权法》关于自然资源所有权归属的规定 ………（18）
  第二节 自然资源所有权性质论争及其误区 ………………（20）
    一、自然资源所有权定性纷争 ……………………………（20）
    二、界定自然资源所有权性质的必要性及可能的误区 …（24）

第二章 自然资源之上权利的关系理顺 …………………（30）
  第一节 自然资源国家所有权并非单一属性 ………………（31）
    一、自然资源国家所有权单一化定性的省思 ……………（31）
    二、自然资源负载多项权利之间关系理顺的困境 ………（35）
  第二节 自然资源之上负载多层权利 ………………………（37）
    一、从规范角度看自然资源多层权利 ……………………（37）
    二、自然资源多层权利的理论解读 ………………………（46）

第三节 自然资源多层权利的沟通路径 …………………………… (48)
　一、自然资源负载利益的全民性与宪法上国家所有权 ………… (48)
　二、自然资源国家所有权性质的双重性 ………………………… (50)
第四节 理顺自然资源多层权利关系的制度功能 ………………… (61)
　一、为自然资源用益物权的创设提供可能 ……………………… (61)
　二、有利于自然资源所有权的具体行使 ………………………… (62)
　三、发挥自然资源的最大价值及促进自然资源改革的深化 …… (64)

第三章 绿色原则对自然资源权利配置的影响 ………………… (67)

第一节 问题的提出 ………………………………………………… (68)
第二节 绿色原则入典的理论证成 ………………………………… (69)
　一、质疑绿色原则作为民法基本原则的观点整理 ……………… (70)
　二、绿色原则作为民法基本原则的正当性 ……………………… (70)
第三节 绿色原则辐射至自然资源权利配置的理论证成 ………… (74)
　一、绿色原则辐射至自然资源权利配置的正当性 ……………… (75)
　二、绿色原则辐射至自然资源权利配置的进路 ………………… (78)
第四节 绿色原则辐射下自然资源权利配置的制度设计 ………… (80)
　一、《物权法》蕴含绿色原则之既有自然资源权利配置规范的识别
　　 …………………………………………………………………… (81)
　二、《民法典》中关涉绿色原则的自然资源权利配置制度补阙
　　 …………………………………………………………………… (85)

第四章 宅基地"三权分置"权利配置和法律逻辑 ……………… (92)

第一节 问题的提出 ………………………………………………… (92)
第二节 宅基地"三权分置"权利配置改革的政策指向 …………… (94)
　一、宅基地"两权分离"权利配置体系的缺陷 …………………… (94)
　二、宅基地"三权分置"权利配置改革的政策意蕴 ……………… (97)
第三节 构建宅基地"三权分置"权利配置结构的制度逻辑 ……… (98)
　一、"落实宅基地集体所有权"的正当性及路径选择 …………… (99)
　二、"保障宅基地农户资格权"的功能及进路 …………………… (103)

三、"适度放活宅基地使用权"的制度选择及其限度 …… (106)
　第四节　宅基地"三权分置"权利配置结构的具体构造 …… (113)
　　一、宅基地"三权分置"的权利配置结构 …… (113)
　　二、宅基地"三权分置"权利配置的立法论进路 …… (116)

第五章　承包地权利配置机制的完善 …… (120)
　第一节　土地承包经营权概念应予守成 …… (120)
　　一、农地"三权分置"中是否保留土地承包经营权的歧见 …… (120)
　　二、《民法典》物权编草案保留土地承包经营权概念的正当性
　　　　…… (121)
　第二节　土地承包经营权变动应改采债权形式主义 …… (125)
　　一、解释论:土地承包经营权变动之债权意思主义 …… (125)
　　二、立法论:土地承包经营权变动之债权形式主义 …… (126)
　第三节　土地承包经营权的流转规范应予修正 …… (129)
　　一、《民法典》物权编草案第129条的修正 …… (129)
　　二、对实行家庭承包的土地承包经营权流转的立法补阙 …… (132)
　第四节　《民法典》物权编之土地承包经营权的具体完善建议 …… (135)
　　一、关于法权概念的选择 …… (135)
　　二、关于土地承包经营权的变动模式 …… (135)
　　三、关于土地承包经营权的流转 …… (136)
　　四、关于土地承包经营权的抵押 …… (136)

第六章　其他典型自然资源权利的具体配置 …… (137)
　第一节　野生动植物资源的权利配置 …… (137)
　　一、野生动物资源所有权立法现状 …… (137)
　　二、野生动物资源所有权的归属 …… (138)
　　三、野生动物资源归国家所有可能产生的问题 …… (138)
　　四、野生动物资源所有权与野生动物所有权的区分 …… (142)
　　五、野生植物资源所有权的归属及行使 …… (146)

第二节 水资源的权利配置 …………………………………… (148)
一、水资源所有权的归属 …………………………………… (148)
二、水资源所有权的行使 …………………………………… (150)

第三节 矿产资源的权利配置 …………………………………… (154)
一、矿产资源所有权的归属 ………………………………… (154)
二、矿产资源所有权的行使 ………………………………… (155)

第四节 无线电频谱资源的权利配置 …………………………… (159)
一、无线电频谱资源符合自然资源的特征 ………………… (159)
二、无线电频谱资源应纳入民法中的物的范围 …………… (162)
三、无线电频谱资源在民法上可能采取的所有权模式 …… (164)
四、无线电频谱资源应属于国家所有 ……………………… (166)

第五节 森林资源的权利配置 …………………………………… (168)
一、森林资源所有权的归属 ………………………………… (168)
二、森林资源所有权的行使 ………………………………… (169)

第六节 草原资源的权利配置 …………………………………… (172)
一、草原资源所有权的归属 ………………………………… (172)
二、草原资源所有权的行使 ………………………………… (172)

第七节 海域资源的权利配置 …………………………………… (174)
一、海域资源所有权的归属 ………………………………… (174)
二、海域资源所有权的行使 ………………………………… (176)

结 论 …………………………………………………………………… (180)

参考文献 ………………………………………………………………… (183)

导　言

一、研究背景

（一）自然资源危机亟需关注自然资源权利配置

当前,自然资源呈现出日益稀缺性的特征,亟需法学界关注其权利配置问题。国家正在有序推行建立健全自然资源资产产权制度,如何正确处理自然资源资产与公众共用自然资源的关系,合理配置自然资源权利,是关系到合理而有效地开发、利用、保护和治理自然资源,维护和保障公众共同享用自然资源权益的一个重要问题。[1] 毕竟,一项自然资源是否具有市场价值,只有在其实用性和稀缺性并存时才能显现出来。[2]

当今社会正面临严峻的自然资源危机:水资源短缺、枯竭及污染严重,用水争端频发;矿产资源乱占、滥采;森林、草原资源过度利用;渔业资源极度减少等。自然资源的稀缺性决定了构建自然资源权利配置制度的必要性。实际上,可供人类利用的自然资源非常有限。为合理发挥自然资源的生态、经济等效益,法律应对国有自然资源的使用予以配置。由于我国自然资源不可为私人所有,因此自然资源的配置,实质上是自然资源使用权的配置,即通过某种方式使私人获得国有自然资源的使用权。长期以来,我国形成的政府主导、以行政审批为手段的国有自然资源配置模式,逐渐暴露出很多社会问

---

[1] 参见蔡守秋:《论公众共用自然资源》,《法学杂志》2018年第4期,第43页。

[2] 参见[美]托马斯·思德纳:《环境与自然资源管理的政策工具》,张蔚文、黄祖辉译,上海三联书店、上海人民出版社2005年版,第33页。

题。其中,最为典型的是某些地方政府以追求经济效益作为配置国有自然资源的主要目的,造成破坏性开发、自然资源使用不公等后果,这与设立自然资源国家所有权的初衷相违背。[1]自然资源的日益稀缺性决定了其不能满足所有人的使用需求,导致自然资源权利配置纠纷频发。在我国的司法实践中,存在着大量的自然资源权利配置纠纷,且呈现不断蔓延的趋势。[2]自然资源的有限性加剧了这种稀缺性,必然意味着自然资源无法满足所有使用者的需求,进而导致自然资源的所有者与利用者之间产生冲突。[3]当可耗竭的自然资源变得稀缺时,单纯依靠使用者自我限制的约束机制,无法实现自然资源可持续利用的预期,需要对自然资源权利配置的法律机制给予足够的重视。此时,就需要对自然资源使用权的法律限制,即自然资源使用权的自由行使受到法定标准的约束,通过限制权利行使的时间、空间、方式,求得生态环境之休养生息。[4]

如何将相对有限的自然资源在不同使用者之间合理配置,就成为法学界必须直面的课题,凸显了构建合理的自然资源权利配置制度的重要性。这需要我们在可控的当前"立即采取有效措施",防止事态变得更糟。[5]因而,必须构建合理的自然资源权利配置规范,藉此对自然资源的归属、使用予以界定,使之成为定分止争的重要制度依据及规范保障。毕竟,法律是定分止争、治理社会的一种重要工具。[6]构建合理的自然资源权利配置规范,解决自然资源所有和利用之间的矛盾,也是我们关注自然资源权利配置的出发点及最终归宿。

---

〔1〕 参见欧阳君君:《论国有自然资源配置中的公众参与》,《江汉论坛》2018 年第 4 期,第 124 页。

〔2〕 以水资源权利配置为例,2009 年晋冀豫三省发生了 16 万民众关于清漳河用水之争。参见陈勇:《晋冀豫清漳河水权之争》,《民主与法制时报》2010 年 1 月 18 日,第 A07 版。另外,水权配置的群体性纠纷在取水、排水领域均有体现。较为典型的群体性水资源使用权取得纠纷,参见"黄同德等与重庆市江津区凡江河水电站排除妨碍纠纷案",相关判决见重庆市第五中级人民法院(2009)渝五中法民终字第 1111 号等民事判决书。

〔3〕 参见房绍坤:《用益物权基本问题研究》,北京大学出版社 2006 年版,第 30 页。

〔4〕 参见潘佳:《自然资源使用权限制的法规范属性辨析》,《政治与法律》2019 年第 6 期,第 132 页。

〔5〕 参见[美]汤姆·泰坦伯格:《自然资源经济学》,高岚、李怡、谢忆等译,人民邮电出版社 2012 年版,第 114 页。

〔6〕 参见[日]穗积陈重:《法典论》,李求轶译,商务印书馆 2014 年版,第 27 页。

（二）健全自然资源权利配置法律机制的重要性

面对日益严峻的自然资源危机，为应对滥用、乱用、抢占自然资源的状况，突破单纯依赖行政手段配置自然资源的禁锢，法学界开始关注自然资源权利配置问题。自然资源权利配置既是一个经济学、社会学命题，更是一个法学命题，是处理不同使用者之间权利、义务关系的制度依据，也是实现自然资源优化配置目标的重要保障。在此意义上，自然资源权利配置作为一个经济学命题，要顾及自然资源配置的效率；作为一个法学命题，要考量及衡平权利配置过程中各方当事人的权利、义务，使之成为约束人们对自然资源使用行为的普遍性规则。

在我国，包括矿产资源、水资源、海域资源等在内的自然资源不能归属于私人所有，在这些自然资源之上只能成立国家所有权。因此，这些自然资源无法作为交易的客体，不能进入交易领域。在此情况下，实际上"用益物权承担了市场中交易产权的功能"。[1] 伴随对自然资源利用程度的加深及需求量的急剧增长，自然资源用益物权在现代社会越来越呈现出独特的资源配置功能，[2] 在自然资源权利制度层面，成为极其重要的物权形态。因此，在自然资源之上设置的用益物权究竟采用何种模式，就将会直接关系到上述自然资源之合理配置目标的实现。例如，在水资源权利领域，构建什么样的水资源用益物权（水权[3]）制度，就直接关系到我国水资源产权制度的构建以及水资源配置目标的实现。以此推之，如何结合我国正在开展的农村土地法制改革，构建新型的农地权利体系，则关系到土地资源权利配置目标的实现。

自然资源传统上就被认为是财产，可为人类占有和使用，构成民法上的

---

[1] 朱岩、高圣平、陈鑫：《中国物权法评注》，北京大学出版社2007年版，第364页。

[2] 参见房绍坤：《用益物权基本问题研究》，北京大学出版社2006年版，第30页。

[3] 本著作中的水权是指派生于民法上水资源国家所有权的水资源用益物权，而非水资源所有权或其他权利。参见崔建远：《水权转让的法律分析》，《清华大学学报（哲学社会科学版）》2002年第5期，第42-43页。水权定性为用益物权的依据是《物权法》第123条。本条使用的虽是"取水权"，但它包含着"取用"水资源这一水权的内核，并非单指"汲取"水资源。依据《取水许可和水资源费征收管理条例》第2条第1款，取水指利用取水工程或设施直接从江河、湖泊或地下"取用"水资源。《水法》第48条亦规定，直接从江河、湖泊或地下"取用"水资源的单位和个人，应按取水许可和水资源有偿使用制度的规定，向水行政主管部门或流域管理机构申请领取取水许可证，并缴纳水资源费，取得取水权。遵循法律的整体性解释，取水权实际指向"取用"水资源，既包括取水的权利，也包括用水的权利，"只取不用"也与社会常态相悖。参见单平基：《我国水权取得之优先位序规则的立法建构》，《清华法学》2016年第1期，第142页注释1。

物。但是随着环境问题的日益严峻,其生态价值越来越受到重视,因此被认为区别于一般的物而具有特殊性。在自然资源权属关系的法律调整问题上,作为法律关系客体的自然资源的财产属性已为物权法所确认,而自然资源除具有财产属性以外,其主要功能便是生态功能。[1] 由此,对自然资源的配置,就需要以自然资源的所有权和使用权为基础,充分考虑其生态价值,对其自由使用进行合理限制,形成有效的自然资源总量控制和公共管制。[2] 这需要克服长期以来将自然资源看作是一种每个人均可自由享用的公共物品的错误观念,进而为在其上设置权利制度提供逻辑前提。对自然资源的抢占及滥用,以及自然资源权利配置机制的不健全,成为引发自然资源使用纠纷的重要因素。[3] 这就必然需要通过自然资源权利配置制度的构建以定分止争,并为自然资源的市场配置提供制度根基,将自然资源移转到最需要使用者的手中。在此意义上,自然资源权利配置问题归根到底是关于如何实现自然资源优化配置目标的法律制度问题。

法律在自然资源权利配置中发挥着无可替代的作用。私法与公法划分的目的在于区分国家关系与私人关系。[4] 当前,自然资源的法律困境主要是如何处理自然资源权利的配置问题。其中,需要准确界定自然资源使用权的性质。在我国,自然资源使用权通常是指国家经过行政特许而赋予公民的一种财产性权利。此种权利的配置不仅可以形成一项个体财产权利,同时此种权利配置中也寄予着深刻的公共利益而又具有了非同于私法权利的特殊性格。[5] 正是因此,才有学者指出,这种权利更像是一种公法上的物权。[6] 为此,就我国正在进行的《民法典》编纂而言,探讨自然资源的权利配置问题就具有非常

---

[1] 参见周珂:《我国环境立法价值与功能之方法论研究——兼论彭真环境立法方法论》,《政法论丛》2019年第5期,第118页。

[2] 参见刘长兴:《论流域资源配置的基本原则与制度体系》,《政法论丛》2019年第6期,第97页。

[3] 参见[美]托马斯·思德纳:《环境与自然资源管理的政策工具》,张蔚文、黄祖辉译,上海三联书店、上海人民出版社2005年版,第555页。

[4] 参见林诚二:《民法总则》(上册),法律出版社2008年版,第5页。

[5] 参见张牧遥:《论国有自然资源权利配置之公众参与权的诉权保障》,《苏州大学学报(哲学社会科学版)》2018年第1期,第68页。

[6] 参见[法]佛朗索瓦·泰雷、菲利普·森勒尔:《法国财产法》,罗结珍译,中国法制出版社2008年版,第414-428页;王名扬:《法国行政法》,北京大学出版社2007年版,第258-259页;王克稳:《行政许可中的特许权的物权属性与制度构建研究》,法律出版社2015年版,第193-204页。

重要的意义。水权、农地"三权分置"等新型权利类型及体系,应否及如何纳入《民法典》之中就成为学界必须考虑的问题。一项权利能否法典化,决定着我们对该项权利的态度及法律思维习惯,甚至影响着整个社会的现代化进程。权利的法典化将有助于带来及影响人们以体系为导向的法律思维方式,并有利于推动一个社会的现代化进程。[1] 自然资源的价值只有通过开发利用才能够实现,而且我国自然资源所有权归属的单一性也决定了自然资源权利理论研究和立法的关注重点应当是"利用",而非"归属";应当着眼于自然资源的有效利用及其权利的实际运作,在强化"使用"的过程中不断丰富和发展我国的自然资源物权制度。[2]

法律在自然资源权利配置中的作用,主要体现在自然资源所有权及使用权的配置方面。自然资源配置与其权利配置实际上是一枚硬币的两面,权利配置的目标就在于实现自然资源的合理配置。毕竟,基于日益严格的自然资源管理的要求,需要完善的自然资源分配及其权利配置制度来实现。本著作通过自然资源权利配置法律机制的研究,寻求应对自然资源危机的法律路径。

以下问题需要重点关注,包括:其一,建构自然资源权利配置的法律机制,真正落实自然资源全民所有权。如何使全民所有的自然资源真正回到全民手中,进而使全民受益,将是自然资源权利配置研究的重要内容。本著作将论证自然资源之上权利划分的层次性,理顺自然资源使用权与自然资源全民所有、宪法上自然资源所有权、民法上自然资源所有权的关系,为自然资源权利配置提供深层次理论基础。其二,明晰自然资源权利的初始取得规则,定分止争。针对自然资源的使用争端,建立自然资源权利的合理取得规则,为避免自然资源权利取得过程中出现的盲目滥用、乱用现象提供制度基础。我国自然资源权利初始取得制度尚不尽完善,例如,关于水权取得优先位序的规定过于简单、笼统;缺乏对水权、采矿权、海域使用权取得公示方式的规定等。其三,探讨自然资源权利配置的一般性理论,为健全自然资源权利配置机制提供理论基础。厘清不同自然资源权利的特性,并寻求各种权利之间的共性。循此,如何制定正当的自然资源权利配置制度,如何证成自然资源所有权的归属,以及厘清由自然资源所有权派生出自然资源使用权的路径,

---

[1] 参见苏永钦:《寻找新民法》(增订版),北京大学出版社2012年版,第123页。
[2] 参见王洪亮:《自然资源物权法律制度研究》,清华大学出版社2017年版,第6页。

进而为自然资源使用权的制度构建提供理论根基,就成为必须回答的问题。其四,构建自然资源权利配置的利益共享机制。自然资源开发面临生态环境保护、地方经济发展、当地居民生活、资源利益分配等诸多考验。建构自然资源利益共享机制需解决的问题至少包括:利益相关者的界定、利益共享的模型构建、利益共享的制度保障及其实现。全面、深入地研究自然资源权利配置的一般理论,进而建构完善的自然资源利益共享机制,这也是本著作研究的最终目的和归宿。

二、主要研究内容

本著作通过自然资源权利配置机制的研究,寻求应对自然资源危机的法律路径。本著作对我国当前已经确立的自然资源权利配置制度的实施情况,进行批判性的考察及分析,并对相关制度的进一步完善进行文献及比较研究,尝试对司法实践中频发但尚未解决的自然资源权利配置难题寻求解决办法。随着国民经济和社会的高速发展,我国对自然资源的需求越来越大,但自然资源领域大量存在开发利用不合理甚至严重浪费自然资源的问题,这对国民经济和社会可持续发展构成严峻挑战。[1]

通过研究,将尝试回答以下问题:我国现有的自然资源权利配置规范存在哪些缺陷?如何通过理论研究对其予以完善?如何通过合理的自然资源权利配置机制的构建,将自然资源权利于存有竞争关系之不同使用者之间进行合理配置?如何采取措施纠正当前相关权利配置的错置问题,进而实现合理地保障社会公平的基本目标?[2] 经济学上讲资源配置在静态意义上指资源在主体之间的分配状况,在动态意义上指资源在主体之间的分配过程,即主体获得对资源控制的过程。在此使用"配置"一词指社会对资源的控制、管理和使用状况,也指自然资源被不同主体控制、管理和使用的过程。[3]

围绕上述问题,本著作研究的主要内容具体体现为以下方面:

1. 理顺自然资源之上多项权利之间的关系,并建构其体系。学界对自

---

[1] 参见孙佑海:《从反思到重塑:国家治理现代化视域下的生态文明法律体系》,《中州学刊》2019年第12期,第57页。

[2] 参见[英]朱迪·丽丝:《自然资源:分配、经济学与政策》,蔡运龙、杨友孝、秦建新等译,商务印书馆2002年版,第341页。

[3] 参见刘长兴:《论流域资源配置的基本原则与制度体系》,《政法论丛》2019年第6期,第96页。

然资源国家所有权的法律属性,尤其是其能否构成一项民事权利仍存在较大争议。[1]由于对自然资源国家所有权的公权性质与私权性质未作明晰区分,导致资源的经营管理与监督管理都集中于政府部门。单一的行政调节机制,尤其是命令—控制式的治理机制存在着规制成本过高、权力寻租、受规制主体缺乏主动性等诸多弊端,呈现出滞后性、不可持续性,影响了治理工作的纵深推进和治理效果。[2]这需要理顺自然资源使用权与自然资源全民所有、宪法上自然资源所有权、民法上自然资源所有权之间的关系,需要对自然资源使用权生成的母权基础——民法上自然资源所有权进行理论证成,为自然资源使用权之生成寻求理论根基。为保证自然资源权利配置相关研究的展开,必须对自然资源所有权进行研究。目前学者大多直接对自然资源使用权进行探讨,而绕过了关于自然资源所有权的理论解读。建构合理的自然资源权利配置制度,必须解读自然资源使用权得以生成的母权基础——自然资源所有权理论,分析其对自然资源权利初始取得及转让所产生的影响。

本著作在对自然资源权利配置的理论基础进行解读的同时,也将对自然资源之上权利的层次性进行分析及论证。目前,我国形成了以《大气污染防治法》《水污染防治法》《固体废物污染防治法》《环境噪声污染防治法》《放射性污染防治法》等法律为主体的污染防治法律子系统;在自然资源保护领域,形成了以《土地管理法》《水法》《矿产资源法》《草原法》《森林法》等法律为主体的法律子系统;在生态保护领域,形成了以《野生动物保护法》《水土保持法》《防沙治沙法》等法律为主体的法律子系统。这种以自然资源和生态环境要素保护为重心和主线的法律规范将自然资源和生态环境保护这一宏大的任务分解为污染防治、自然资源保护和生态保护等子系统,并进一步将各个子系统分为各种环境要素、资源要素和生态要素进行立法保护,通过步步分解的做法将生态环境保护这一宏大任务进行落实,具有一定的科学性和合理性。[3]此时,自然资源之上不仅负载着一种权利,而是呈现出不同的权利形态,并且体现为一种非常强的权利层次性,将对自然资源权利配置产生重要的影响。这需要论证自然资源之上权利划分的层次性,并建构其体系。理顺自然资源在宪法层面上的"全民所有"(《宪法》第9条)、宪法层面上的所有权

---

[1] 参见刘静:《论生态损害救济的模式选择》,《中国法学》2019年第5期,第277页。

[2] 参见黄智宇:《生态文明语境下我国自然资源多元治理体系之优化》,《江西社会科学》2017年第10期,第220页。

[3] 参见徐以祥:《论我国环境法律的体系化》,《现代法学》2019年第3期,第84页。

(《宪法》第9条)、民法层面上的所有权(《物权法》第46条)之间的关系,对自然资源用益物权(包括取水权、排水权、土地承包经营权、宅基地使用权等)的母权基础从规范层面及理论角度进行解读,为上述自然资源用益物权的生成及私权定性寻求理论根基,并为自然资源产品所有权的取得提供基础。自然资源产品取得权的核心权能是分离和取得权能,系自然资源所有权使用和收益权能的转化形态。[1]

如何理解《宪法》第9条中的"国家所有即全民所有"存有争议。该条规范为公众参与国有自然资源配置提供了依据,但围绕该规定,学界形成了不同观点。一种观点认为,国家所有权不能被理解为全民所有权。全民始终是一个抽象的集合概念,它本身无法成为一个独立于其成员的人格实体。"国家所有即全民所有"并不是一种所有权的表达方式,而是一种所有制的表达方式,宪法上的这一规定是一种政治上的价值判断,构成的是一种"制度性保障"。另有观点认为,"国家所有即全民所有"实际上是公共信托理论在自然资源管理领域的适用。[2]《宪法》第9条的作用是对国家代表全民、按照全民意志管理自然资源进行授权。国家享有的是一种义务性强烈的代表和受托代为管理的权利。[3]例如,普通法通过公共信托原则和国家亲权原则授予了(美国)州政府就部分自然资源损害起诉的权利。[4]在美国,自然资源受托管理人是环境权诉讼的适格索赔人,代表公众对非私有的自然资源损害提起诉讼。联邦和各州政府有责任保护和维护各自辖区的自然资源。政府作为受托人既有责任又有义务保护因信托所拥有的自然资源,造福于公众,并可以决定保护和维护自然资源的时间和方式。[5]如何对"国家所有即全民所有"进行解读就成为构建自然资源权利配置机制的逻辑基础。有学者认为,民法对自然资源所有权的定性应当与宪法一致,即确认自然资源的所有权主体为全体人民,民法对该种所有权的保护是保护部分民事主体在不侵犯

---

[1] 参见王社坤:《自然资源产品取得权构造论》,《法学评论》2018年第4期,第165页。

[2] 参见欧阳君君:《论国有自然资源配置中的公众参与》,《江汉论坛》2018年第4期,第125页。

[3] 参见郭晓虹、麻昌华:《论自然资源国家所有的实质》,《南京社会科学》2019年第5期,第109页。

[4] 参见刘静:《论生态损害救济的模式选择》,《中国法学》2019年第5期,第272页。

[5] 参见盖晓慧:《狭义环境损害的民事救济困境及制度救赎》,《河北法学》2019年第4期,第150页。

其他全体人民共同的合法权益的前提下对自然资源的合理利用。[1]

自然资源除具有财产属性外,还具有生态性。自然资源本质上的共同所有与共同使用特性决定了在国家所有与全民所有的关系上,全民所有是基础,国家所有是形式,正是这些自然资源本质上属于全民所有,因而才被宪法设定为国家所有。[2]国家必须制定一般性法律保护或防止宪法中国家所有的规范内容遭到侵害,并且要通过一般性法律的制定实现宪法中国家所有的规范内容。[3]就宪法上的自然资源国家所有权而言,从自由主义国家到福利国家,再到环境国家,国家任务不断更新,但是保障公民的基本权利并不断促进公民权利量的增长和质的提升是现代民主法治国家的主要职能和合法性基础。[4]就民法上的自然资源国家所有权而言,《物权法》规范一方面向上连接着宪法,为实现宪法中国家所有的规范功能,规定了私法中的国家所有权;另一方面向下对特别法进行了授权,《物权法》充当了"批发商"和"外包商"的角色,有关土地、海域、矿产等的特别法应实现私法中国家所有权的规范内容,也担当起私权利分配和保护的功能,而并非仅仅是单纯的管制,从而最终实现法秩序的统一。[5]但是,由于《物权法》采取了转介的立法技术,将自然资源物权的具体规则指引到了自然资源立法;而我国的自然资源立法又主要定位于公法性的自然资源管理法,对自然资源权利的规定十分缺乏,这就使得自然资源利用的物权化有名无实。[6]

另外,自然资源法与自然资源保护法存在差异,如何真正实现自然资源使用权的权利配置尚需认真探讨。自然资源法是调整在对自然资源的开发、利用、管理、保护过程中发生的一系列关系的法律规范的总称。自然资源保护法是指对在自然资源开发利用过程中可能会造成自然资源破坏的行为加以规范的法律规范的总称。因此,自然资源保护法不同于自然资源法,自然

---

[1] 参见郭晓虹、麻昌华:《论自然资源国家所有的实质》,《南京社会科学》2019年第5期,第110页。

[2] 参见肖萍、卢群:《论生态环境损害赔偿权利人的法律地位》,《江西社会科学》2019年第6期,第190—191页。

[3] 参见朱虎:《国家所有和国家所有权——以乌木所有权归属为中心》,《华东政法大学学报》2016年第1期,第19页。

[4] 参见魏治勋:《全面有效实施宪法须加快基本权利立法》,《法学》2014年第8期,第17页。

[5] 参见朱虎:《国家所有和国家所有权——以乌木所有权归属为中心》,《华东政法大学学报》2016年第1期,第21页。

[6] 参见王社坤:《自然资源产品取得权构造论》,《法学评论》2018年第4期,第166页。

资源保护法只涉及自然资源法中的一类社会关系——保护关系。自然资源的权属关系主要是民法的调整范围,而开发利用关系、管理关系主要由经济法调整。[1]

在这一论证过程中,不仅需要对私法进行解读,而且需要打通宪法与私法的沟通桥梁,这从侧面印证出自然资源权利配置不仅是私法命题,也是宪法命题。对自然资源国家所有权制度应做体系化理解。《宪法》第9条第1款规定了自然资源的权属制度,但属于不完全法条,并不包含司法裁判规则,不能独立产生法效果,需要借助下位法所构建的制度来落实。[2]为贯彻宪法保障基本权利的意旨,在对私法的解读过程中,应作符合宪法相关规定的解释。[3]实际上,虽然我国《宪法》《物权法》《水法》等法律均确立了自然资源的所有权人仅能是国家,[4]但面对体量十分巨大的国家所有的自然资源,却尚未建构起真正有效的自然资源权利配置、自然资源管理及保护的基本理论及制度,究其根源恰在于没有正视自然资源之上权利划分的层次性,进而无法理清自然资源用益物权得以派生的母权基础。我国的自然资源法律体系以及自然资源权利配置应当以宪法中的权利规范为基础进行更新,在宪法精神与规范的指引下寻求宪法权威与框架下的环境法律体系与规范结构改变,审视现有自然资源权利的法律设置,形成生态系统整体观下的山、水、林、田、湖、草一体化的法律规制系统。[5]另外,自然资源产品取得权在传统的物权体系中并没有相应的位置,需要予以妥善处理。传统物权体系所要解决的核心问题是人造财富的物权归属和流转问题,而自然资源产品取得权所要解决的问题是如何用权利这一制度工具描述和规范将自然财富变成人造财富的过程。[6]

2.《民法总则》第9条确立的绿色原则对自然资源权利配置的效应。绿色化离不开法律的保障,我国《民法总则》规定了节约资源、保护生态环境的

---

[1] 参见李艳芳:《论生态文明建设与环境法的独立部门法地位》,《清华法学》2018年第5期,第47页。

[2] 参见张梓太、李晨光:《关于我国生态环境损害赔偿立法的几个问题》,《南京社会科学》2018年第3期,第96页。

[3] 参见王泽鉴:《民法物权》(第二版),北京大学出版社2010年版,第11页。

[4] 具体参见《宪法》第9条、《物权法》第46条、《水法》第3条的规定。

[5] 参见杜健勋:《国家任务变迁与环境宪法续造》,《清华法学》2019年第4期,第196页。

[6] 参见王社坤:《自然资源产品取得权构造论》,《法学评论》2018年第4期,第168页。

原则,是绿色化理念的法律化。编纂民法典分编应进一步贯彻这一原则。《民法总则》之所以强调生态环境,是体现了尊重自然、保护自然的绿色民法理念,也是对宪法上环境条款的落实。[1]民事主体应享有保护环境、利用环境、享有良好环境、请求停止环境侵害和赔偿损失的环境权。必须摈弃个人主义所有权理论,构建绿色物权,规定物权人在维护环境公共利益之下对特定的物享有支配和排他的权利。[2]《民法总则》第9条将绿色原则确立为民法基本原则,形成对自然环境恶化趋势之时代特征的私法回应,理应向《民法典》物权编发挥辐射效应,并对自然资源权利配置产生影响,避免成为政治性的修辞话语或口号式的倡导性规定。《民法典》物权编对自然资源所有权、自然资源用益物权、相邻关系、不可称量物质侵害之救济等已蕴含绿色原则法律理念的《物权法》既有规则,应予甄别、承继和细化;对物权取得和行使需遵循绿色原则的一般性条款、所有权行使之环保因素考量、自然资源用益物权的细化、环境容量用益物取、取得时效等《物权法》存在缺失或不够规范的制度设计,应予补阙、修正和具化。另外,确定自然资源的权利归属,是民法典物权编不可回避的任务。针对自然资源国家所有权制度的探讨,不能也不应当脱离中国的经济基础、政治体制和基本国情。在自然资源权属法律制度选择中,如果仍然沉浸于童话般的学术推理和一味的狠批恶评之中而不能自拔,欲拒自然资源国家所有权于民法典大门之外而后快,无疑是不理性的选择。在民法典中确认国家作为自然资源所有者的地位,可以充分运用民法保护自然资源权益。[3]既蕴含绿色原则法律理念,又不侵害物权体系科学性和规范逻辑性的制度构造,可实现绿色原则的物权规则化,构筑对自然环境危机的物权制度回应,彰显《民法典》的时代特征。

3. 探讨宅基地"三权分置"的权利配置构造及法律逻辑,对土地资源中的宅基地权利配置进行论证。宅基地"三权分置"已成为当前我国农村宅基地法制改革的政策选择,亟需理论探讨以实现制度供给。中共中央、国务院在2018年中央一号文件《关于实施乡村振兴战略的意见》中首次提出"完善农民闲置宅基地和闲置农房政策,探索宅基地所有权、资格权、使用权'三权

---

[1] 参见张震:《民法典中环境权的规范构造——以宪法、民法以及环境法的协同为视角》,《暨南学报(哲学社会科学版)》2018年第3期,第3页。

[2] 参见刘士国:《绿色化与我国民法典编纂》,《社会科学》2017年第9期,第100页。

[3] 参见施志源:《民法典中的自然资源国家所有权制度设计——基于多国民法典的考察与借鉴》,《南京大学学报(哲学·人文科学·社会科学)》2018年第2期,第38页。

分置'"。这是中央通过深化宅基地法制改革以实现乡村振兴战略的重要举措,事关我国亿万农户的居住权益乃至整个农村社会的稳定,将对存续半个多世纪的宅基地制度产生深远影响。但是,这一改革设想存在理论探讨匮乏及制度供给不足的窘境。《物权法》虽对宅基地使用权以专章规定,但实际仅有寥寥四个条文(第152至第155条),难以为宅基地"三权分置"权利配置结构提供足够的制度支撑。宅基地"三权分置"之下,"宅基地农户资格权"具有何种权利内涵? 如何正确处理宅基地集体所有权、"宅基地农户资格权"、"宅基地使用权"[1]的关系,进而建构科学的宅基地权利结构? 如何在解释论基础上经由立法改造实现"落实宅基地集体所有权,保障宅基地农户资格权,适度放活宅基地使用权"的改革目标? 这些问题解决的好坏直接决定着宅基地法制改革的成效。循此,在检视宅基地"两权分离"法制困境的基础上,对宅基地"三权分置"的政策意蕴进行解读,探讨宅基地"三权分置"的制度逻辑及权利结构,希冀对宅基地法制改革走向之科学有所裨益,助推乡村振兴战略的实施及宅基地资源的合理配置。

4. 对土地资源中的承包地权利配置进行探讨,论证承包地"三权分置"建构路径的立法选择,并提出《民法典》编纂中构建新型农地权利体系的立法建议。农地"三权分置"是中央层面对农地法制改革的重大部署,[2]是继家庭联产承包责任制后的重大制度创新,[3]事关我国亿万农户的权益和乡村

---

[1] 为论证需要,须将宅基地"三权分置"中的"宅基地使用权"与宅基地"两权分离"中的宅基地使用权在称谓使用上予以界分。宅基地"三权分置"中的"宅基地使用权"本质上也属于对宅基地的使用权,尤其是在未发生流转时,与宅基地"两权分离"中的宅基地使用权本就同属一权。但是,宅基地"三权分置"下,存在农户基于租赁等债权性合同将"宅基地使用权"交由第三人实际行使的可能,此时"宅基地使用权"就不限于用益物权属性,而是一种债权性质的权利。为避免概念误解,特将宅基地"三权分置"中的"宅基地使用权"加引号注明。

[2] 党的十九大报告将"深化农村土地制度改革,完善承包地'三权'分置制度"作为实施乡村振兴战略的重要组成部分。参见习近平:《决胜全面建成小康社会 夺取新时代中国特色社会主义伟大胜利——在中国共产党第十九次全国代表大会上的报告》,人民出版社2017年版,第32页。

[3] 农业农村部部长韩长赋指出,农地"三权分置"是"我国农村改革的重大创新,实现了土地承包'变'与'不变'的辩证统一,回应了社会关切,满足了土地流转需要"。参见韩长赋:《大力实施乡村振兴战略》,载党的十九大报告辅导读本编写组编著:《党的十九大报告辅导读本》,人民出版社2017年版,第212页。

振兴战略的实施,即将经由修法程序由政策导向提升为制度规范。[1] 2017年11月,第十二届全国人大常委会审议的《农村土地承包法》修正案草案第6条第1款首次以法律草案的形式,将土地承包经营权通过流转分置为"土地承包权"和"土地经营权",且在第10条把土地所有权、"土地承包权"和"土地经营权"并列规定。但是,学界关于"三权分置"应选取何种建构路径,分歧甚大,呈现一派混乱景象,无法为农地新型权利结构及《民法典》物权编的相关制度安排提供理论支撑。因此,我们不揣谫陋,探讨农地"三权分置"的建构路径,以助推农地法制改革走向及制度设计之科学。另外,我们将具体探讨《民法典》物权编草案中涉及土地承包经营权的制度,并提出完善建议。在《民法典》物权编草案经审议向法律规范转化的关键时刻,实有必要认真探讨土地承包经营权的相关规定,以助力《民法典》规范设计之科学。结合当前的自然资源危机及自然资源权利配置的具体实践和立法现状,提出通过完善自然资源权利配置机制以应对自然资源危机的法律对策。

5. 其他典型自然资源权利的具体配置。明确各种自然资源的所有权归属并未解决全部问题,更重要的是如何有效地通过对自然资源的利用以服务于公众生活。[2] 近代物权制度主要是围绕土地资源而建立,土地主要被当做私人物品看待,而除土地外的自然资源大多被作为公共物来看待,如任何人都可以自由使用海洋、流水、阳光、空气、野生动植物等自然资源。[3] 但在现代社会,除土地资源的权利配置之外,还需要探讨包括水资源、矿产资源、

---

[1] 之前对"三权分置"的推动主要体现在国家政策层面,尤其是中共中央、国务院自2014年首次通过中央一号文件的形式提出"三权分置"改革设想以来,连续五年的中央一号文件对此均有强调。体现为:中共中央、国务院《关于全面深化农村改革加快推进农业现代化的若干意见》(2014年中央一号文件);中共中央、国务院《关于加大改革创新力度加快农业现代化建设的若干意见》(2015年中央一号文件);中共中央、国务院《关于落实发展新理念 加快农业现代化 实现全面小康目标的若干意见》(2016年中央一号文件);中共中央、国务院《关于深入推进农业供给侧结构性改革 加快培育农业农村发展新动能的若干意见》(2017年中央一号文件);中共中央、国务院《关于实施乡村振兴战略的意见》(2018年中央一号文件)。另外,"三权分置"改革设想在国家层面的其他政策文件中也有体现,至少包括:中共中央办公厅、国务院办公厅《关于引导农村土地经营权有序流转 发展农业适度规模经营的意见》(2014年);中共中央办公厅、国务院办公厅《深化农村改革综合性实施方案》(2015年);中共中央办公厅、国务院办公厅《关于完善农村土地所有权承包权经营权分置办法的意见》(2016年)。

[2] 参见最高人民法院物权法研究小组编著:《〈中华人民共和国物权法〉条文理解与适用》,人民法院出版社2007年版,第354页。

[3] 参见唐俐:《论公物性质的国有海域使用制度的构建》,《海南大学学报(人文社会科学版)》2019年第3期,第125-126页。

野生动物资源、野生植物资源、森林资源、草原资源、海域资源及无线电频谱资源等自然资源的权利配置。在具体自然资源权利的配置过程中,既需要界定各项自然资源所有权的归属,也需要明确自然资源的利用关系。这需要公法与私法的共同协力完成,构建科学合理的自然资源权利配置机制不能出现"公热私冷"的问题。[1] 在市场经济条件下,自然资源开发利用的重点是自然资源特许使用权的设定和分配,它是形成资源要素市场的基础,是自然资源产权制度建设的核心。[2]

---

[1] 参见王清军:《法政策学视角下的生态保护补偿立法问题研究》,《法学评论》2018年第4期,第154页。

[2] 参见王克稳:《论公法性质的自然资源使用权》,《行政法学研究》2018年第3期,第40页。

第一章

自然资源所有权归属及其定性纷争

第一节 自然资源的内涵及其所有权归属

《宪法》及《物权法》等法律明确规定水资源、矿产资源等自然资源归国家或集体所有,但仍有许多问题需要解释、澄清。例如,《宪法》第9条一方面规定水资源、矿产资源等自然资源属于国家所有,另一方面又强调"国家所有即全民所有"。那么,"国家所有"与"全民所有"之间的关系如何?"国家所有即全民所有"中的"国家所有",究竟是就宪法层面还是就民法层面而言?不同性质的法律规范(如《宪法》及《物权法》)中所规定的自然资源国家所有权性质是否相同?如何理顺宪法上自然资源国家所有权与民法上自然资源国家所有权之间的关系?自然资源所有权是否为民法意义上的所有权?取水权、采矿权等自然资源用益物权究竟设立在宪法所有权之上还是民法所有权之上?诸如此类的问题,都需要从理论上加以研究。

一、自然资源的内涵

关于自然资源的含义如何界定,在学界存在争议。环境学者认为,自然资源是指一切能为人类提供生存、发展和享受的自然物质与自然条件,及其相互作用而形成的自然状态环境和人工环境。[1]换言之,自然资源是自然界形成的可供人类利用或具有使用价值的物质和能量。[2]资源经济学者认为,自然资源是由人类发现的在自然状态中有用途和有价值的物质。[3]《环境保护法》第2条明确规定:"本法所称环境,是指影响人类生存和发展的各种天然的和经过人工改造的自然因素的总体,包括大气、水、海洋、土地、矿藏、森林、草原、湿地、野生生物、自然遗迹、人文遗迹、自然保护区、风景名胜区、城市和乡村等。"可见,自然资源是自然界形成的可供人类利用的一切物质和能量的总称,是人们可以利用的自然因素,主要包括土地、大气(气候)、陆地水、海洋(海域)、矿产、森林、草原、生物、湿地、天然能源资源、旅游资源(风景名胜)等。[4]

任何人的生存与发展都离不开清洁的空气和纯净的水,也离不开森林、草原植被等所具有的净化空气、涵养水源、防风固沙、保持水土、调节气候的生态功能。但是,环境所具有的这些"影响人类生存和发展"的重要功能却随时随地受到人类活动的威胁而不断减损甚至毁灭,因而需要国家采取立法手段对人们不合理开发利用环境的行为进行制约,以保护环境。这种立法保护并非由于环境要素的财产价值,而是因为这些环境要素能够为人类提供维持生命所需的诸多生态功能,如空气可以供人呼吸,森林可以净化空气、涵养水源、防止水土流失。"自然资源"是一个与"环境"概念关系极为密切但内涵又极不相同的概念。自然资源具有经济价值,即有用性。人类可以通过开发、利用自然资源而获取赋存于其中的经济价值,譬如可以通过开发利用土地资源而获取农业收益或将土地用于建造房屋、道路、厂房等,供人类从事生活和生产经营活动。[5]

把环境整合到资源中进行思考,将自然资源作为环境的结构和要素的观点,有利于从宏观上对可持续发展进行理解。换句话说,环境资源法中的自然环境或天然环境要素,在被人们使用时又称自然资源,或者说自然资源在

---

[1] 参见刘文、王炎庠、张敦富编著:《资源价格》,商务印书馆1996年版,第4页。
[2] 参见蔡守秋:《论公众共用自然资源》,《法学杂志》2018年第4期,第43页。
[3] 参见[美]阿兰·兰德尔:《资源经济学:从经济角度对自然资源和环境政策的探讨》,施以正译,商务印书馆1989年版,第12页。
[4] 参见蔡守秋:《基于生态文明的法理学》,中国法制出版社2014年版,第294-295页。
[5] 参见薄晓波:《环境民事公益诉讼救济客体之厘清》,《中国地质大学学报(社会科学版)》2019年第3期,第34页。

作为自然环境的组成部分时就是环境要素。[1]然而,"从资源问题与环境问题的成因看,前者为因,后者为果,将二者或者并入自然资源,或者并入环境都可能带来形而上学的思考,不利于人们对这一问题的理解"[2]。

对自然资源专门性思考的观点,是目前学术界广为接受的观点。[3]在联合国出版的文献中,对自然资源的含义也采此种观点,认为"人在其自然环境中发现的各种成分,只要它能以任何方式为人提供福利的都属于自然资源。从广义来说,自然资源包括全球范围内的一切要素,它既包括过去进化阶段中无生命的物理成分,如矿物,又包括地球演化过程中的产物,如植物、动物、景观要素、地形、水、空气、土壤和化石资源等"[4]。实际上,自然资源的物理形态千差万别,既有固定的草原、森林,也有流动的水和野生动物;既有深埋地下的矿产,又有附于地表的水流。这些因素使得秉承概念思维的研究者在自然资源利用权利研究中举步维艰,无法从缤纷复杂的各类自然资源利用权利中抽象出适用于所有自然资源利用权利的本质内涵,从而被迫转向对各种具体的自然资源利用权利类型展开研究。[5]

自然资源的物理存在形式与传统物权法上的"物"的存在形式有很大区别。一方面,与"有体物"这一形式确定且具体的物权概念不同,"森林资源""动物资源"等自然资源更像是抽象的集合性观念,不能表达确定的对象实体。另一方面,自然资源虽具有重大经济价值,却不是人类劳动的创造物。自然资源具有自然和社会双重属性,两属性缺一不可且时常排斥。对于自然属性而言,自然资源在人类获取而进入生产、消费之前是整个自然生态系统中的一部分,具有共享性。[6]自然资源具有稀缺性、整体性(自然资源相互联系构成了一个整体)、地域性(空间分布不均匀)、多样性(多样的功能和用途)、变动性(自然资源的概念和用途随着历史和技术的变化而变化)和社会

---

[1] 参见蔡守秋:《论公众共用自然资源》,《法学杂志》2018年第4期,第44页。
[2] 肖国兴、肖乾刚:《自然资源法》,法律出版社1999年版,第10-11页。
[3] 参见肖国兴、肖乾刚:《自然资源法》,法律出版社1999年版,第10页;戚道孟主编:《自然资源法》,中国方正出版社2005年版,第1页。
[4] 曹明德、黄锡生主编:《环境资源法》,中信出版社2004年版,第209页。
[5] 参见王社坤:《自然资源产品取得权构造论》,《法学评论》2018年第4期,第166-167页。
[6] 参见黄智宇:《生态文明语境下我国自然资源多元治理体系之优化》,《江西社会科学》2017年第10期,第219页。

性(自然资源所附加的劳动体现出的社会性)的特征。[1]自然资源的形成本身是非常缓慢的过程,因此在自然资源受到损害之后,即使其可以恢复,恢复过程也会非常漫长。[2]因此,以私人所有权的运行逻辑理解自然资源和国家之间的归属关系面临着很大障碍。[3]从学界对自然资源含义的界定可知,自然资源是一个相对的概念。随着社会生产力水平的提高和科学技术的进步,先前尚不知其用途的自然物质逐渐被人类发现和利用,自然资源的种类将日益增多,自然资源的概念也不断深化和发展。例如,人们逐渐认为无线电频谱也属于自然资源的范围。在此意义上,自然资源应是指在自然状态中对人类有用途和有价值的物质。一般理解,作为法律客体的自然资源指的是自然产生的原料,可以用作商业用途,能满足人类的某些需求,是人类社会开发利用的物质对象。[4]

二、《宪法》和《物权法》关于自然资源所有权归属的规定

《宪法》第6条第1款规定了公有制,第9条和第10条分别规定了自然资源和部分土地的国家所有,第12条规定了公共财产,这些条文构成了《宪法》上有关国家所有的规范群。[5]其中,《宪法》关于自然资源所有权的权属尤其体现在第9条和第10条中的相关内容。《宪法》第9条规定:"矿藏、水流、森林、山岭、草原、荒地、滩涂等自然资源,都属于国家所有,即全民所有;由法律规定属于集体所有的森林和山岭、草原、荒地、滩涂除外。""国家保障自然资源的合理利用,保护珍贵的动物和植物。禁止任何组织或者个人用任何手段侵占或者破坏自然资源。"可见,依据我国《宪法》第9条第1款规定,除法律另有规定外,矿藏、水流、森林、山岭、草原、荒地、滩涂等自然资源,都属于国家所有,即全民所有。虽然这种双重所有的制度安排,特别是国家所有与全民所有的关系,在理论上的认识不尽一致,但这种双重所有的制度安

---

[1] 参见[英]朱迪·丽丝:《自然资源分配、经济学与政策》,蔡运龙等译,商务印书馆2002年版,第42-44页。

[2] 参见朱凌珂:《美国自然资源损害赔偿范围制度及其借鉴》,《学术界》2018年第3期,第210页。

[3] 参见林潇潇:《论生态环境损害治理的法律制度选择》,《当代法学》2019年第3期,第135页。

[4] 参见邓海峰:《环境法与自然资源法关系新探》,《清华法学》2018年第5期,第52页。

[5] 参见朱虎:《国家所有和国家所有权——以乌木所有权归属为中心》,《华东政法大学学报》2016年第1期,第18页。

排对自然资源国家所有权权能的设定无疑具有决定性影响。[1]《宪法》第10条规定:"城市的土地属于国家所有。""农村和城市郊区的土地,除由法律规定属于国家所有的以外,属于集体所有;宅基地和自留地、自留山,也属于集体所有。""国家为了公共利益的需要,可以依照法律规定对土地实行征收或者征用并给予补偿。""任何组织或者个人不得侵占、买卖或者以其他形式非法转让土地。土地的使用权可以依照法律的规定转让。""一切使用土地的组织和个人必须合理地利用土地。"

可见,《宪法》对自然资源权属问题的原则性规定较为清楚,即没有明确规定私人对自然资源的所有权。自然资源的所有权归属主要包括两个方面:一是国家所有;二是集体所有。其中,矿藏、水流和城市的土地为单一所有权形式,只能归国家所有。森林、山岭、草原、荒地、滩涂为双项所有权形式,可以归国家所有或者集体所有;但集体所有需要一个前提条件,即"由法律规定属于集体所有的",才能为集体所有;法律没有明确规定为集体所有的,均为国家所有。《宪法》第9条虽已明确宣布自然资源归"国家所有"以及"在法律有规定的情况下归集体所有",但宪法上的自然资源国家所有及集体所有,与物权法上具体自然资源的"国家所有权"及"集体所有权"之间存在制度具化关系。由此存在自然资源国家所有权及集体所有权在宪法与私法意义上的制度及效力分野。[2]

需要予以特殊说明的是其他自然资源所有权的归属问题,即国有自然资源范围是我国自然资源法律制度需关注的重要内容。在法律上,国有自然资源的范围由宪法、资源法与物权法规定。对于国有自然资源的范围,宪法采用的是列举加概括的规定;资源法采用的则是"一资源一立法"的分散立法模式;物权法虽然对自然资源国家所有权也作了罗列,但物权法所罗列的国有自然资源都是宪法和资源法上已经设定为国家所有的自然资源,对国有自然资源的范围并未作出整体和清晰的界定。[3]这类自然资源是否应被《宪法》第9条中的"等自然资源"所涵盖,即归于国家所有,值得探讨。《宪法》第9条第1款似乎表明了此种意思。而且,法律对集体所有的自然资源均作了明

---

[1] 参见王克稳:《论自然资源国家所有权权能》,《苏州大学学报(哲学社会科学版)》2018年第1期,第39页。

[2] 参见张力:《自然资源分出物的自由原始取得》,《法学研究》2019年第6期,第52页。

[3] 参见王克稳:《论我国国有自然资源的范围》,《南京社会科学》2018年第10期,第95页。

确列举性规定,主要包括由法律规定属于集体所有的森林、山岭、草原、荒地、滩涂,由法律规定属于国家所有以外的农村和城市郊区的土地,以及宅基地和自留地、自留山。除此以外的一切自然资源,包括《宪法》未列明的其他自然资源,即"等自然资源",均应归国家所有。这里所说的"其他自然资源",包括人类已发现和未发现的自然资源,例如无线电频谱资源等。

《物权法》对自然资源所有权的归属亦有相应规定。依据《物权法》第46条和第50条,矿藏、水流、海域和无线电频谱资源只能属于国家所有。《物权法》第48条规定:"森林、山岭、草原、荒地、滩涂等自然资源,属于国家所有,但法律规定属于集体所有的除外。"第49条规定:"法律规定属于国家所有的野生动植物资源,属于国家所有。"自然资源用益由私益走向公私共益的发展历程决定了其需要受到民法、物权法和行政法的共同调整。[1]

第二节 自然资源所有权性质论争及其误区

一、自然资源所有权定性纷争

自然资源国家所有权的法律性质至今难有共识,所有权的内涵认识不一。所有权的法律性质之争直接影响到自然资源国家所有权制度构建的基础,对所有权内涵的不同认识影响到制度构建的具体内容。[2]由不同性质的法律规范对自然资源所有权的归属所作的规定,引起了学界关于自然资源所有权性质的争论。主要有以下几种观点:

(一)将自然资源所有权与国家主权性权力等同

正如肖国兴和肖乾刚教授所言,"经常有人将国家自然资源永久主权与国家自然资源所有权混同"[3]。斯塔克先生也指出了这一点:"这个概念(指国家主权——引者注)与私法上的所有权观念,有某些相似之处,事实上早期国际法学家在对待国家领土主权的问题上,采用了许多民法的原则。直到今天,这种影响依然存在,尤其是关于领土的取得和丧失原则,民法的影响仍然

---

[1] 参见邓海峰:《环境法与自然资源法关系新探》,《清华法学》2018年第5期,第53页。
[2] 参见王克稳:《自然资源国家所有权的性质反思与制度重构》,《中外法学》2019年第3期,第626页。
[3] 肖国兴、肖乾刚:《自然资源法》,法律出版社1999年版,第70页。

清晰可见。"[1]

(二)将自然资源所有权定性为民法上的所有权

有学者将自然资源所有权直接认定为民法上的所有权,认为自然资源所有权首先是通过一国宪法与民法进行制度安排,这既表明了自然资源所有权是一国的基本法律制度,也表明自然资源所有权制度与民法物权制度并无不同。既然自然资源所有权制度是民法物权制度的组成部分,民法中有关物权制度的理论在自然资源所有权的研究中也完全适用。将自然资源所有权与民法物权对立起来,并不能突出自然资源所有权的地位与作用。[2] 在德国,鲍尔和施蒂尔纳教授也将属于自然资源之一的森林资源的所有权视为民法上的所有权,认为"森林上所成立的所有权,为私法上的所有权;且无论其所有权人为国家或其他公法团体(国家森林—城镇森林—教会森林),还是一个私人(私人森林—农民森林),均不影响其所有权之私法性质。"[3]

(三)将自然资源所有权认定为公产所有权

大陆法系对国有财产(包括自然资源)设立了公产制度进行规制。公产法属于行政法的范畴。公产法上的财产概念与民法上的财产概念并不完全一致。[4]

1. 公产所有权理论

公产所有权理论以法国的公产所有权制度最为典型。法国法律将行政主体[5]的财产区分为公产和私产。学者针对行政主体的财产及其性质展开了广泛而深入的讨论。《法国民法典》第543条规定了公产制度,将不属于个人并由国家负责的财产认定为公产。[6] 包括水资源在内的自然资源在法国也属于公产的范围。有学者认为,从法律属性上讲,公产被认为是介于私法和公法之间。在法律适用上,在公产领域遵从公私法并行的修正私有财产权

---

[1] [英]J.G.斯塔克:《国际法导论》,赵维田译,法律出版社1987年版,第109页。

[2] 参见肖乾刚主编:《自然资源法》,法律出版社1992年版,第67-68页。

[3] [德]鲍尔、施蒂尔纳:《德国物权法》(上册),张双根译,法律出版社2004年版,第610页。

[4] 参见张梓太、李晨光:《关于我国生态环境损害赔偿立法的几个问题》,《南京社会科学》2018年第3期,第96页。

[5] 在法国,行政主体有国家、大区、省、市镇和公务法人五种。前四种属于地域行政主体,后一种属于公务自治行政主体。参见王名扬:《法国行政法》,中国政法大学出版社1988年版,第317页。

[6] 参见《法国民法典》(上册),罗结珍译,法律出版社2005年版,第451页。

理论,即公产应当适用民法典中有关所有权的规定,同时,公产处于特殊的公法支配权之下。〔1〕

据弗朗索瓦·泰雷和菲利普·森勒尔先生介绍,公产最初是作为"国家财产"(domaine de l'Eta)的同义语来使用的,"只是到了19世纪上半叶,学理上才从根本上将属于国家的财产区分为'公产'(domaine public)和(属于国家的)'私产'(domaine privé)"〔2〕。王名扬教授指出,行政主体的私产和公产的作用不同,它们的法律性质也不同。行政主体的私产受私法支配,私产的法律地位和公民自有财产的法律地位一样。行政主体的公产是供公众使用或供公务使用的财产。行政主体支配这种财产的权利受到很大的限制。〔3〕

2. 公产所有权的性质争论

包括国家在内的行政主体对公产所享有的权利属于什么性质?行政主体对公产是否享有所有权?这在法国引起了广泛讨论,出现了否定行政主体公产所有权和肯定行政主体公产所有权的两个阵营;在肯定行政主体公产所有权的阵营中,针对所有权的性质又存在着民法上的所有权和公法上的所有权两种观点。〔4〕

否定行政主体对公产享有所有权是19世纪占支配地位的观点,主要有以下两种理论:一种理论认为,所有权是具有排他性的独占权利。公产是供公众使用的财产。公产和所有权的观念不相容。另一种理论认为,公产不能作为所有权的标的,因为所有权包含的三个内容,即使用权、收益权和处分权,行政主体都不享有。首先,公产是供公众使用的财产;其次,公产不产生任何收益;最后,在公共使用存在期间行政主体对公产无权处分。由此,这种观点认为行政主体对公产没有所有权,只有保管的权利。到了20世纪,否认行政主体对公产享有所有权的观点认为,公产所有权理论是把民法上的所有权观念移转到行政法中,既无正当理由,也无必要。行政主体对于公产的地位,完全可用公共使用观念和财产目的观念来说明,甚至可以完全取消公产

---

〔1〕 参见张梓太、李晨光:《关于我国生态环境损害赔偿立法的几个问题》,《南京社会科学》2018年第3期,第96页。

〔2〕 [法]弗朗索瓦·泰雷、菲利普·森勒尔:《法国财产法》(下),罗结珍译,中国法制出版社2008年版,第663页。

〔3〕 参见王名扬:《法国行政法》,中国政法大学出版社1988年版,第311-312页。

〔4〕 关于公产所有权争论的详细资料,参见王名扬:《法国行政法》,中国政法大学出版社1988年版,第310-318页。

所有权观念。[1]

　　肯定行政主体的公产所有权是20世纪占支配地位的理论。肯定公产所有权的观点认为,公产自身具有所有权的因素。所有权包含的使用权、收益权和处分权三个因素在公产中也不同程度地存在着。行政主体对公务用的公产具有使用权,并且越来越多地从公产的利用中取得收益,而不能认为公产对行政主体不具有利益因素。行政主体在存有公共使用的期间内不能转让公产的限制本身恰恰表明了所有权的存在,否则没有禁止的必要。首先提出公产所有权理论的M.奥利乌先生曾提出反问:如果行政主体对公产没有所有权,那么,在公共使用废除时,行政主体出卖这项财产的处分权是怎么来的?[2]

　　在肯定行政主体的公产所有权理论的阵营中,对于公产所有权的性质也产生了争议。公产的所有权是否和民法上的所有权具有相同的性质?如果性质不同,究竟在什么范围内不同?对这个问题的回答,在法国主要有两种观点。一种理论以民法上的所有权为基础,认为公产所有权就是民法上的所有权,只是由于公共使用的缘故,受到行政法上的很多限制,在公共使用范围内排除私法的适用。另一种观点以行政法为基础,认为公产所有权为行政法上的所有权,或称为公法所有权。公产所有权应当是和私法上的所有权不同的另一种形式的所有权,这种所有权观念来自民法,但已经过公法加以改造,使它具有公共使用因素,成为行政法上的公法所有权。公法所有权在公共使用所必要的范围内排除私法的适用。[3]

　　值得注意的是,一般认为所有权为私法上的概念,并不存在所谓公法上所有权的概念。耶利内克即认为:"所谓本质上具有与私法上的所有权不同之性质的'公法上的所有权',事实上并不存在。"[4]美浓部达吉对此持反对态度。他举例说:"海及河川等不是私有财产的目的物,无论何人亦不能主张海及河川的所有权。但那不是无主之物,谁亦不能用先占的方式而取得之。因为那是在国家的公的支配权之下的东西,除有国家的特别许可者外,是不

---

　　[1] 参见王名扬:《法国行政法》,中国政法大学出版社1988年版,第312页。
　　[2] 参见[法]M.奥利乌:《公法和行政法纲要》,1914年法文版,第664—668页。转引自王名扬:《法国行政法》,中国政法大学出版社1988年版,第313页。
　　[3] 参见王名扬:《法国行政法》,中国政法大学出版社1988年版,第315—316页。
　　[4] G. Jellinek, Allgemeine Staatslehre S. 359 f. 转引自[日]美浓部达吉:《公法与私法》,黄冯明译,中国政法大学出版社2003年版,第77页。

管何人都不能适法地去占有的。但国家支配海及河川,并不是为着国家之经济的利益,所以不能视为私法上的权利。那无疑是属于公法的。如果把物之包括的排他的支配称为所有权,则国家对海及河川所具有的支配权亦可称为公法上的所有权或公有权。"[1]在公法所有权之下,"支配权的作用是以公法的行为——例如公有水面填筑之特许、渔业特许、船舶通航之禁止或许可等——而表现的"[2]。

二、界定自然资源所有权性质的必要性及可能的误区

(一) 界定自然资源所有权性质的必要性

承认国家或集体对自然资源享有所有权意义重大,因为在实际生活中,很多问题必须根据所有权理论才能解决。例如,谁需对自然资源负保护义务?谁需对野生动物可能引起的损害负赔偿责任?《野生动物保护法》第14条对国家保护的野生动物致害责任的规定如何理解?矿产资源等自然资源可能产生的收益由谁享有?等等。

厘清自然资源所有权的法律性质亦有必要。采矿权、取水权、海域使用权等自然资源用益物权设置于何种性质的自然资源所有权之上?所有权法律性质的不同将导致自然资源法律制度的设计差异。若自然资源所有权为宪法性质,则自然资源法律制度的创设应偏重于如何对自然资源的保护进行制度性保障和纲领性规定。若自然资源所有权为民法性质,则自然资源法律制度的创设会侧重于自然资源效用的最大发挥,例如自然资源用益物权制度的创设。

(二) 界定自然资源所有权性质的可能误区

1. 可能误区一:仅以法规范的法典归属来判断自然资源所有权的性质

一般来说,不能仅依据法律规范的法典归属来判断法律权利的性质。为更好地保护自然资源,在宪法层面对自然资源所有权进行纲领性规定,并为民事基本法律的制定提供原则性的指引,确实必要,但不能由此否认自然资源所有权具有私法性质的可能性。自然资源国家所有权受《宪法》和《物权法》的双重调整,表明在我国法律体系中自然资源国家所有权既是公法上的

---

[1] [日]美浓部达吉:《公法与私法》,黄冯明译,中国政法大学出版社2003年版,第78-79页。

[2] [日]美浓部达吉:《公法与私法》,黄冯明译,中国政法大学出版社2003年版,第79页。

所有权,又是私法上的所有权,具有公权和私权双重属性。[1] 正如崔建远教授所言,"在法律被划分为若干部门,并且分工越来越细的背景下,私权规范聚集在民商法中,公权往往由公法等加以规定,的确是事实,但这也只是大体上如此。基于立法技术的需要,民商法有时涉及公权,公法也规定有私权,亦无不可。所以,仅仅根据何种法律所作的规定就妄下结论,显得轻率"[2]。

否定自然资源国家所有权是私权的另一个理由是:物权客体的核心特征是具有特定性和能够被控制,在不确定的、未被控制或无法控制的物之上无法成立物权。自然资源如水流、矿藏、森林、野生动物,都处于特定性不明的状态,与物权客体的确定性相矛盾。[3] 应该明确的是,民法对物的特定性的认识也有一个发展过程。早期人类社会,由于物质的匮乏和单一,人们对物的认识注重的是其物理形态,要求其在物理上是有形的、独立的、特定的。早期民法对物的特定性认识,关注的是物的物理上的特定性,即物有具体的形态,大小可以被明确确定。但随着物质的丰富及存在的多样性、交易的需要、认识能力以及科学技术、法律技术的提高,能够作为物权客体的物不仅越来越多,而且原来民法上的固有观念被打破,原来被认为不能作为物权客体的物质,通过一定的技术处理,也可以成为物权的客体。[4] 宪法是母法、根本法、最高法,它要为民法提供立法依据。宪法规范不仅是国家权力机关的行为规范,还是私法主体的活动准则。将自然资源所有权在宪法中进行规定,能够为民法关于自然资源所有权的规定提供立法依据。就如翟国强先生所言,"一方面,宪法权利为国家权力划定界限,是国家行为合法的条件,即作为条件规范的宪法权利;另一方面,宪法权利也是国家行为的目的,国家为了实现这种价值目标需要积极作为,即作为目的规范的宪法权利"[5]。

自然资源国家所有权与一般私法上的所有权相比,在主体、客体、行使方式等方面确实具有特殊性,但这并不妨碍自然资源国家所有权成为私权性的

---

[1] 参见黄萍:《生态环境损害索赔主体适格性及其实现——以自然资源国家所有权为理论基础》,《社会科学辑刊》2018年第3期,第124页。

[2] 崔建远:《准物权研究》,法律出版社2003年版,第45页。

[3] 参见[德]弗里德里希·克瓦克等:《德国物权法的结构及其原则》,孙宪忠译,载梁慧星主编:《民商法论丛》第12卷,法律出版社1999年版,第513页。

[4] 参见黄萍:《生态环境损害索赔主体适格性及其实现——以自然资源国家所有权为理论基础》,《社会科学辑刊》2018年第3期,第125页。

[5] 翟国强:《宪法权利的价值根基》,《法学研究》2009年第4期,第194页。

权利。[1] 同理,如果以设定权利的法律性质以及权利的取得方式作为自然资源使用权法律性质的识别标准,那么,我国的海域使用权、探矿权、采矿权、取水权、无线电频谱使用权、无居民海岛使用权、使用水域与滩涂从事养殖和捕捞的权利等都可能被认定为是具有公法性质的权利。但是,这些权利又大多为《物权法》承认,此时,就很难根据权利所属法律的性质去判断权利的定性。

2. 可能误区二:以自然资源所有权的性质界定所有制的性质

无论是以所有制性质界定所有权的性质,还是以所有权性质界定所有制的性质,都是错误的。生产力与生产关系、经济基础与上层建筑两对概念之间,是决定与被决定、支配与被支配关系;虽然后者对前者有一定的反作用,但根本的、起主导作用的力量是前者。所有制和所有权均属于上层建筑的范畴,其中前者是政治学范畴,后者属于法律概念,不可能由一个上层建筑决定另一个上层建筑的性质。要说明所有制的性质,只能着重考察社会生产力的状况,并在此基础上对社会生产关系进行探讨。只从上层建筑的一个层次——财产所有权来界定所有制的性质,可以说是本末倒置。[2] 具体到自然资源所有权性质的界定,即使将自然资源所有权界定为具有民法性质,也不能得出我国所有制的性质为何。

3. 可能误区三:将自然资源所有权与国际法上的自然资源主权相等同

国际法上的自然资源主权是就国际法意义上的国家而言的。国际法意义上的国家,是指国民在其国土内的政治组织形式,其产生需要三个要素:国土、生活在国土之上的国民、国民政治组织所依赖的国家权力。具备上述三个要素的国家就是国际法上的主体。[3] 基于自然资源在一国发展中的不可替代性,任何国家都会基于主权对其领土内的自然资源进行永久拥有与支配。国家对自然资源的永久主权是一国经济独立、领土完整及与其他国家平等交往的条件。

自然资源国家主权与法律上的自然资源所有权不能等同视之。两者的区别在于:

首先,国际法上的自然资源国家主权与自然资源所有权的权利内涵并

---

[1] 参见黄萍:《生态环境损害索赔主体适格性及其实现——以自然资源国家所有权为理论基础》,《社会科学辑刊》2018年第3期,第124页。

[2] 参见孙宪忠:《论物权法》(修订版),法律出版社2008年版,第475页。

[3] 参见[德]伯阳:《德国公法导论》,北京大学出版社2008年版,第31页。

相同。根据国家主权原则,每一个国家都有权采用对其发展最有利的经济和社会制度。因此,自然资源永久主权是一国经济和社会发展的自决权,是否享有它决定着一国政治与经济能否独立。自然资源所有权则是一国为行使自然资源永久主权,通过法律对本国自然资源进行制度安排的财产法权利,是一国完全和充分行使自然资源永久主权的结果。一国自然资源永久主权同其自然资源所有权制度的选择和安排虽具有前因后果的必然联系,但这是两种性质截然不同的权利。

其次,国际法上的自然资源国家主权与自然资源所有权的主体不尽一致。前者为国家和政府的专有权利,权利标的是一国政治和经济的独立与领土完整;后者的权利主体却可以是国家和政府,也可以是私人。"从各国已有的自然资源法律的规定看,有关自然资源所有权的制度安排大体可以分成几种形式:国家或政府代表的统一的自然资源公共所有权制度;自然资源的公共所有权与私人所有权并存的所有权制度。"[1]国家、政府或者私人究竟能否成为自然资源所有权的主体,关键取决于国家自然资源永久主权如何行使及其所决定的一国财产法的制度安排。由此可见,至少从理论上而言,自然资源所有权的主体并非如国际法上的自然资源国家主权原则所要求的那样只限于国家。

最后,国际法上的自然资源国家主权与自然资源所有权的义务主体也并不相同。国际法上的主权是一个国家对外最高的法律权力与权威,国家主权的义务主体仅限于本国之外的其他国家,而不针对一国之内的公民等非国家主体。根据国家主权原则,"没有一个国家对其他国家拥有最高的法律权力和权威,而各国一般地也不从属于其他国家的法律和权威"[2]。有鉴于此,"国家自然资源永久主权一般表述为,每个国家对其自然资源享有充分的永久主权,包括拥有权、使用权和处置权在内,并得自由行使此项主权。这个概念与国家自然资源所有权基本相似,但国家对自然资源的永久主权是一个主权国家的'国际人格者'问题"[3]。与此不同,自然资源所有权的义务主体并非仅指向其他国家,作为具有对世性支配权的一种,它指向权利人之外的其他任何义务主体。因此,不能将自然资源所有权与国际法上的自然资源主权

---

[1] 肖国兴、肖乾刚:《自然资源法》,法律出版社1999年版,第71-72页。
[2] [英]詹宁斯·瓦茨修订:《奥本海国际法》(第1卷第1分册),王铁崖等译,中国大百科全书出版社1996年版,第96页。
[3] 肖国兴、肖乾刚:《自然资源法》,法律出版社1999年版,第69页。

4. 可能误区四：将国家与国家法人相混淆

之所以会出现前述关于自然资源国家所有权性质的争论，一个重要的原因在于，国家作为自然资源国家所有权的主体，兼具民事主体与主权国家的双重属性。长期以来，由于认识的原因和体制的问题，我们并没有对自然资源所有权的行使进行合理定位，而是把国家作为自然资源管理者的主权权力与国家作为自然资源所有人的财产权利混为一体，把权力的行使作为自然资源国家所有权的实现方式，使自然资源所有权成为行政权的附庸。由于在对自然资源国家所有权的权利定位和行使上与国家的主权职能纠缠不清，互相影响，以至于自然资源管理和所有权的实现都未达到预期的效果。

国家作为自然资源所有权的权利主体，并不能成为否定自然资源国家所有权作为私法上所有权的理由。如凯尔森教授所言，"在所有现代法律秩序中，国家和任何其他私人一样，可以具有对物（in rem）权和对人（in personam）权，具有由'私法'所规定的权利和义务。在有一个民法典时，该法典的规范同等地适用于私人与国家。有关国家的这些权利和义务的争端，通常就用解决私人间争端的那种方式加以处理。一个法律关系以国家为其当事人一方的事实，并不一定要将国家从私法领域中移出。"[1]

从国家可以成为私法主体的角色看，自然资源国家所有权完全具有作为私法上所有权的可能性。国家在社会中所扮演的角色，如果像王立峰教授所认为的，"国家是满足人们需要、让人们过上幸福生活的手段，是一个工具性设置"[2]，或者如于飞博士所言，"国家不过是人民为了自己利益而创造的一种器物，因此，人民当然可以以主人的姿态，对自己的缔造物提出超道德要求"[3]，那么人们为何不可为了实现保护及合理利用自然资源的公共目的而创制私法上的自然资源国家所有权呢？这正如人们在经济生活中创制国有独资公司制度，从而适用民法规范一样。只不过与国有独资公司不同的是，国有独资公司主要为实现经济利益而存在，而在自然资源国家所有权场合，除了更好地开发利用自然资源这一目的之外，尚包含着保护自然资源的公共

---

[1] [奥]凯尔森：《法与国家的一般理论》，沈宗灵译，中国大百科全书出版社1996年版，第227页。

[2] 王立峰：《人权与政治合法性》，《法学研究》2009年第4期，第203页。

[3] 于飞：《基本权利与民事权利的区分及宪法对民法的影响》，《法学研究》2008年第5期，第52页。

目的。由此也决定了其不能仅仅适用私法规范,还须受到宪法及其他公法的影响。

作为自然资源所有权的权利主体,国家不得仅为自己的利益来行使自然资源所有权,而是要受制于公共目的的约束。也就是说,自然资源所有权应当受到宪法、民法、行政法、自然资源与环境保护法以及刑法的综合调整。不同性质的自然资源法律规范对于自然资源保护也具有重要意义。不同性质的自然资源立法的发展可以促进自然资源保护伦理规范得到公开的认可,并产生一系列比狭隘地专注于私人利益更加全面的社会价值观。[1]

---

〔1〕 See Jan Hancock. *Environmental Human Rights: Power, Ethics, and Law*. Ashgate Publishing Limited Press, 2003, p. 1.

第二章

自然资源之上权利的关系理顺

自然资源国家所有权的生成及其定性,需嵌入整个自然资源权利链条中,而非孤立地"平面化"进行。自然资源之上的权利呈现出极强的层次性。自然资源全民所有居于权利"金字塔"顶层,直接决定着自然资源在宪法及民法上的国家归属,也影响着自然资源用益物权的平等配置理念。但是,自然资源全民所有"形态"不是法律概念,只有过渡到宪法层面的所有权(《宪法》第9条)才能获得法律保护,并需进一步转换为私法层面的权利(《物权法》第46条),才能将自然资源视作私权客体。伴随主权国家向国家法人的主体转化,自然资源所有权从宪法层面的所有转变为民法意义上的所有,为在其上设置私权性质的自然资源用益物权(《物权法》第123条)及生成自然资源产品所有权提供可能。强调权利层次性并非否定权利平等性,而是理顺不同权利之间的过渡、转化、派生及生成关系,彰显自然资源之上负载利益的公共性。

对自然资源之上的权利进行定性,是研究自然资源权利配置,应对严峻自然资源危机(短缺、枯竭等)的逻辑前提。这既基于自然资源之上承载利益的公共性,更在于此间蕴含着全民、国家及个体等多层关系。当前,学界侧重对自然资源国家所有权定性,但大多仍未突破学科藩篱,囿于一种单一化定性逻辑,将其界定为一种单纯的公权力[1]、私权利[2]或据此认定所有制性质,[3]未将其置于整个自然资源权利链条中,无法阐释其对自然资源使用权配置的影响,难以理清自然资源全民所有(《宪法》第9条)、宪法上自然资源所有权(《宪法》第9条)、民法上自然资源所有权(《物权法》第46条)、自然资源用益物权(《物权法》第122、123条)及自然资源产品所有权(如瓶装矿泉水所有权)的关系,不利于相关规则的具体适用。自然资源国家所有权的单一化定性,无法回应"自然资源全民所有、宪法上所有权如何转化为民法上所有权,进而派生私权本质的自然资源用益物权"的理论诘问,更有引发公众质疑政府借自然资源国家所有权与民争利的风险。这需从解释论出发论证上述条文的关系,并进行理论上的回应。实际上,拨开萦绕在自然资源之上权利的混沌云雾,就会发现:自然资源国家所有权呈现出极强的层次性,而非仅具有单一属性。

第一节 自然资源国家所有权并非单一属性

检视自然资源国家所有权单一化定性弊端,是证成自然资源权利层次性的逻辑基点。

一、自然资源国家所有权单一化定性的省思

1. 自然资源国家所有权单一化定性

当前,学界对自然资源权利的研究,多集中于自然资源国家所有权定性,提出了"公权说""私权说""国家所有制说"等观点。

其一,关于"公权说"。学者认为,自然资源国家所有权不是国家对自然资源的直接支配权,而是间接干预自然资源利用的公权力。[4]它是公法意

---

[1] 参见巩固:《自然资源国家所有权公权说》,《法学研究》2013年第4期,第19-34页;巩固:《自然资源国家所有权公权说再论》,《法学研究》2015年第2期,第115-136页。

[2] 参见肖乾刚主编:《自然资源法》,法律出版社1992年版,第67页;江平主编:《物权法教程》,中国政法大学出版社2011年版,第157页。

[3] 参见徐祥民:《自然资源国家所有权之国家所有制说》,《法学研究》2013年第4期,第35-47页。

[4] 参见巩固:《自然资源国家所有权公权说》,《法学研究》2013年第4期,第19-34页。

义上的行政权力,是国家对自然资源权属具有的主权决定性及支配性的体现,[1]并非私法所有权,无法纳入私法范畴。[2]

"公权说"意识到自然资源国家所有权并非单纯私法概念所能涵盖,但是,公权性质的所有权无法为自然资源用益物权的生成提供母权基础。自然资源用益物权只能来源于私法所有权,既不可能来源于宪法上的所有权,也并非来源于不具有私权基因的所谓"公权"。因为,公法上的权利规范在转换为私法规范之前,[3]不具有民法上自然资源所有权蕴含的占有、使用、收益及处分权能,[4]更无法将其遗传给属于私权范畴的自然资源用益物权。[5]若缺乏私法所有权这一母权基础,将导致无法制定合理的自然资源用益物权规范。[6]不加区分地将自然资源国家所有权简单定性为一种公权力,并不足取。

其二,关于"私权说"。学者认为,国家与自然人均以私法主体的身份享有并行使所有权,[7]自然资源国家所有权与传统意义上的私权具有同质性,并不对立及矛盾,[8]民法规范当然可予适用。因此,所有权人无论是国家、集体或私人,均不影响所有权的私权性质,[9]自然资源国家所有权不能凭借其权利主体的特殊性(国家)而受到任何特殊对待。[10]

在一定程度上,"私权说"可回应"公权说"面临的诘问,即私权性质的自然资源所有权可派生出自然资源用益物权,为后者的生成及配置提供母权基础。然而,它同样需回应以下问题:(1)私权性质的自然资源所有权与自然

---

[1] 参见陈旭琴:《论国家所有权的法律性质》,《浙江大学学报(人文社会科学版)》2001年第2期,第97页。

[2] 参见陈仪:《保护野生动物抑或保护国家所有权》,《法学》2012年第6期,第89-97页。

[3] 参见苏永钦:《寻找新民法》(增订版),北京大学出版社2012年版,第321页。

[4] 按照传统民法理论,所有权的权能包括积极权能和消极权能。占有、使用、收益和处分,属所有权的积极权能。排除他人干涉,为所有权的消极权能。参见梁慧星:《中国民法典草案建议稿附理由·物权编》,法律出版社2013年版,第100页。

[5] 参见崔建远:《准物权研究》(第二版),法律出版社2012年版,第357-361页。

[6] 参见单平基:《论我国水资源的所有权客体属性及其实践功能》,《法律科学》2014年第1期,第69页。

[7] 参见江平主编:《物权法教程》,中国政法大学出版社2011年版,第157页。

[8] 参见肖乾刚主编:《自然资源法》,法律出版社1992年版,第67页。

[9] 参见[德]鲍尔、施蒂尔纳:《德国物权法》(上册),张双根译,法律出版社2004年版,第610页;王利明:《论国家作为民事主体》,《法学研究》1991年第1期,第59-66页。

[10] 参见马新彦主编:《物权法》,科学出版社2007年版,第88页。

资源全民所有、宪法上自然资源所有权是否等同？（2）国家所有权体现为《宪法》第9条与《物权法》第46条等条款时,二者的法律属性是否相同？若不同,区别何在？若相同,为何又要分别规范？（3）自然资源用益物权与自然资源全民所有、自然资源宪法所有权的关系如何？自然资源私人使用权如何体现自然资源负载利益的全民性？这也涉及民法上自然资源所有权的具体行使问题。

其三,关于"国家所有制说"。该学说认为,自然资源国家所有权的本质是全民所有制的私法体现,[1]是国家所有制的重要组成部分,是实现国家目标的具体方式,其主要特点及核心功能是垄断。[2]

但是,无论以所有制定性自然资源国家所有权,还是以后者对前者定性,都值得商榷。毕竟,所有制属政治学范畴,所有权则为法律概念,二者均属上层建筑,[3]其性质均应由经济基础决定,无法由一个上层建筑来对另一个上层建筑进行定性。经济基础决定并支配着上层建筑,而上层建筑处于被决定及被支配地位。欲对国家所有制定性,需考察该国的生产力状况,并据此研究该国的生产关系,而非本末倒置地由一个上层建筑的性质来决定另一个上层建筑的性质。回归到自然资源领域,即使将自然资源所有权界定为私权或公权,也不能得出所有制的性质为何,反之亦然。

2. 自然资源国家所有权单一化定性的弊病

自然资源权利配置的最终目的,在于构建合理的自然资源私人使用制度,使普遍个体受益。国家作为抽象主体,通常并不直接行使自然资源使用权。这意味着关注自然资源权利研究的最终目标并非为国家所有权定性,而是理顺不同自然资源权利类型的关系,包括宪法与民法规范的打通。这是宪法与私法整合、规范与事实交融,并逐渐调和公法与私法价值,使之最终统一于宪法秩序的动态过程。[4]但是,对自然资源国家所有权的单一定性,未将其置于自然资源权利链条之中,忽视了权利的多重性及其过渡、转化、派生及生成关系,无法打通由自然资源全民所有、宪法上国家所有权至民法上国家所有权、自然资源用益物权及自然资源产品所有权的路径,不利于自然资源

---

[1] 参见江平主编:《物权法》,法律出版社2009年版,第125页。

[2] 参见徐祥民:《自然资源国家所有权之国家所有制说》,《法学研究》2013年第4期,第35-47页。

[3] 参见孙宪忠:《论物权法》,法律出版社2001年版,第11页。

[4] 参见苏永钦:《寻找新民法》(增订版),北京大学出版社2012年版,第349页。

权利的合理配置。

另外,单一化地定性自然资源国家所有权,无法避免政府借此与民争利。学界关注国家所有权的重要原因,在于防止政府与民争利。[1]但是,无视自然资源权利的层次性,不能实现这一目标。在自然资源领域,近年来的许多实践做法很难说具有法理根基。将立法尚未明确归属的自然资源,甚至可否设置所有权都尚存争议之物,如野生的天上飞鸟、地上走兽、天地间空气等传统的无主物,也要纳入国家所有权范畴,[2]其思维逻辑可能在于:若此项资源属于国家,政府就可藉此行使所有权。但是,世界主要国家或地区均不存在类似立法例,如何"防止政府与民争利",[3]避免动辄一律国有,就成为必须回应的问题。

基于单一化定性的弊端,有学者已意识到自然资源权利的层次性,但缺乏系统探讨。其中,"双阶构造说""三层结构说"是典型代表。"双阶构造说"认为,自然资源国家所有权蕴含宪法层面及私法层面的所有权,单纯的私权说或纯粹的公权说均不恰当。[4]"三层结构说"认为,宪法上自然资源国家所有权蕴含三个层次的结构,即民法权能、公法权能及维护全民利益的相应义务。[5]但是,"双阶构造说"的论据存在问题,《物权法》第119条及第123条并非主张该学说的学者所称的"引致规范",[6]不是拓通公法与私法的桥梁,而是打通民法内部规范的通道,即从民法所有权派生出自然资源用益物

---

[1] 参见单平基、彭诚信:《"国家所有权"研究的民法学争点》,《交大法学》2015年第2期,第35页。

[2] 例如,《黑龙江省气候资源探测与保护条例》(2012年)第7条第1款规定"气候资源为国家所有",引发公众质疑政府与民争利的热烈讨论。参见刘子衿:《"风光"买卖——黑龙江明令,多省潜行,气象系分羹新能源》,《南方周末》2012年8月23日,第13—14版;李艳芳、穆治霖:《关于设立气候资源国家所有权的探讨》,《政治与法律》2013年第1期,第102-108页;王灿发、冯嘉:《从国家权力的边界看"气候资源国家所有权"》,《中国政法大学学报》2014年第1期,第98-104页。表面上,这涉及对《宪法》第9条"等自然资源"的理解,本质则是对"国家所有,即全民所有"的误读。

[3] 参见孙宪忠:《"统一唯一国家所有权"理论的悖谬及改革切入点分析》,《法律科学》2013年第3期,第63页。

[4] 参见税兵:《自然资源国家所有权双阶构造说》,《法学研究》2013年第4期,第4-18页。

[5] 参见王涌:《自然资源国家所有权三层结构说》,《法学研究》2013年第4期,第48-61页。

[6] 参见税兵:《自然资源国家所有权双阶构造说》,《法学研究》2013年第4期,第4-18页。

权。另外,"三层结构说"使一个条文(如《宪法》第9条)既调整宪法上所有权,又规范民法上所有权,不具有可行性。若宪法所有权蕴含"私法权能",那么,它在私法关系上可否直接适用?毕竟,宪法规范无法直接用作裁判依据,仍需通过民法所有权予以实现。[1] 此时,就很难认为《宪法》第9条中的自然资源所有权具有私权性质?若具有,为何还需私法再行规范(《物权法》第46条)?实际上,宪法所有权与民法所有权是两种不同的权利类型,调整不同法律关系,前者调整主权国家、公民之间的关系,后者规范平等法律关系,二者在权利主体、客体、内容及违反相应义务的责任承担方面均存在差异(容后详述)。

二、自然资源负载多项权利之间关系理顺的困境

对自然资源国家所有权的定性,看似混乱,实则存在共同缺陷,即仅从某一学科出发对其单一化定性,只窥见孤立的权利类型,未从自然资源权利群的整体角度开展论证。实际上,自然资源权利指向的是一组相互关联、密不可分,且呈现出极强层次性的权利群。它将公法与私法交织融合到一起,使价值中立的民法与负载多重价值的宪法作为纵横轴支撑起整个动态法律体系。[2] 相应地,自然资源国家所有权仅是整个权利链条的一环,对其定性必受其他权利影响。这正是无法对它准确定性的成因:仅窥见自然资源国家所有权这一斑,忽视了自然资源权利群之全豹。

1. 亟需解决的问题

对自然资源国家所有权定性,需将其嵌入整个自然资源权利链条中,为自然资源用益物权的生成和配置提供母权基础,而非孤立地看待这一问题。以下问题亟需解决:

其一,如何在规范及理论层面解读自然资源权利划分的层次性,克服对自然资源国家所有权孤立地单一化定性的弊端?这需理清自然资源全民所有、宪法上国家所有权、民法上国家所有权的关系。

其二,如何从解释论角度理顺《宪法》第9条、《物权法》第46条的关系?二者的法律属性是否相同?毕竟,二者均调整自然资源国家所有权。如果不

---

[1] 参见周永坤:《论宪法基本权利的直接效力》,《中国法学》1997年第1期,第20-28页;龚向和:《理想与现实:基本权利可诉性程度研究》,《法商研究》2009年第4期,第32-38页。

[2] 参见苏永钦:《寻找新民法》(增订版),北京大学出版社2012年版,第351页。

能有效界分,将导致所有权概念的混乱。[1] 宪法上的义务主体一般为国家,那么,作为自然资源所有权人的国家如何对作为义务人的国家行使权利?

其三,自然资源之上多重权利呈现何种层次性?自然资源用益物权与自然资源全民所有、宪法上所有权、民法上所有权之间存在何种过渡、转化、派生及生成关系?不同层次的权利转换之间贯穿何种精神主线?民法所有权如何体现自然资源负载利益的公共目的性?

其四,证成自然资源权利层次性有何实践价值?如何藉此打通自然资源在宪法和民法上所有权的关系,为设置自然资源用益物权提供母权基础,并促进自然资源产品所有权的生成?如何避免政府借自然资源国家所有权与民争利?这也是研究自然资源权利层次性的出发点及最终归宿。

2. 论证思路

依循以下思路和观点论证自然资源权利层次性,以寻求自然资源权利配置的合理路径。

(1) 将自然资源国家所有权嵌入整个自然资源权利链条,而非对其孤立地单一化定性。自然资源全民所有居于自然资源权利"金字塔"顶层,决定着自然资源在宪法及民法上的归属,影响着自然资源用益物权平等配置理念。严格地讲,自然资源全民所有不是法律术语,须通过宪法上所有权以获得宪法确认,还需进一步向民法上所有权转化,以使自然资源用益物权可从中派生。[2] 这使自然资源权利呈现极强层次性:自然资源全民所有、宪法上所有权、民法上所有权、自然资源用益物权及自然资源产品所有权。

(2) 从解释论出发,打通自然资源宪法规范与民法规范的关系。《宪法》第9条关于自然资源国家所有权的规定,是自然资源全民所有的宪法确认。《物权法》第46条是自然资源民法所有权的规定,构成宪法向民法规范转化的制度桥梁。《物权法》第123条则是自然资源民法所有权生发自然资源用益物权的制度基础,而自然资源用益物权的行使可促使自然资源产品所有权的生成,并赋予其绝对的占有、使用、收益及处分权能。证成自然资源权利层次性并非否定权利平等性,而是彰显不同权利的过渡、转化、派生及生成关系。

(3) 论证自然资源权利层次性具有的实践价值。证成自然资源权利层

---

[1] 参见徐涤宇、胡东海、熊剑波、张晓勇:《物权法领域公私法接轨问题研究》,北京大学出版社2016年版,第99页。

[2] 参见彭诚信、单平基:《水资源国家所有权理论之证成》,《清华法学》2010年第6期,第98-115页。

次性，既有利于打通本属于全民所有的自然资源转化为宪法及民法上所有权，进而生成自然资源用益物权的路径，更可为自然资源权利范畴内全民、国家与私人关系的处理提供有益参照。自然资源权利层次性及其多重转换，涉及公法与私法的交错、拉锯及接轨，始终贯穿着自然资源价值的多重性及负载利益的公共性这条精神主线。

第二节　自然资源之上负载多层权利

自然资源权利层次性既需从规范层面解读，亦需从理论层面证成。

一、从规范角度看自然资源多层权利

《宪法》第9条和《物权法》第46条均对自然资源归属予以规范。那么，二者性质是否相同？后者是否仅为前者的翻版式重复规定？若无法对文本进行法解释，法律的整合性及体系性就将受到影响。[1]

1. 《宪法》第9条解释论

（1）自然资源"全民所有"解读

《宪法》第9条将水资源、矿产资源等自然资源的所有权归属于国家，同时指出"国家所有即全民所有"。那么，谁应是自然资源宪法上的所有权人？全民，还是国家？或者，二者的指向本来就具有同一性？

全民所有意味着每个公民均有份额，但是，此份额可划分给个体成员享有吗？这涉及对一些规范的理解。依据《物权法》第123条，自然资源使用权本质是一项用益物权。若将全民所有界分成个体成员的份额，则难免使人产生疑问，即个体成员为何需要（或者能否）在自己的自然资源份额上再行设置他物权？[2] 毕竟，用益物权一般存在于他人标的物之上，便于有所有权与无所有权者互通有无，物尽其用。[3] 在自己的物上设定用益物权仅是例外。[4]

---

〔1〕 参见[日]大村敦志：《民法总论》，江溯、张立艳译，北京大学出版社2004年版，第56页。

〔2〕 参见彭诚信、单平基：《水资源国家所有权理论之证成》，《清华法学》2010年第6期，第102页。

〔3〕 参见谢在全：《民法物权论》（中册），中国政法大学出版社2011年版，第425页。

〔4〕 作为例外，我国台湾地区"民法典"中设有"自己不动产役权"。例如，开发商开发社区之时，预先设计建筑的风格，并完整规划各项公共设施，以设定自己不动产役权的方式进行呈现。参见谢在全：《民法物权论》（下册），中国政法大学出版社2011年版，第1367页。

可见,对私法规范的解释有时需突破私法体系限制,将含糊不清的事项明确化。[1] 全民所有意味着每个公民均有份额,但不可界分成个体成员享有的份额。

宪法上的权利主体一般为公民,义务主体为国家。那么,如何认定自然资源宪法上国家所有权的权利主体和义务主体?"国家"如何对"国家"自身行使权利、履行义务?回归到法律文本,就体现为如何正确理解《宪法》第9条中所有权的法律性质?故此,如何经由对自然资源权利层次性的证成,打通公法与私法的通道,缓解二者的紧张关系,[2] 就给学术界提出了新的挑战和任务。

《宪法》第9条中自然资源国家所有权背后的权利主体应理解为"全民"。依据该条,"全民"在宪法上找到了自身代表(宪法上的国家),"国家所有即全民所有"的立法表述就是具体体现。由《宪法》规范一国的根本属性及基本政治制度的特性所决定,自然资源全民所有也需要宪法确认。《宪法》"序言"明确宣示,宪法的重要作用在于以法律形式规定"国家的根本制度和根本任务",意味着宪法制度及国家任务应为全民利益而存在。自然资源之上承载的全民利益具有天然不可分割性,应通过国家目的的实现使每个个体受益。[3] 尽管国家富强是宪法所追求的主要任务,但国家发展不能不考虑环境与生态的承载力,不能不考虑自然资源的可持续供给,国家环境保护义务的承担是一种理性务实的宪法态度。2018年宪法修改,更是以"新发展理念"和"生态文明"的高度来统括国家在环境事务中的义务与责任,这是从宪法层面要求国家发展模式进行根本转型,新发展理念强调经济发展与生态环保的统筹兼顾。[4]

在此意义上,与其说《宪法》第9条是针对自然资源宪法上所有权的规范,不如说是自然资源全民所有的宪法确认。与其说是国家享有的一种宪法权利,不如说是国家在自然资源领域对全民履行宪法义务的规范要求。这正是该条规定国家所有即"全民所有"的原因。

---

[1] 参见[日]大村敦志:《民法总论》,江溯、张立艳译,北京大学出版社2004年版,第54-55页。

[2] 参见苏永钦:《寻找新民法》(增订版),北京大学出版社2012年版,第309-310页。

[3] 参见[美]曼瑟尔·奥尔森:《集体行动的逻辑》,陈郁、郭宇峰、李崇新译,格致出版社、上海三联书店、上海人民出版社2011年版,第122页。

[4] 参见杜健勋:《国家任务变迁与环境宪法续造》,《清华法学》2019年第4期,第189页。

本源性的问题是,自然资源缘何要全民所有,而不能在其上建立私人所有权？原因在于,自然资源并非民法上普通的私物,而是负载着生活、环境保护、经济及社会的多重功能,呈现出公共用物的本质特征。[1]这种特性预示着它无法纳入私人财产范围,需体现全民意志,在法律上表现为代表全体人民意志的宪法上国家所有权。以水资源为例,"我们深深地依赖着水资源,所以水资源在我们的生活中最为重要。除了普遍的商业价值,水资源在我们所关心的事情中居于核心地位,我们的健康、营养、生态完整性和审美需求都离不开水资源,它甚至能提供社区认同和精神满足"[2]。这些特性决定了不应简单地将其纳入私人所有权范畴,而应作为公共用物由全民享用效益。"自然的怀抱,向所有人敞开。"[3]依据自然法理论,流水在罗马法上就被认定为共用物,属于全体人共同享有,不受所有权限制及影响。[4]

当然,也不乏主张在自然资源上设置私人所有权的观点。有学者认为,通过设立私人所有权配置自然资源,可解决所有环境问题,并可通过私权交易解决外部性问题。[5]哈丁也曾用"公地悲剧"理论论证自然资源之上设置私权利的优越性。[6]然而,诚如罗马俱乐部报告所言,"很多人相信私有权可以提高效率,创造更多财富。但是,不管用何种辞令进行矫饰,即使富裕的国家也不得不承认,私有权的效率价值需要在私营部门和公共领域之间寻求

---

[1] 参见单平基:《论我国水资源的所有权客体属性及其实践功能》,《法律科学》2014年第1期,第69页。

[2] [美]戴维·H.格奇斯:《水法精要》(第四版),陈晓景、王莉译,南开大学出版社2016年版,第2页。

[3] 参见[荷兰]格劳秀斯:《论海洋自由》,转引自[澳]斯蒂芬·巴克勒:《自然法与财产权理论:从格劳秀斯到休谟》,法律出版社2014年版,第33页。

[4] 参见[罗马]查士丁尼:《法学总论:法学阶梯》,张企泰译,商务印书馆1989年版,第48页。

[5] 参见[美]托马斯·思德纳:《环境与自然资源管理的政策工具》,张蔚文、黄祖辉译,上海三联书店、上海人民出版社2005年版,第98页。

[6] 哈丁的论证思路为:假若某块草地适合放牧,在缺乏权利界限的情况下,如果人人都可以任意放牧,那么,每个牧民所考虑的都将是如何增加牲畜的数量以获取利益。倘若人人争先恐后地增加放牧量,该块草地终将因过度使用而贫瘠。See Hardin. *The Tragedy of the Commons*. Science, New Series, Vol. 162, 1968, p.1243. 针对这种情形,有学者认为,另一种可能的解决路径是将该片草地归属于私人,由私人自行决定何时可以进行放牧以及可以保留的牲畜数量,进而物尽其用,并对物进行最有效的管理,发挥私有财产的经济功能。参见王泽鉴:《民法物权》(第二版),北京大学出版社2010年版,第13页。

一种平衡"[1]。在公共资源之上建立私人产权总是不完全的,且从属于公共需求。[2]从经济学角度考虑,自然资源私人所有权无法解决负外部性问题,权利被分割得越多,彼此之间的边界越大,产生负外部性的可能性就会变得更大。[3]我国自然资源使用的负外部性尤为明显。由于产权的边界不能确定,行为者无需顾及其行为的后果,在这种无约束的情况下,对因产权边界不能确定而具有公共用品性质的物品的消费自然是极其浪费和无限制的。[4]

其中,公共信托理论往往被作为解释自然资源国家所有即"全民所有"的理论基础。它认为,自然资源宪法上国家所有权可理解为全民通过公共信托委托及赋权而设立。[5]公共信托理论起源于罗马法,根据公共信托理论,海洋、水体、水道等自然环境要素属于公民全体的共同财产,应由政府或者其他组织基于公共目的以公共信托的方式进行管理。[6]公共信托理论下,政府受全体国民之委托,为了全体国民的共同利益对特定公共财产进行分配和管理,其作为受托人负有守护该财产的信义义务,但不具有随意处分以及利用其向国民收取费用之权利。公共信托的实质是通过将关系到每个公民生存所必不可少的资源纳入公共信托的范畴给予保护,确认公民对公共财产的使用权,限制政府对公共财产的财产权,进而确保民众作为信托财产直接受益者之利益。[7]公共信托理论意味着,当政府决策涉及重要自然资源时,行政合法性不能成为其行政行为合法的唯一标准,更高层次的要求在于政府按照当代人和后代人整体权益最大化的方式恰当地管理作为信托财产的自然资源。如果政府违反了受托人"最大限度的诚实和忠实义务",那么其行为可以

---

〔1〕 [德]魏伯乐、[美]奥兰·扬、[瑞士]马塞厄斯·芬格主编:《私有化的局限》,上海三联书店、上海人民出版社2006年版,第3页。

〔2〕 参见[美]戴维·H.格奇斯:《水法精要》(第四版),陈晓景、王莉译,南开大学出版社2016年版,第8页。

〔3〕 参见[美]托马斯·思德纳:《环境与自然资源管理的政策工具》,张蔚文、黄祖辉译,上海三联书店、上海人民出版社2005年版,第98页。

〔4〕 参见杨曦:《审批视角下的分级代理行使自然资源所有权研究》,《大连理工大学学报(社会科学版)》2019年第1期,第92页。

〔5〕 参见王灵波:《论公共信托理论与水权制度的冲突平衡——从莫诺湖案考察》,《中国地质大学学报(社会科学版)》2016年第3期,第43页。

〔6〕 参见朱丽:《美国环境公共利益司法保护制度与实践及对我国的启示》,《环境保护》2017年第21期,第63页。

〔7〕 参见李蕊:《论我国公有产权的双向度配置》,《法商研究》2019年第3期,第109页。

被撤销。[1] 实践中,依据信托理论解读自然资源配置者不乏其例。例如,在美国加州,私人不能享有水资源所有权,州政府作为受托人对水资源进行管理。[2] 依据公共信托理论,对人类生存发展所必需的自然资源应属于公共所有,任何个体均应享有使用权,基于对政府信任而将自然资源委托给政府管理。[3] 公共信托对自然资源开发利用和生态保护之间的平衡提出了更高要求,受托人必须以一种客观的标准来评价自然资源开发利用是否会对生态环境造成实质的损害,这一标准应根据现有的最佳科学技术来确定。[4]

(2)自然资源宪法上国家所有权中"国家"与宪法义务主体(国家)的关系

自然资源采用全民所有形式,并呈现为宪法上国家所有权之后,亟需解决的理论问题在于:宪法义务一般针对国家而设,[5]于私人之间不生法律效力,[6]自然资源宪法上国家所有权的义务人也应指向国家,那么"国家"如何对"国家"行使权利、履行义务?由此推之,"国家"如何对抗国家权力?毕竟,宪法权利是个人对国家的主张。[7]这似乎陷入逻辑悖论,难以进行回应。

此时,正视自然资源负载利益的层次性,寻求自然资源宪法上国家所有权背后所站立的全体人民,成为化解困境的合理路径。实际上,"全民所有"作为抽象的整体性概念无法具体行使自然资源权利,这也正是在宪法上寻找代表者的原因。在自然资源宪法上的国家所有权之下,全民"权利"可对抗国

---

[1] 参见王明远、孙雪妍:《论国际海底矿产资源的法律地位》,《中国人民大学学报》2019年第4期,第75页。

[2] 参见胡德胜:《生态环境用水法理创新和应用研究——基于25个法域之比较》,西安交通大学出版社2010年版,第192页。

[3] 参见王灵波:《美国自然资源公共信托制度研究》,中国政法大学出版社2016年版,序言第3页。

[4] 参见王明远、孙雪妍:《论国际海底矿产资源的法律地位》,《中国人民大学学报》2019年第4期,第77页。

[5] 个人能否作为宪法上的义务主体,存在争议。肯定者认为,基本权利的效力及于公法和私法,拘束国家和私人。否定者认为,基本权利仅针对国家权力,私法领域不宜直接适用宪法规范。参见周永坤:《论宪法基本权利的直接效力》,《中国法学》1997年第1期,第20-28页;韩大元:《论社会变革时期的基本权利效力问题》,《中国法学》2002年第6期,第10-11页;龚向和:《理想与现实:基本权利可诉性程度研究》,《法商研究》2009年第4期,第32-38页。

[6] 参见陈新民:《德国公法学基础理论》(上册),山东人民出版社2001年版,第288页。

[7] 参见张翔:《基本权利冲突的规范结构与解决模式》,《法商研究》2006年第4期,第96页。

家"权力",民众要求国家必须作为或不作为的资格,是一种民权的具体体现,[1]与私权不同,其价值和功能涉及法学、政治学等多层面,是对特定宪法价值的凝练。自然资源于宪法上体现的国家所有权,本质是全民对宪法上国家主张权利的根本依据。具体而言,宪法上自然资源国家所有权基于全体人民的意志所形成,并以全民意志的实现作为终极目的。全民意志是宪法上国家所有权实现的最高尺度,也是全民主张诉求的正当基础。

因此,在自然资源宪法上国家所有权领域,国家既为权利主体,又是义务主体,看似矛盾,实则不然。透过宪法上国家所有权的字面表象,就会发现:宪法上国家的实质是全民在宪法上的代表,真正权利主体是背后的全民。国家仅对全民负责,而非针对某一具体公民个体。国家对全民享有的自然资源负有不侵犯义务,对全民受益权承担"给付义务",还应运用一切可能和必要手段促成自然资源负载之全民利益的实现。此时,也可运用"所有权的社会义务"解释及概括宪法上所有权应担负的公共目的。[2]例如,依据《德国基本法》第14条第2款,所有权负有义务,其行使应同时服务于公共利益。这一规范不仅在宪法层面,而且对物权法乃至整个民法都具有深远影响。[3]基于公共利益考量,部门法中的所有权需受宪法上所有权的具体规制。[4]宪法环境条款并非简单宣示国家的自然资源所有权,以保障国民经济的发展,而是设立了一种国家责任,在于确立具有责任性的"规制国家"而非"全权国家",政府处分自然资源的行为也应符合宪法的规制。国家是环境责任的主要主体。因为自然资源属于公有,国家当然对环境保护应承担最主要的责任。[5]宪法中国家所有的规范目的在于规制,国家借助所有权能够在其所有的财产领域中积极主动地进行规制,实现对国家所有之财产的保护和合理利用。规制是为了避免市场的失灵,国家有权进行管理、规划和保护,其有利于促使国家公共任务的实现,而绝非利益的剥夺;从反面讲,国家甚至有义务和责任进行规制。无论如何,宪法中的国家所有中必然蕴含着规制目的,甚

---

〔1〕 参见夏勇:《民本与民权——中国权利话语的历史基础》,《中国社会科学》2004年第5期,第5页。

〔2〕 参见[德]卡尔·拉伦茨:《德国民法通论》(上册),王晓晔、邵建东、程建英、徐国建、谢怀栻等译,法律出版社2003年版,第86-87页。

〔3〕 参见孙宪忠:《德国当代物权法》,法律出版社1997年版,第43页。

〔4〕 参见徐涤宇、胡东海、熊剑波、张晓勇:《物权法领域公私法接轨问题研究》,北京大学出版社2016年版,第26页。

〔5〕 参见张震:《中国宪法的环境观及其规范表达》,《中国法学》2018年第4期,第12页。

至可以认为国家所有本身就是规制的一种工具和手段。[1] 国家对自然资源的管理主要体现在通过资源立法制定资源利用规则以及依法对资源利用施以监管。对旨在保障生存的、不可转化为资源性产品的自然资源应向全社会成员平等开放,国家有义务保障有需要的社会成员在不影响他人权利及公益前提下的合理使用权。[2]

这一结论也可通过《宪法》基本权利的规定予以佐证。自然资源宪法上国家所有权并未于"基本权利"中被规定,说明其并非一项基本权利。相反,它存在的目的,恰在于实现公民在自然资源领域的基本权利。毕竟,通常公民是基本权利的权利主体,国家是义务主体。一般而言,基本权利具有约束公权力运作的特性,作为公权力代表的国家要以保障基本权利为重要考量,这是以宪法为统领的法律体系的基本要求。[3] 换言之,自然资源宪法上国家所有权并非国家的"基本权利",而是以公民在自然资源领域应享有的基本权利为最终保障目标。自然资源全民所有针对的国家义务具有复合性,[4] 既包括国家对全民所有的自然资源负有"不侵犯"的消极义务,也体现为国家对自然资源领域全民受益权承担"给付义务",以助推自然资源领域全民利益的实现。[5] 例如,随着水资源生态环境的恶化,公民的生存及健康需要国家提供清洁的饮用水及其他能够保障生存的良好水生态环境,涉及生活用水及生态环境用水,[6] 根本上与公民的生存权、健康权等基本权利相关联。

2.《物权法》第 46 条解释论

虽然《宪法》第 9 条和《物权法》第 46 条均确立了自然资源国家所有权,但是,就法体系而言,不能认定二者的性质具有同一性。若将自然资源所有权单纯认定为宪法上权利,就难以解释自然资源用益物权的生成及性质。毕

---

[1] 参见朱虎:《国家所有和国家所有权——以乌木所有权归属为中心》,《华东政法大学学报》2016 年第 1 期,第 20 页。

[2] 参见李蕊:《论我国公有产权的双向度配置》,《法商研究》2019 年第 3 期,第 111-112 页。

[3] 参见[德]罗伯特·阿列克西:《法概念与法效力》,王鹏翔译,商务印书馆 2015 年版,第 93 页。

[4] 参见[美]杰克·唐纳利:《普遍人权的理论与实践》,王浦劬等译,中国社会科学出版社 2001 年版,第 32-33 页。

[5] 参见张翔:《基本权利的受益权功能与国家的给付义务——从基本权利分析框架的革新开始》,《中国法学》2006 年第 1 期,第 24 页。

[6] 参见龚向和:《国家义务是公民权利的根本保障——国家与公民关系新视角》,《法律科学》2010 年第 4 期,第 4 页。

竟,取水权、采矿权、海域使用权等自然资源用益物权(《物权法》第 123 条),只有依靠私法上自然资源所有权的派生,方可具有私法权能,也预示着宪法上所有权需向民法上所有权转化。

其一,自然资源宪法上所有权具有抽象性,于司法实践不可直接适用。宪法上的自然资源权利无法被私人用来诉求国家为或不为一定行为,需向部门法权利转化。在向部门法规范的转化过程中,宪法上的自然资源规范具有自身价值及功能。这种转化应操作适当,否则或将使公法过分介入私人生活,或将因过于保守而无法达到应有效果。但是,无论如何都不应将这种转化视作无实质价值的技术规范,更不应将其仅当成只是重复性规定,不能认为即使没有转化也会产生同样结果。[1]

宪法上自然资源所有权并非私权,更类似于一项公共权利或政治权力,需向民法所有权转化之后,从物权法视角思考自然资源所有权及用益物权配置,发挥所有权的私权价值。只有转化之后,方可从民事权利的主体、客体、内容及救济的体系结构出发,对自然资源所有权重新构造,[2]寻求自然资源用益物权生成及配置的母权依据。

宪法在法律体系中居于根本法地位,甚至是主权意义上国家的"出生证明"。[3]因而,宪法上权利义务在整个法律权利义务体系构建中具有中轴功能,其他部门法的具体权利义务规范都以此为依据。可以说,宪法权利与民法权利的关系就如宪法与民法的关系,若将宪法看作根本法及母法,宪法权利就是民法权利的母权利。[4]但是,宪法权利具有抽象性、概括性,若不通过民法明确自然资源国家所有权及其具体内容、效力,那么,私人将无法依据宪法规定从宪法上国家取得用益物权,也无所谓自然资源使用权的配置可言。循此,宪法所有权制度不具有司法直接适用性,无法使个人在自然资源领域享有请求国家积极作为或不作为的私法权利,不能为自然资源用益物权配置提供母权基础,需要向民法所有权转化。

其二,我国宪法解释规范尚无法形成解决此困境的方法论体系。针对宪法不可直接适用的规范现状,需通过向部门法权利(包括民法权利)的转化来

---

[1] 参见苏永钦:《寻找新民法》(增订版),北京大学出版社 2012 年版,第 318 页。
[2] 参见孙宪忠:《争议与思考——物权立法笔记》,中国人民大学出版社 2006 年版,第 416 页。
[3] 参见郑贤君:《方法论与宪法学的中国化》,《当代法学》2015 年第 1 期,第 31 页。
[4] 参见徐显明:《"基本权利"析》,《中国法学》1991 年第 6 期,第 27 页。

真正实现其效用。否则,宪法权利只能体现为"纸本上的权利",仅具有抽象的宣示意义。这需要法律转介条款发挥沟通公法与私法、宪法与民法的桥梁和纽带作用。公法规范力适度延伸到私法关系需要法官的补缀接合,而主要工具就是民法转介条款。[1]《物权法》第 46 条就具有转介条款的功能,而不应认为它仅是就自然资源所有权归属之《宪法》第 9 条的翻版式规定。这也意味着将宪法上自然资源国家所有权与民法上自然资源国家所有权仅定性为单一性质,或将二者同一,并不能很好化解自然资源权利领域的诸多难题,实有分别定性之必要。

其三,宪法规范需借助私法规范的转化方可适用。当前,宪法规范不可在私法关系中直接适用,主流观点认可的是在私法中起到间接作用,只在民法一般规定范围内作为解释指导方针对私人法律关系产生作用。[2]因为,宪法与民法具有不同调整对象及规范功能,前者以主权者国家为规范对象,根本功能在于界定权力边界,须借助后者方能对私人产生效力。[3] 自然资源宪法所有权的规范功能,在于对自然资源所有权给予宪法保障,尚不可直接适用于自然资源用益物权配置。此时,私人无法依据宪法取得自然资源使用权,权利取得需民法(尤其是物权法)予以具体化。物权法主要调整私人对财物的支配关系,本质上取决于宪法制度的安排及要求。[4]此时,需避免不加区分地将自然资源国家所有权简单认定为具有一种性质:公权力、公权利或私权利。对权利的僵化定性并不恰当。[5]

循此,不同于《宪法》第 9 条,《物权法》第 46 条是对自然资源民法上所有权的确认,其中的"国家"指民法上的国家。法律规范的意蕴可通过对法律文本的解释来实现。[6]《物权法》第 46 条的规范目的在于解决自然资源用益物权的派生问题,克服将自然资源国家所有权定性为"公权力"或"公权利"的弊端。毕竟,民法上自然资源使用权的占有、使用、收益及依法处分权能,只

---

〔1〕 参见苏永钦:《寻找新民法》(增订版),北京大学出版社 2012 年版,第 353 页。

〔2〕 参见[德]本德·吕斯特、阿斯特丽德·施塔德:《德国民法总论》(第 18 版),于馨淼、张姝译,法律出版社 2017 年版,第 18 页。

〔3〕 参见徐涤宇、胡东海、熊剑波、张晓勇:《物权法领域公私法接轨问题研究》,北京大学出版社 2016 年版,第 55 页。

〔4〕 参见[德]鲍尔、施蒂尔纳:《德国物权法》(上册),张双根译,法律出版社 2004 年版,第 3 页。

〔5〕 参见[日]芦部信喜:《宪法》,李鸿禧译,元照出版有限公司 2001 年版,第 243 页。

〔6〕 参见[日]大村敦志:《民法总论》,江溯、张立艳译,北京大学出版社 2004 年版,第 55 页。

能派生于具有这些权能的母权,而"公权力"并不具有这些权能,更不能将其派生给自然资源用益物权。[1]《物权法》第123条正是自然资源民法所有权生发自然资源用益物权的依据。因此,《物权法》第46条不能理解为是对《宪法》第9条的照抄型"僵尸法条",[2]而是发挥着将自然资源所有权从宪法引入民法范畴的独特功效。

二、自然资源多层权利的理论解读

自然资源之上的权利关系纵横交错,既包括宪法上的权利,也包括具有私法属性的物权及其下属权能。[3]因此,很难对自然资源国家所有权单一化定性,应将其置于自然资源权利层次性中科学定性及准确解读。这具体体现为:

第一,为什么自然资源全民所有只能首先由宪法而非其他法律规定?为什么不能将它直接转化为民法上所有权规范,而只能先过渡为宪法上所有权之后,再予确认为民法所有权?这由宪法的根本法属性决定。作为根本法,明确国家权力的边界是宪法的重要功能,[4]而非解决私人权利冲突。若不能对抗国家公权力的滥用,那么,民众的基本权利必将无法真正实现。质言之,公民在宪法权利层面所具有的自然资源受益功能,对应的是国家在自然资源领域的宪法给付义务,即国家应以积极作为的形式在自然资源领域为个体提供权益保障。例如,保障饮用水的清洁、充足及水生态环境的整体质量等。这是自然资源全民所有只能由宪法加以确认和规范的重要原因。

第二,为何宪法上的自然资源权利需民法具体化?因为,个体作为全民中的一员,在宪法层面享有的自然资源权利,本可对抗公权力,但于现行制度体系内不具有司法操作性,缺乏救济程序。[5]在自然资源全民所有语境下,从个体得以向宪法上国家主张权利的角度,国家所有权呈现出主权国家对全民应承担的义务,但缺乏个体得请求国家履行义务的具体安排及程序。这决定了自然资源宪法上所有权需转化为民法上所有权规范。另外,不加区分地

---

[1] 参见崔建远:《准物权研究》(第二版),法律出版社2012年版,第357-361页。
[2] 参见葛云松:《物权法的扯淡与认真——评〈物权法草案〉第四、五章》,《中外法学》2006年第1期,第54页。
[3] 参见杨解君、赖超超:《公物上的权利(力)构成——公法与私法的双重视点》,《法律科学》2007年第4期,第49页。
[4] 参见徐显明:《"基本权利"析》,《中国法学》1991年第6期,第25页。
[5] 参见朱福惠:《公民基本权利宪法保护观解析》,《中国法学》2002年第6期,第19页。

将自然资源国家所有权简单定性为"公权力"并不足取,宜将不同法律中的自然资源所有权的法律性质于《宪法》《物权法》等不同场合界定为呈现不止一面的特性。否则,将无法回应"公权力"定性的国家所有权如何派生出私权性质自然资源用益物权(《物权法》第 123 条)的疑问。

第三,就法解释而言,《宪法》第 9 条关于自然资源宪法上国家所有权的规范,在本质上是自然资源全民所有的具体体现,而《物权法》第 46 条对《宪法》第 9 条的确认是自然资源宪法上所有权转化为民法所有权的规范依据,也是沟通《宪法》与《民法》(公法与私法)的桥梁。随之,自然资源国家所有权的性质也发生了变化,由宪法层面主权性质的所有转变为私法所有。《物权法》第 123 条则是由自然资源民法所有权派生出自然资源用益物权的制度基础,而后者的具体行使又促使自然资源产品所有权(如瓶装水所有权)的生成,并赋予其绝对的占有、使用、收益及处分权能,使其成为完全意义上的私法所有权,与其他的私人所有权相等同。在这一动态过程中,自然资源权利层次性及其多重转换,始终贯穿着自然资源自身价值的多重性及负载利益的公共性这条精神主线。

循此,自然资源之上存在五个权利层次:一是自然资源宪法上全民所有,二是自然资源宪法上所有权,三是自然资源民法上所有权,四是自然资源用益物权,五是自然资源产品所有权。就规范依据而言,《宪法》第 9 条是自然资源全民所有确认为自然资源宪法上所有权的规范依据,《物权法》第 46 条是自然资源宪法上所有权向民法上所有权转化的规范基础,也是沟通《宪法》与《民法》的桥梁;《物权法》第 123 条则是由自然资源民法上所有权派生出自然资源用益物权的制度基础,后者具体行使的结果则是私人取得自然资源产品所有权。

可见,自然资源之上的权利并非单一权利类型,而是一组呈现出极强层次性的权利群。正视自然资源权利的层次性,并非否定自然资源国家所有权体现的公权性、私权性,而是将其嵌入整个自然资源权利链条中,非孤立地对其进行定性。因为,若将自然资源国家所有权进行单一定性,往往会遮蔽宪法与民法权利的区别,并不经意地陷入到数个闪耀着理论争论光环的假问题陷阱。自然资源国家所有权的多义性是一种正常现象,于宪法和民法层面是两个并不相同,但又可能互相渗透、紧密联系的概念。解读自然资源权利的层次性,既有利于界清自然资源全民所有至民法上所有权、自然资源用益物权及自然资源产品所有权的关系,更可为自然资源权利范畴内全民、国家与私人关系的处理提供有益参照,为自然资源权利配置提供规范依据及理论基础。

第三节 自然资源多层权利的沟通路径

不同权利的过渡、转化、派生及生成关系,在根本上保证了自然资源权利体系的完整性。这从一定程度上印证了公法与私法并非完全不接头、割裂的法律部门。[1]

一、自然资源负载利益的全民性与宪法上国家所有权

在自然资源权利体系中,自然资源全民所有、宪法上所有权、民法上所有权、自然资源用益物权及自然资源产品所有权虽各自处于自然资源权利体系的不同层次,但彼此之间并非孤立、封闭地存在,而是存在过渡、转化、派生及生成关系,期间的多重转换始终贯穿自然资源自身价值的多重性及负载利益的公共性这条精神主线。

1. 自然资源全民所有形态向宪法上所有权的转化

严格来讲,全民所有并非严谨的法学概念,而是一项政治及经济学术语,需转化为权利概念才能具备法律保护的正当性基础。在此过程中,自然资源全民所有首先应过渡为宪法上所有权,而非直接转化成民法上所有权,后两者并非同一概念。这同宪法与民法的不同功能紧密相关,前者在于限制国家权力,后者在于为私人自由行为提供保障。[2]

自然资源于宪法上的所有权形态,应是一种国家所有权,不能体现为宪法上的私人所有权或其他形态。以水资源为例,"水在法律上和历史上都是一种公共资源。尽管私人产权在水使用中运行得非常好,但水在根本上还是公共资源;私人产权总是不完全的,而且从属于公共需求"[3]。自然资源无法采取私有权形式,否则容易出现私人垄断现象,引发垄断者利用优势地位

---

[1] 参见苏永钦:《寻找新民法》(增订版),北京大学出版社2012年版,第313页。
[2] 参见朱庆育:《民法总论》(第二版),北京大学出版社2016年版,第11页。
[3] 参见[美]戴维·H.格奇斯:《水法精要》(第四版),陈晓景、王莉译,南开大学出版社2016年版,第8页。

将自然资源使用费率提高到私人难以承受的程度,甚至危及社会安定。[1]可见,自然资源全民所有在转换为法律上的所有权时,应直接体现为自然资源宪法上所有权,而非民法上所有权。此时,不能将市民社会与国家对立,也不能认为市民社会仅关乎私法(权)领域。[2]自然资源负载的利益具有公共性,而国家代表的利益具有全民性,二者具有天然的内在一致性,在法律上就规范为宪法上国家所有权。[3]

2. 个体权利于自然资源宪法上所有权的具体体现

自然资源全民所有过渡为宪法上所有权后,组成全民的个体的权利并未丧失。体现为:

其一,个体成员可通过法律程序参与立法以表达个人意思,而个人意志的结合形成全民意志,进而上升为国家法律。可见,在自然资源领域,法律的整体性意志的本质是全部个体成员的意志之和,个体遵循的法律制度实际是其自身意思的体现。毕竟,宪法权利实现的前提是承认个体所具有的平等参与和主体地位。[4]

其二,个体通过宪法监督制度对自然资源权利配置程序进行制约,杜绝行政权力滥用。在个体得向国家主张权利意义上,宪法上自然资源国家所有权更多地呈现出国家对全民(而非特定个体)应承担的义务。[5]监督权行使的最终目的是保障个体在宪法层面享有的受益权的实现,对应国家给付义

---

[1] 例如,在玻利维亚的科恰班巴省发生的事情足以说明这一问题的严重性,虽然这只是水资源私有化众多失败案例中的一个。科恰班巴省在实行水资源私有化之后,当地的水费较之前猛增了一至两倍。其中,穷人受到的影响最大。2000年1月,一场持续了四天的针对水资源私有化的大罢工使得整个城市陷入瘫痪。当年2月,玻利维亚政府声明此次抗议活动属于非法行为,并出动了军队控制整个城市,冲突中导致100多人受伤,1人死亡,此次抗议活动直到4月份政府同意终止水资源私有化才结束。参见[美]汤姆·泰坦伯格:《自然资源经济学》,高岚、李怡、谢忆等译,人民邮电出版社2012年版,第112页。

[2] 参见[日]大村敦志:《民法总论》,江溯、张立艳译,北京大学出版社2004年版,第123页。

[3] 参见彭诚信、单平基:《水资源国家所有权理论之证成》,《清华法学》2010年第6期,第98-115页。

[4] 参见徐显明:《"基本权利"析》,《中国法学》1991年第6期,第24页。

[5] 基本权利除适用于个人与国家间的公法关系外,在例外情况下还可能适用于私人间的私法关系。我国宪法也体现了这种"扩散作用"。例如,《宪法》第36条第3款第2项规定:"任何国家机关、社会团体和个人不得强制公民信仰宗教或者不信仰宗教,不得歧视信仰宗教的公民和不信仰宗教的公民",在限制国家的同时也限制了社会团体和个人。此外第41条也规定:"任何组织或者个人不得以任何理由侵犯公民的通信自由和通信秘密",直接把基本权利的效力扩及个人。参见张翔:《基本权利的双重性质》,《法学研究》2005年第3期,第36页。

务,即国家以积极作为的方式为公民提供自然资源权益的义务。例如,清洁的饮用水、良好的空气、水生态环境保障等。若缺乏此项义务,则在既有规范下的所有努力充其量都仅是弥缝补苴,效果甚微。[1]

其三,自然资源宪法上国家所有权行使的最终目标是实现自然资源全民所有中个体利益的最大化。在促进个体发展过程中,国家历来都非旁观者,而是在不同阶段充当私法关系的参与者、维护者、管理者、服务者等不同角色。这在一定程度上也可佐证宪法上与民法上的自然资源国家所有权分具公法及私法属性。运用自然资源收益兴修水利、改善及提升自然环境、防止大气与水污染等,均是以普通个体在自然资源领域正当利益的实现为目的。

二、自然资源国家所有权性质的双重性

自然资源民法上国家所有权及自然资源用益物权的规范架构,须受宪法上国家所有权及自然资源全民所有的影响。这需要寻找到公法与私法的接轨点和连接通道,并区分自然资源宪法上所有权与民法上所有权。

(一)自然资源全民所有对宪法上所有权向民法上所有权转化的影响

1. 自然资源民法上国家所有权确立的根本依据是自然资源全民所有"形态"。就主体而言,"全民"是自然人集合体,是政治学、社会学概念,不具有独立的法律主体资格,不能于私法层面直接支配自然资源。[2] 这种共同体在传统上尚有家族、村落等类似形态,主要为维持共同生活秩序提供保障,但随着时代发展其已逐渐衰落,日益被为个体利益而存在的福利国家所取代。[3] 然而,宪法上主权意义的国家不具有直接支配自然资源的私法权能,导致私人无法取得自然资源用益物权,预示着其需要向民法领域转化。此时,自然资源的全民所有形态为寻求自然资源在民法上的所有权归属(国家所有),提供了理论及制度基础。

2. 自然资源全民所有的宪法安排决定着即使转化到民法上所有权,国家之外的其他私人也无法成为所有权主体,但可依法取得由民法上所有权派

---

[1] 参见张翔:《基本权利的双重性质》,《法学研究》2005年第3期,第34页。

[2] 在一定意义上说,全民所有具有"类似总有"的性质,参见彭诚信、单平基:《水资源国家所有权理论之证成》,《清华法学》2010年第6期,第98-115页。另外,关于总有形态的具体论证,参见孙宪忠:《争议与思考——物权立法笔记》,中国人民大学出版社2006年版,第423页。

[3] 参见[日]大村敦志:《民法总论》,江溯、张立艳译,北京大学出版社2004年版,第121-122页。

生出的用益物权。私法是国家政治和社会体系不可分割的组成部分,是宪法的实体基石。[1]当自然资源全民所有过渡到宪法上所有权,继而转化为民法上国家所有权之后,国家已与民法中的其他私权主体(自然人、法人或非法人组织)无甚区别,但权利的行使却仍需受自然资源全民所有(体现为公共利益)的牵制。例如,依据民法理论,私权主体(国家)在设定自然资源用益物权时,本可遵循内心意思自治,自由创设,但是,由自然资源承载的全民利益因素决定,国家不应仅遵循经济利益最大化逻辑,而应遵循平等原则,保障私人获取自然资源用益物权的机会平等性。

3. 自然资源全民所有经由宪法上所有权的确认,转化成私法上所有权之后,私人权利主要体现为两个层次。其一,作为全民组成部分的个体,于宪法层面的权利体系内,针对自然资源配置予以间接管控、监督和收益。其二,作为民事主体,通过获取自然资源用益物权而对自然资源直接使用及获取收益。上述两个层面权利的权源基础在于其作为全民成员的身份,亦为打通宪法上所有权与民法上所有权的规范架起了桥梁。

可见,宪法上所有权须转化为民法上所有权。前者的规范意旨在于为自然资源保护提供宪法保障及纲领性规定,但不指向具体客体,也无法通过司法直接适用。若缺乏部门法转化,就无法配置自然资源,也无法让具体个体取得自然资源用益物权予以使用及获益。宪法上所有权在于解决自然资源在宪法上应以何种地位受保障(保障条款),回答谁是自然资源主人的问题。[2]

(二)宪法上所有权对民法上所有权的影响

与宪法上所有权不同,民法上所有权具有明确具体的客体指向及规范效力。它以自然资源权利(所有权及使用权)配置为中介,展现私人间的关系。既然宪法是根本大法,民法位列其下,民事权利自然以宪法基本权利为依据。但是,说民法上的权利来自于宪法,并非如有的学者据以认为的私人权利来自于公权力的赋予,[3]相反,宪法恰在于限制公权力,本质上体现全民意志(经由立法程序表达)。申言之,宪法中的公权力不含私权基因,无法将其遗

---

[1] 参见[德]本德·吕斯特、阿斯特丽德·施塔德:《德国民法总论》(第18版),于馨淼、张姝译,法律出版社2017年版,第12页。

[2] 参见徐涤宇、胡东海、熊剑波、张晓勇:《物权法领域公私法接轨问题研究》,北京大学出版社2016年版,第55页。

[3] 参见朱庆育:《民法总论》(第二版),北京大学出版社2016年版,第11页。

传或分娩给私权利,[1]欲使个体取得私权性质的自然资源用益物权,必然要以民法上的所有权为母权基础。

另外,我国宪法不具有司法适用性,宪法权利不可诉,决定了需向民法权利转化,需架设必要管道,实现私法与公法的接轨与沟通。[2]这一般体现为民法所设置的转介或引致条款。虽然私法自治是私法基本理念,但是,私法内部已架设起通往其他法律领域的管道,[3]以对公法保护的法益、追求的目的、涉及的个人自由以及私法自治本身的理念价值进行权衡。[4]有学者认为,《物权法》第46条仍属宪法所有权的重复性规定,再次确认特定自然资源只能归属于国家,私人被剥夺成为权利主体的可能性,是公有制的物权法体现。[5]但实际上,《物权法》第46条对自然资源民法上所有权归属及第123条对自然资源用益物权的规范,已实现了物权法与其他行政管制法的转介作用。[6]虽然从文义看,《物权法》第46条与《宪法》第9条对自然资源所有权归属的规范无差别,但是,二者本质并不相同,后者已纳入民法范畴,属于私权性质。简言之,《物权法》第46条对矿藏、水资源和海域等自然资源的归属保留了公法进入私法的途径,即体现为民法上的国家所有权。这也表明由于自然资源全民所有及宪法上国家所有权的制约,民法上所有权不应再固守绝对性的私权理念,而应考量社会公共利益。

自然资源民法上所有权需受宪法上所有权的制约。即便民法以私法自治为基本原则,但也无法绕开宪法的整体性目标。[7]从理论上看,所有权是最全面的法律上对物的支配权,原则上所有权人有权任意决定所有物的命运,但其也会受到其他制度影响。[8]为稳定公共秩序和增加公共福祉,需依

---

[1] 参见崔建远:《准物权研究》(第二版),法律出版社2012年版,第357-361页。

[2] 参见苏永钦:《民事立法与公私法的接轨》,北京大学出版社2005年版,第15页。

[3] 参见王利明、易军:《改革开放以来的中国民法》,《中国社会科学》2008年第6期,第146-147页。

[4] 参见苏永钦:《民事立法与公私法的接轨》,北京大学出版社2005年版,第10页。

[5] 参见徐涤宇、胡东海、熊剑波、张晓勇:《物权法领域公私法接轨问题研究》,北京大学出版社2016年版,第98页。

[6] 参见苏永钦:《民事立法与公私法的接轨》,北京大学出版社2005年版,第29页。

[7] 参见徐涤宇、胡东海、熊剑波、张晓勇:《物权法领域公私法接轨问题研究》,北京大学出版社2016年版,第103页。

[8] 参见[德]哈里·韦斯特曼、哈尔姆·彼得·韦斯特曼:《德国民法基本概念》(第16版),张定军、葛平亮、唐晓琳译,中国人民大学出版社2014年版,第135页。

法对私人财产加以必要限制,实现私法与公法的协作。[1] 民法所有权需受的法律限制可体现为私法限制和公法限制两个层面,前者包括权利行使的限制(如禁止权利滥用、私力救济等)、相邻关系的限制等;后者的限制则体现为保护社会利益的行政管理规范(如水法、环境保护法等)。[2] 司法机构在适用法律与解释法律时,同样应当注意到宪法所课予的生态环保义务,特别是在法律适用存在选择困难时,应当将所有的情形包括生态环保加以综合考虑,审慎作出司法裁判形成司法解释。同时,受国家任务调整的影响,公民的权利行使可能在某些方面受到限制,遇到绿色、生态、美丽等国家任务时,应当具备谦抑性。[3]

宪法上自然资源所有权的私法规范化意义重大。这至少表现为两个层面:其一,它可使自然资源所有权依据物权法享有处分权(如派生出自然资源用益物权),获得私法救济(如物权请求权及占有保护请求权),同时也需受私法限制(如相邻关系)。其二,它可使自然资源经由私法发挥最大效用,实现物尽其用之目的。当自然资源所有权转化成私权形态后,就应与普通私法权利一样受到平等规范,不具有优先效力,即自然资源所有权人与其他民事主体具有平等地位(《民法总则》第2条)。

(三)自然资源宪法上所有权与民法上所有权的差异

虽然宪法和民法规范针对自然资源权利归属使用的都是"国家所有"的称谓,但二者具有不同的法律构造,[4]确有区分之必要。

其一,从主体看,虽然国家既可成为民法上的权利人,享有私法性质的物权,又是宪法上的所有者,代表全民拥有公法性质的宪法权利,致使两种性质的国家及权利极易混淆,但是,宪法层面的国家具有主权意义,是对一国自然资源的主权确认;民法层面的国家体现为一种私权主体,与民法中其他主体并无差别。[5]

---

[1] 参见王泽鉴:《民法物权》(第二版),北京大学出版社2010年版,第11页。

[2] 参见梁慧星:《中国民法典草案建议稿附理由·物权编》,法律出版社2013年版,第97页。

[3] 参见杜健勋:《国家任务变迁与环境宪法续造》,《清华法学》2019年第4期,第190页。

[4] 参见徐涤宇、胡东海、熊剑波、张晓勇:《物权法领域公私法接轨问题研究》,北京大学出版社2016年版,第99页。

[5] 参见梁慧星:《中国民法典草案建议稿附理由·物权编》,法律出版社2013年版,第97页。

其二,从客体看,民法中的物权客体一般具有特定性,而宪法上所有权的客体则并不具有此特性,更多是一种抽象性的观念存在,范围较前者要广,包括物权、股权等,甚至可包括债权。就此而言,宪法上所有权基本上等同于财产权概念,与民法上所有权的内涵及外延存在重大差异。[1]也就是说,由于宪法中国家所有权和私人所有权的规范目的不同,因此在私法中,国家所有权和私人所有权之间仍存在规范上的不同,例如国家所有权的客体在很多情况下并非特定的物,并且国家所有的自然资源无需登记(《物权法》第9条第2款),与私人所有权的客体一般具有特定性(《物权法》第2条第3款)且要进行公示(《物权法》第6条)不同。[2]

其三,从权利行使看,宪法上所有权不能生发出自然资源用益物权,无法纳入交易领域。另外,宪法上国家义务的设定要求公权力机构,包括立法机构、行政机构与司法机构等在其权力运行过程中,涉及各项环境资源要素决策时,务必要沿着国家任务设定的目标,履行相应的职责。[3]与此不同,民法所有权是对物进行全面支配的权利,是最典型、最完全的一种物权。[4]所有权是全面支配权,所有权人可任意利用或完全置之不用,可出卖、设定负担或根据自己意愿处置所有物。[5]

其四,从权利救济上看,民法上所有权可依据私法途径进行救济,环境与自然资源是一体两面的关系。根据《物权法》的规定,所有权的客体包括土地、海域、山岭、森林、草原、滩涂等自然资源。自然资源往往都有明确的所有权人、使用权人,在受损时国家可以以所有权受侵害为由提起自然资源损害赔偿诉讼,[6]主要以自然资源国家所有权为基础,并且由代表国家行使所有权的国务院授权给省、市地级政府或者其他统一行使全民所有自然资源所有权职责的部门具体行使。自然资源损害是一种新的损害类型,它是自然资源

---

[1] 参见孙宪忠:《中国物权法总论》(第三版),法律出版社2014年版,第105-106页。

[2] 参见朱虎:《国家所有和国家所有权——以乌木所有权归属为中心》,《华东政法大学学报》2016年第1期,第22页。

[3] 参见杜健勋:《国家任务变迁与环境宪法续造》,《清华法学》2019年第4期,第191页。

[4] 参见梁慧星:《中国民法典草案建议稿附理由·物权编》,法律出版社2013年版,第97页。

[5] 参见[德]哈里·韦斯特曼、哈尔姆·彼得·韦斯特曼:《德国民法基本概念》(第16版),张定军、葛平亮、唐晓琳译,中国人民大学出版社2014年版,第129页。

[6] 参见张梓太、李晨光:《关于我国生态环境损害赔偿立法的几个问题》,《南京社会科学》2018年第3期,第95页。

本身的损害,体现出自然资源自身价值尤其是生态价值的同时减损。[1] 自然资源损害赔偿的实质是通过将使用环境公共资源所产生的外部不经济性进行内部化,由造成损害者承担治理、修复和赔偿自然资源损害的责任。[2] 可见,同一污染环境、破坏生态的行为,既会产生基于环境因素的生态环境损害赔偿责任,也会产生基于经济因素的自然资源损害赔偿责任。经济因素与环境因素互相交织,生态环境赔偿责任与自然资源赔偿责任相互叠合。[3]

这契合了侵权法上的"谁受损、谁主张"的逻辑,也符合我国自然资源所有权职责与资源环境监督管理职责分开的改革思路。[4] 因此,如果任何单位或个人实施了私法中的妨害或侵害行为,理论上而言,就可依据《物权法》第 34 条、第 35 条、第 36 条和第 37 条对国家所有权予以保护。[5] 宪法上所有权受到侵害时的救济途径则需要依循宪法逻辑。当前,我国宪法规范不可直接适用于司法实践。这也决定了宪法上所有权需要向民法上所有权转化,以使权利人获得私法上的救济。

故此,应充分认识到自然资源权利的层次性,不能在对宪法上所有权与民法上所有权不加区分的情况下就笼统地为国家所有权定性,而是要审视在何种意义上使用这一概念。

(四)自然资源用益物权的派生及资源产品所有权生成

虽然宪法上所有权可转化为民法所有权,但后者无法摆脱宪法规范辐射,仍需担负社会义务。[6] 公权与私权的关系是法学研究须探讨的基本命题。[7] 在现代社会,私人财产权需同社会连带理念结合,所有权的纯粹民法构成已向公私法共通的社会构成转变。[8] 那么,为实现公共目的,自然资源

---

[1] 参见陈红梅:《生态损害的私法救济》,《中州学刊》2013 年第 1 期,第 55 - 61 页。

[2] 参见林莉红、邓嘉咏:《论生态环境损害赔偿诉讼与环境民事公益诉讼之关系定位》,《南京工业大学学报(社会科学版)》2020 年第 1 期,第 22 页。

[3] 参见王旭光:《论生态环境损害赔偿诉讼的若干基本关系》,《法律适用》2019 年第 21 期,第 21 页。

[4] 参见陈惠珍:《国家机构改革背景下海洋生态环境损害政府索赔体制研究》,《中国政法大学学报》2019 年第 4 期,第 13 页。

[5] 参见朱虎:《国家所有和国家所有权——以乌木所有权归属为中心》,《华东政法大学学报》2016 年第 1 期,第 21 页。

[6] 参见王泽鉴:《民法物权》(第二版),北京大学出版社 2010 年版,第 13 页。

[7] 参见孙宪忠:《争议与思考——物权立法笔记》,中国人民大学出版社 2006 年版,第 351 页。

[8] 参见史尚宽:《物权法论》,中国政法大学出版社 2000 年版,第 62 页。

民法上所有权与其他普通私法所有权相比,在具体制度上需受何种程度及范围的限制?这在本质上涉及如何处理自然资源用益物权配置中公共利益与私人权益的关系。其中,寻求自然资源使用权的母权,是配置自然资源权利的逻辑基础。

1. 自然资源民法上所有权对自然资源用益物权的派生

(1) 将自然资源用益物权配置给私人的缘由

本应归属于全民所有的自然资源,为何要经过多重精细的制度设计,最终转化为私权性质的自然资源用益物权?一方面,自然资源之公共用物属性意味着任何个体均可依法取得自然资源使用权,[1]以实现物尽其用。[2]另一方面,自然资源本质上为公共资源,若缺乏明晰的私人使用权制度,则无法获得良好配置。以地下水资源为例,若缺乏相应规范,开采者不具有保护积极性,会加速地下水资源的耗竭,[3]意味着建立及明确私人使用权的边界价值重大。

就经济学而言,设置自然资源用益物权很大程度上可防止"搭便车"。自然资源属于公共产品,极易引发"搭便车"现象,即享用公共产品却不对其开发和保护作出贡献,最终导致公共产品供应不足或者根本不再供应。[4]此时,就需要经由自然资源用益物权配置,将具有公共物品属性且国家所有的自然资源,在私人付出自然资源使用费或自然资源税等对价的前提下允许私人使用,并确定行为边界,减少或防止"搭便车"现象。

私人享有的自然资源使用权应界定为一项法定用益物权。在《物权法》第122条对海域使用权,以及第123条对探矿权、采矿权、取水权、使用水域与滩涂从事养殖和捕捞的权利作为用益物权予以规范的情形下,上述权利的

---

[1] 参见单平基:《论我国水资源的所有权客体属性及其实践功能》,《法律科学》2014年第1期,第68-79页。

[2] 参见王泽鉴:《民法物权》(第二版),北京大学出版社2010年版,第267页。

[3] 参见[美]汤姆·泰坦伯格:《自然资源经济学》,高岚、李怡、谢忆等译,人民邮电出版社2012年版,第97页。

[4] 参见[德]魏伯乐、[美]奥兰·扬、[瑞士]马塞厄斯·芬格主编:《私有化的局限》,上海三联书店、上海人民出版社2006年版,第19页。在经济学看来,共同或集体利益通常被称为"公共物品",未购买任何公共物品的人不能被排除在消费之外。参见[美]曼瑟尔·奥尔森:《集体行动的逻辑》,陈郁、郭宇峰、李崇新译,格致出版社、上海三联书店、上海人民出版社2011年版,第13页。

物权属性自可确立,而不会与物权法定原则相悖,就不能再被称为"准物权",[1]对物权法规范就应当适用,而非可以准用。[2] 这就是民法上所有权生发出自然资源用益物权的规范体现,旨在增进自然资源的经济效用,[3]最终使本应由人人享有的自然资源通过制度架构重回个体之手。

(2) 自然资源用益物权的生成

自然资源用益物权作为定限物权的一种,必然生发于自物权,即民法上所有权。后者是它派生的母权基础。从民法上自然资源所有权如何能分离出用益物权性质的自然资源使用权?这可通过权能分离理论解读。按照民法理论,所有权中蕴含占有、使用、收益及处分等权能,但并非以上权能的机械相加。[4] 因为,如果机械地认为自然资源所有权须现实性地具备及行使上述权能,须臾不可分离,即不能缺少上述任一权能,那么,用益物权以及需要以占有为要件的担保物权就无法设立。这需要正确地理解物权观念性的内涵。

若缺少民法上所有权的母权基础,自然资源用益物权就无从生发。前者并非空洞的摆设,而是可派生出自然资源用益物权,也是征收自然资源税费的根据。[5] 自然资源用益物权之所以从自然资源民法上所有权中派生,是因为所有权人(民法上的国家)和其他私人都要使用自然资源,并享受其利益。自然资源所有权属于国家所有,意味着除国家之外的任何私人都无权将其据为己有,但普通私人毕竟需使用自然资源。法律解决二者利益冲突的方式,便是允许所有权人依其意思分离出该权利的若干权能,即允许实际使用人分享自然资源所有权的若干权能,并对此部分利益赋予法律上之力,[6]即自然资源用益物权。这便是由民法上自然资源所有权派生用益物权的逻辑。

自然资源用益物权对特定自然资源占有、使用、收益以及特定情形下的

---

[1] 有学者将取水权、采矿权等权利界定为准物权,认为它们是一组可准用物权制度的权利总称。参见崔建远:《准物权研究》(第二版),法律出版社2012年版,第18页。

[2] 参见单平基:《水资源危机的私法应对——以水权取得及转让制度研究为中心》,法律出版社2012年版,第127页。

[3] 参见王泽鉴:《民法物权》(第二版),北京大学出版社2010年版,第272页。

[4] 参见梁慧星:《中国民法典草案建议稿附理由·物权编》,法律出版社2013年版,第101页。

[5] 参见崔建远:《准物权研究》(第二版),法律出版社2012年版,第344页。

[6] 参见单平基:《"三权分置"理论反思与土地承包经营权困境的解决路径》,《法学》2016年第9期,第55-56页。

处分权能，只能生发自作为母权的民法上所有权，后者将权能遗传给自然资源用益物权人享有。若缺少母权权能的分离及派生，用益物权就不会含有对自然资源使用及收益的权能，无法成为一项他物权。毕竟，行政许可或特许、行政权、宪法上所有权均没有上述基因。如果没有自然资源民法上所有权作为母权基础，行政许可或特许就无法生发自然资源用益物权，而是其他权利。例如，工商行政管理部门基于经营管理权而颁发营业许可产生的经营权。[1]

循此，自然资源用益物权生发自民法上所有权，后者是前者的母权基础。自然资源权利配置无法通过单一部门法实现，而应由《宪法》《物权法》《矿产资源法》《海域使用管理法》《水法》等不同法律部门共同调整。目前，我国环境资源保护立法非常丰富，有37部法律，其中包括9部污染防治类法律、7部生态保护类法律、16部自然资源保护类法律、3部防灾减灾类法律，另有全国人大常委会通过的与环境问题密切相关的2项决议。[2]

《宪法》第9条、《物权法》第46条都确立了特定自然资源的所有权，但具有不同的规范机理及制度功能。自然资源用益物权初始配置原则上需申请，并支付相应对价，但并不能据此否定其私权属性，也不能作为否定其生发自民法所有权的依据。对稀有资源的使用及消耗支付成本是市场机制的必然要求。[3]另外，由于矿产、水、海域等自然资源的重要性和稀缺性，其开发利用往往实行行政许可管理，[4]但仅有行政许可，或者说仅有行政权，产生不出自然资源用益物权，如同石头生不出小鸡。同理，宪法上所有权也不能直接生发自然资源用益物权。

民法上所有权生发自然资源用益物权后，在一定程度上就要受后者限制。依据民法理论，所有权具有支配性，但由社会依赖性决定，它并非不受任何限制，[5]且限制程度随着社会发展体现得更加明显，[6]包括通过设置定限

---

[1] 参见崔建远：《准物权研究》（第二版），法律出版社2012年版，第357－361页。

[2] 参见孙佑海：《从反思到重塑：国家治理现代化视域下的生态文明法律体系》，《中州学刊》2019年第12期，第54页。

[3] See Ugo Mattei. *Comparative law and economics*. Michigan University Press, 1997, p.216.

[4] 例如，取水权的设立原则上需行政许可（《水法》第7条、《取水许可和水资源费征收管理条例》第2条第2款）。

[5] 参见梁慧星：《中国民法典草案建议稿附理由·物权编》，法律出版社2013年版，第100页。

[6] 参见江平、米健：《罗马法基础》，中国政法大学出版社2004年版，第220－221页。

物权予以限制。[1]因而,自然资源用益物权作为他物权会对所有权进行限制,毕竟自然资源所有权已将部分权能分离给用益物权。当然,所有权具有永久性,而用益物权具有期限性,期限届满后所有权就将解除限制。否则,若自然资源用益物权无期限性,则必将对所有权的完全性与弹力性产生损害。[2]实践中,一些自然资源用益物权事实上缺少期限限制,与民法原理相悖,极易同自然资源所有权混淆而损害所有者的利益,不利于有限的自然资源在众多需求者间科学分配。

2. 自然资源产品所有权的生成路径

自然资源用益物权起到了由民法上国家所有权生成自然资源产品所有权的桥梁作用。与自然资源民法上所有权的客体指向特定的自然资源不同,自然资源产品所有权的客体体现为自然资源产品,如瓶装矿泉水。它是自然人、法人或其他非法人组织为实现自身需求,而从自然资源中获取,已归入权利人直接管控和支配的私有物。

自然资源产品成为权利客体具有现实需求和依据。现实中除大量自然资源外,尚有许多为单位或个人所支配、使用并从中获取收益的自然资源产品形式,如已被挖掘出且作为动产存在的煤、自来水公司供给的饮用水以及瓶装矿泉水等。它们与尚处自然状态的矿产资源、水资源等不同,已然包含煤炭公司的开采、挖掘或自来水公司的取水、过滤、净化,以及矿泉水公司的产品汲取、包装等人类劳动。自然资源产品最终并非煤炭公司、自来水或矿泉水企业享用,而是通过买卖合同、供用水合同,由煤炭公司、自来水公司、矿泉水公司提供给实际需用煤或用水的私人,使后者享有支配资源产品的排他性权利。试想,若把上述资源产品也纳入自然资源范畴,则其无法进行交易,与自然资源国家所有及无法交易的法规范冲突。另外,从民法角度看,此类自然资源产品已具备特定性,与一般民法上的物并无二致。自然资源产品所有权完全可归属普通私人,无需成立国家所有权,并可进入市场领域流通。[3]此时,作为自然资源用益物权的探矿权、采矿权、取水权等既是对自然资源权利配置的结果,也成为将矿产资源、水资源于民法上所有权转化为资源产品所有权的纽带,是对自然资源产品消耗性使用的权源依据。

---

[1]参见[德]哈里·韦斯特曼、哈尔姆·彼得·韦斯特曼:《德国民法基本概念》(第16版),张定军、葛平亮、唐晓琳译,中国人民大学出版社2014年版,第130页。

[2]参见谢在全:《民法物权论》(中册),中国政法大学出版社2011年版,第425-426页。

[3]参见崔建远:《物权:生长与成型》,中国人民大学出版社2004年版,第303页。

自然资源产品所有权的初始取得，既可基于自然资源民法上所有权，也可基于探矿权、采矿权、取水权等用益物权；权利形成后，其他人可基于债权契约而继受取得。体现为：

其一，由自然资源民法上所有权直接产生自然资源产品所有权。此时，民法上所有权人对自然资源享有占有、使用、收益及处分权能，将人类劳动融入天然状态的自然资源，使之成为自然资源产品。此种情形下，自然资源产品所有权的形成过程，体现为渗入人类劳动使自然资源脱离自然状态而成为自然资源产品的过程。

其二，基于自然资源用益物权的行使产生自然资源产品所有权。私人享有的自然资源使用权由民法上自然资源所有权派生，本质是一项独立的用益物权，凭藉对自然资源的占有、使用和收益权能（《物权法》第118条）生成自然资源产品所有权，排除所有权人干涉（《物权法》第120条）。具体而言，自然资源产品所有权主要经由探矿权、采矿权、取水权等具体用益物权的行使来取得。

其三，基于债权契约继受取得自然资源产品所有权。例如，基于买卖合同取得煤炭的所有权，基于供用水合同取得产品水的所有权。此时，在买受人取得之前，自然资源产品所有权已经由上述自然资源所有权或自然资源用益物权而生成。自然资源产品所有权不同于自然资源所有权，可作为交易客体。依据《物权法》第118条，私人对自然资源享有的权能包括占有、使用、收益三个方面，不包括处分权能。但是，应注意"区分对自然资源的处分和对自然资源产品的处分。例如，矿山企业销售其开采的矿产品，是企业获取收益的方式，是对产品的处分，而不是对自然资源的处分"[1]。同理，自来水公司、矿泉水企业通过供用水合同、买卖合同等出卖的标的物亦是水资源产品（产品水）所有权，而非水资源所有权。

自然资源产品是民法上的物，且通常可交易，但其作为一种特殊商品的价格形成机制（如自来水价格）无法涤净也不应消除自然资源负载利益全民

---

[1] 最高人民法院物权法研究小组编著：《〈中华人民共和国物权法〉条文理解与适用》，人民法院出版社2007年版，第355页。原地质矿产部在1993年1月20日《答复〈关于矿产资源法第五条规定如何解释的请示〉的函》（地函11号）中认为："《矿产资源法》第五条中'矿产资源'的含义与自然科学中'矿产资源'的含义基本一致，即矿产资源是指由地质作用形成，在当前和将来的技术条件下，具有开发利用价值，呈固态、液态和气态的自然资源。矿产资源经过采掘或采选后，脱离自然赋存状态的产品为矿产品。这样的产品为征收矿产资源补偿费的对象。"这就明确区分了自然资源与自然资源产品，在其上得以成立不同的所有权。

性及实现目的公共性的影响。其一,社会公众能否获取及享用自然资源产品可能会影响最基本的生活,乃至生存条件,决定了无法将其完全界定成竞争性产品。毕竟,竞争最终极易导致过分垄断。[1]因此,将竞争作为自然资源分配公平的观念并非构建自然资源用益物权及其产品配置规则的有效指南,尚需增加评价自然资源产品取得的公平性指标,往往体现为资源产品价格形成机制中的政府指导性。其二,自然资源产品不同于普通私人物品,在根本上由自然资源负载的环境、生态及社会价值决定。这需通过自然资源产品价格管理的设置和价格管理权限的划分,将自然生态环境治理价格、自然资源耗竭价格、自然生态功能恢复价格等纳入自然资源产品价格的管理范围,促进自然资源开发利用的可持续性及权利配置的公允性。

第四节 理顺自然资源多层权利关系的制度功能

一、为自然资源用益物权的创设提供可能

将自然资源国家所有权界定为具有民法性质的所有权,为"国家所有权—私人用益物权"的法律制度安排提供了可能。在对物的使用方式上,不一定并且也不可能总是由所有权人来完成。事实上,在很多情况下,所有权人通过特定方式将其所有之物交于他人加以使用并收益,从而使物上价值充分及时地实现。因此,在民法上自然资源所有权的实现方式上,可以通过设置用益物权来解决自然资源所有与利用之间的矛盾。而要在自然资源所有权之上设定用益物权,必须以界定自然资源所有权的归属为前提。比如,研究水权制度的第一步是确定水资源所有权,研究采矿权的前提则是确定矿产资源所有权的归属及其性质。

在"国家所有权—私人用益物权"的制度设计下,诸如取水权、采矿权等自然资源用益物权分配机制的构建,是以民法上自然资源国家所有权的界定为基础的。《物权法》第123条已明确将探矿权、采矿权、取水权和使用水域与滩涂从事养殖和捕捞的权利作为自然资源用益物权进行规定。自然资源用益物权作为一种对自然资源的使用权和收益权,任何私人均可依法拥有。

---

[1] See Robert Cooter, Thomas Ulen. *Law and Economics* (*fifth edition*). Addison Wesley Publishing, 2008, p. 116.

从自然资源所有权—自然资源用益物权的制度体系设计来看,《物权法》中的自然资源国家所有权应当界定为私法上的所有权。以水资源为例,如果说水资源国家所有权并非民法上的所有权,那么如何解释派生于其中的水权的性质?水权显然是一种民法上的用益物权。[1]

自然资源用益物权作为用益物权的一种,属于他物权的范畴。他物权必然产生于自物权,自物权是他物权的母权。自然资源用益物权也应从其母权中派生出来,因为所有权人、他人都要使用、收益同一个所有物,二人利益又不相同。如崔建远教授所言,"从二权之间的关系角度表达这种现象,就形成这样一个命题:他物权客体上竖立的所有权就是他物权的母权"[2]。水权、狩猎权、渔业权、矿业权的母权分别为水资源所有权、土地资源所有权、海域资源所有权和矿产资源所有权。[3]

自然资源他物权虽派生于自然资源所有权,但却又体现着母权—自然资源所有权—的性质。如彼德罗·彭梵得教授所言,"所有权相对于其他物权也被称为对物显要的主宰(signoria eminente sulla cosa)。一切其他物权均从属于所有权,并且可以说它们体现所有权。一切其他物权,至少在其产生时,均以所有权的存在为前提条件,它们是对他人物品的权利(ius in re aliena)"[4]。在《物权法》承认取水权作为用益物权的情况下,如果说水权属于民法上的权利,那么作为派生出水权的母权—水资源国家所有权—也必定是私法上的权利。照此思路,在矿产资源所有权—探矿权(或采矿权)、海域资源所有权—海域使用权(或渔业权)等自然资源所有权—自然资源用益物权的模式之下,也可以得出自然资源国家所有权属于私法上所有权的结论。

二、有利于自然资源所有权的具体行使

所有权是对物的完全权利,也就是说,是任意处置该物并排除他人任何

---

[1] 关于水权与水资源所有权的关系,可参见崔建远:《准物权研究》,法律出版社2003年版,第268-273页。

[2] 崔建远:《准物权的理论问题》,载崔建远:《物权:生长与成型》,中国人民大学出版社2004年版,第225页。

[3] 参见崔建远:《准物权的理论问题》,载崔建远:《物权:生长与成型》,中国人民大学出版社2004年版,第225-226页。

[4] [意]彼德罗·彭梵得:《罗马法教科书》(修订版),黄风译,中国政法大学出版社2005年版,第148页。

干涉的权利,但以不与法律或第三人的权利相抵触为限。[1] 从所有权的内容来看,民法上所有权包含的四项权能,即占有、使用、收益和处分,在自然资源国家所有权场合也是存在的,[2] 将自然资源国家所有权界定为具有私法性质的权利有利于所有权权能的发挥。

占有权能,通常指所有人对于所有权标的物为管领的事实。从生活实际来看,行使物的占有权能是行使物的支配权的基础和前提。但作为所有权的一项独立权能,占有权能在一定条件下完全可以与所有权相分离。在自然资源国家所有权场合,作为所有权人的国家对自然资源的占有有时表现为直接占有,例如为保护野生植物资源而设立野生植物自然保护区,对自然保护区内的野生植物进行直接的控制和管理;有时表现为间接占有,将占有权能分离出去,由非所有人代为行使,例如在矿产资源所有权之上设立采矿权、在水资源所有权之上设立取水权等等。但这均不妨碍国家作为所有权人所享有的占有权能的实现。

使用权能,指依所有物的性能和用途,在不毁损所有物本体或变更其性质的情况下对物加以利用。所有权并非必须由所有权人来现实支配,所有权人往往可以把所有权的使用权能分离出去。虽然自然资源一般为公众在满足法定条件下所使用,国家不直接进行支配,但这不影响国家对自然资源享有的使用权能。例如,建立在自然资源国家所有权之上的取水权、采矿权、狩猎权、海域使用权,其取得需要获得国家的许可,这本身即体现着所有权的使用权能。

收益权能,指收取从所有权产生出来的新增经济价值的权能。在自然资源国家所有权场合,自然资源的使用者需要向作为所有权人的国家交纳使用费,如采矿权、取水权等场合皆如此,这本身即是所有权的收益权能的体现。当然,作为自然资源的使用权人,其自身也会享有某些收益权,这与作为所有权人的国家的收益权能并不矛盾。因为收益权能可以与所有权的权能部分分离,如所有权人让与资产占有权、使用权和部分收益权,而保留处分权和部

---

〔1〕 参见[德]迪特尔·施瓦布:《民法导论》,郑冲译,法律出版社2006年版,第224页。
〔2〕 有学者对此持否定态度,认为从一定意义上说,大多数自然资源之所以无法建立完整且排他的私人所有权,就是因为自然资源无法实现排他占有。因此,法律上国家对自然资源的所有是通过排除国家以外的任何单位和个人享有所有权,以及国家以外的任何单位和个人开发利用自然资源都必须取得国家许可的方式体现出来。参见王克稳:《论自然资源国家所有权权能》,《苏州大学学报(哲学社会科学版)》2018年第1期,第36页。

分收益权。[1]

处分权能,指依法对所有物进行处置的权能。所有权的处分权能既包括事实上的处分,又包括法律上的处分。在法律上的处分权能中,处分权能并不限于将标的物所有权本身出卖。对所有权设置法律限制,例如设定建设用地使用权、抵押权、质权等他物权,也是所有权处分权能的体现。因此,在自然资源所有权之上设立采矿权等用益物权,也是自然资源所有权处分权能的体现。

三、发挥自然资源的最大价值及促进自然资源改革的深化

民法上自然资源国家所有权的证成有利于发挥自然资源的最大价值,体现自然资源负载利益的全民性,并使普遍的个体得利。如何使全民对自然资源的权利在法律上得以实现,首先涉及自然资源的支配管理问题,其次是确保全民成员享有自然资源收益。就自然资源的支配管理而言,自然资源国家所有权在民法上的证成,能够保证自然资源所有权占有、使用、收益及处分权能得以实现。就自然资源收益而言,全民将自然资源权利赋予能够代表全民利益和意志的国家行使,国家则应将自然资源收益回归全民,使普遍的个体均能获益。国家所有并非地方政府所有,亦非任何私人所有,自然资源带来的收益也不能归于任何国家机关、企事业单位、其他组织以及个人,这也为防止自然资源国有资产流失提供了理论根基。

自然资源国家所有权与自然资源全民所有关系的理顺,有利于检视国家所有权行使中出现的问题。在我国,长期以来,自然资源国家所有权在行使过程中出现了诸多问题。以水资源为例,干旱缺水、洪涝灾害、水质污染和水土流失日益加剧;一些地区片面追求经济效益,严重超采水资源,导致河道断流、湖泊干涸、湿地萎缩、绿洲消失;更为严重的是,农村的高氟水、高砷水、苦咸水等严重威胁农民健康,尚有数亿农民没有安全干净的水可供饮用。长期处在价值链低端的国际分工使得中国资源环境破坏得较为严重。这种发展模式带来的问题,就是以大量消耗自然资源和破坏生态环境、污染环境来换取经济增长的速度。[2] 上述问题虽然由诸多因素导致,但其中一个重要的原因在于,自然资源管理者在行使权利的过程中并未认识到自然资源国家所

---

[1] 参见彭万林主编:《民法学》,中国政法大学出版社2001年版,第235页。
[2] 参见吕忠梅:《新时代中国环境资源司法面临的新机遇新挑战》,《环境保护》2018年第1期,第8页。

有权的权利性质和权利来源。殊不知,国家对自然资源享有的所有权乃是由全民授权而得,而组成全民的则是活生生的社会个体。自然资源的合理开发、高效利用及优化配置,始终要以不断提高个体的生活质量、改善人居环境为中心而展开,而不能无视自然资源国家所有权创设的初衷。

自然资源国家所有权的理论证成有利于自然资源改革的深入。以正在进行的水资源改革为例,从水资源改革的国际经验来看,自然资源改革需要从传统的以政府作为决策主体的自然资源管理制度转向现代化的自然资源治理模式,这种模式有赖于健全的法律框架、有效的体制安排、透明的决策和信息公开以及公众的积极参与。[1] 国有自然资源权利配置本质上属于重大行政决策过程。这一过程深刻涉及自然资源利用和资源与环境保护的和谐,涉及资源权利的效率和公平、私益和公益的平衡等问题。所以,需要公众参与机制介入其中以促使公共决策的民主、科学。为此,国有自然资源权利配置之公众参与权及其诉权保障就成为一个重要问题。[2] 自然资源所有权的归属是构建自然资源法律框架的前提;自然资源改革的体制安排要求自然资源由部门分割管理转向综合的自然资源管理,国家所有权为自然资源的综合管理体制提供了保障;而自然资源国家所有权代表利益的全民性则为自然资源改革所必需的透明决策、信息公开及公众参与提供了深层理论基础。

解读自然资源之上权利层次性的目的,在于通过窥探自然资源权利之一斑,系统探讨自然资源用益物权生成及配置的母权基础,为自然资源权利范畴内全民、国家与私人关系的处理提供有益参照,构筑起一个精致严密而井

---

[1] 上述自然资源改革经验来自四篇世界银行主持的中国水战略研究项目"解决中国水稀缺问题:从研究到行动"的国际经验系列报告。See World Bank. *Water Resources Management in Japan Policy, Institutional and Legal Issues*. World Bank Analytical and Advisory Assistance (AAA) Program China: Addressing Water Scarcity Background Paper April 2006, No. 1; World Bank. *Evolution of Integrated Approaches to Water Resource Management in Europe and the United States: Some Lessons from Experience*. World Bank Analytical and Advisory Assistance (AAA) Program China: Addressing Water Scarcity Background Paper April 2006, No. 2; World Bank. *Water Resources Management in an Arid Environment: The Case of Israel*. World Bank Analytical and Advisory Assistance (AAA) Program China: Addressing Water Scarcity Background Paper July 2006, No. 3; World Bank. *Dealing with Water Scarcity in Singapore: Institutions, Strategies, and Enforcement*. World Bank Analytical and Advisory Assistance (AAA) Program China: Addressing Water Scarcity Background Paper July 2006, No. 4.

[2] 参见张牧遥:《论国有自然资源权利配置之公众参与权的诉权保障》,《苏州大学学报(哲学社会科学版)》2018年第1期,第67页。

然有序的自然资源权利体系,使得全民、国家、私人利益都在自然资源权利谱系中得以整合。自然资源之上的权利(力)关系纵横交错,既包括公法上的权利(力),也包括私法上的物权及其下属权能。[1] 这意味着很难对自然资源国家所有权单一化定性,而是应将其置于自然资源的权利层次性中予以科学解读。自然资源负载利益全民性及实现目的公共性的特征,为自然资源权利层次性的证成提供了深层理论依据,也是理顺多层权利的精神主线。

解读自然资源权利划分的层次性,有利于理顺自然资源全民所有至宪法上所有权、民法上所有权及自然资源用益物权、自然资源产品所有权的关系,进而证成自然资源用益物权生成的母权基础,为自然资源权利配置寻求深层次的理论支撑。证成自然资源之上权利的层次性并非否定权利平等性,而是彰显不同权利之间的过渡、转化、派生及生成关系。相应地,寻求自然资源用益物权配置之母权基础及对自然资源国家所有权的定性,应将其嵌入整个自然资源权利链条中,而非孤立地单一化定性,进而形成沟通宪法与民法、全民与个体关系的基本框架,助推我国正在进行的自然资源改革实践。

---

[1] 参见杨解君、赖超超:《公物上的权利(力)构成——公法与私法的双重视点》,《法律科学》2007年第4期,第49页。

第三章

绿色原则对自然资源权利配置的影响

编纂《民法典》必须重视体系性与科学性。《民法总则》经由第9条"民事主体从事民事活动,应当有利于节约资源、保护生态环境"的规定,首次将绿色原则创设为一项民法基本原则,意味着它"将直接影响民法典各分编制度、规则的设计、理解与适用",[1]将对自然资源权利配置产生重要影响,要求我们必须关注民法基本原则向民法具体规范的过渡和转化。但是,绿色原则应否成为民法基本原则以辐射至物权编,尚存争议,亟需理论证成。另外,对《物权法》已蕴含绿色原则理念之既有规范的甄别,有利于为自然资源权利配置规则的解释适用提供原则指引;对《物权法》存有漏洞而需要《民法典》物权编补阙的自然资源权利配置规范的探讨,有利于绿色原则体系效应的彰显。值此《民法典》物权编编纂之际,本章以《民法总则》绿色原则对物权编的体系效应为中心,在证成绿色原则作为民法基本原则并应辐射至物权编的基础上,考察《物权法》已蕴含绿色原则理念的既有规范,指出尚存缺漏,分析绿色原则对自然资源权利配置的影响,助推《民法典》物权编立法走向及相关制度设计之科学。

---

[1] 王利明:《民法总则》,中国人民大学出版社2017年版,第70页。

第一节 问题的提出

在《民法总则》第9条已将绿色原则确立为民法基本原则的情况下,它所蕴含的理念就应通过制度规范的形式在《民法典》分编中予以实现,并影响自然资源权利配置机制的构建。但是,检视目前全国人大常委会公布的《民法典》一审稿、二审稿以及全国人大常委会法工委《民法典各分编(草案)征求意见稿》《民法典》各工作小组提出的分编草案,绿色原则恐难避免被虚置的风险。就《民法典》物权编草案而言,均是对《物权法》中蕴含绿色原则理念之规范条款的重复规定,未呈现绿色原则对物权编的辐射效应和环保规范私法化的趋势,无法呈现绿色原则对自然资源权利配置机制的影响。故此,难免出现"一些地方和单位提出,本条是环境保护法的内容,不宜规定为民法基本原则"[1],也难以避免学者将绿色原则定性为一项不具有裁判功能的倡导性原则的立法解读。[2]

当前,关于绿色原则最需探讨的是它对整个《民法典》分编立法可能产生的影响,包括自然资源权利配置规范在内。毕竟,"该原则并非裁判规则,不能作为法律论证的大前提"[3],可直接适用作为裁判依据的基本原则,只是属于授权条款的诚实信用原则、禁止权利滥用原则,其他原则不具有授权条款的性质,不能作为裁判的依据。[4]通常而言,基本原则虽然不直接适用于案件,需优先让位于规则的适用,但构成民事活动及民事立法的指导思想。故此,绿色原则所蕴含法律理念的实现亟需私法规则的支撑,避免因规则空缺而使其成为政治性的修辞话语。既然绿色原则已成为民法基本原则,那么,在编纂《民法典》物权编时,就既需甄别、承纳《物权法》中已蕴含绿色原则之法律理念的既有规则,便于对自然资源权利配置规范的理解及适用,亦需

---

[1] 参见《地方人大、中央有关部门和有关单位对民法总则草案的意见》,载《民法总则立法背景与观点全集》编写组编:《民法总则立法背景与观点全集》,法律出版社2017年版,第365页。

[2] 参见张新宝:《〈中华人民共和国民法总则〉释义》,中国人民大学出版社2017年版,第17页。另外,《民法总则》出台后,尚有学者未将绿色原则纳入民法基本原则之中。参见梁慧星:《民法总论(第五版)》,法律出版社2017年版,第45-52页。

[3] 彭诚信、陈吉栋:《生活中的民法——〈民法总则〉的生活解读》,上海人民出版社2017年版,第76页。

[4] 参见梁慧星:《民法总论(第五版)》,法律出版社2017年版,第46页。

修正既有规则不完善之处,弥补自然资源权利配置相关制度的漏洞。创设彰显绿色原则但又不侵害民法体系科学性和内容逻辑性的规范构造,可避免绿色原则成为"口号式"的倡导性规定,经由绿色原则的物权规则化,构筑对自然资源权利配置及生态环境危机的私法制度回应。

具体而言,以下问题亟需解决。首先,绿色原则应否作为民法基本原则?就私法规范意义或民法释义学而言,绿色原则与《民法典》旨在就平等主体之间的基础关系加以规范的结构性原则是否存在矛盾?其次,绿色原则辐射至《民法典》物权编是否具有正当性基础?绿色原则对自然资源权利配置法律机制的构建具有何种影响?如何协调绿色原则与物权行使目的之经济性、所有权绝对性之间可能存在的冲突?绿色原则引至物权编需遵循何种逻辑进路,如何在具体制度中贯彻和体现?第三,《物权法》既有规范中哪些蕴含着"节约资源""保护生态环境"等绿色原则的理念?毕竟,民法基本原则有助于理解民法规则,是解释民法规则的依据,对这些制度的识别既便于规范的解释和适用,亦可为《民法典》物权编贯彻绿色原则提供规则支撑。最后,绿色原则将助推民法制度作何因应调整,对《民法典》物权编具有何种体系效应?《民法典》物权编能否设计出彰显绿色原则的具体规范?毕竟,编纂《民法典》要实现"体例科学、结构严谨、规范合理、内容协调一致"。[1] 基于绿色原则生发的私法规范嵌入物权编时,既应充分考虑自然资源、生态环境保护的复杂性和专业性,也要充分考量规范内容、编章结构的科学性和协调性,不应忽视法典的体例安排和内在私法逻辑,致力于形成科学合理的物权体系。

循此,我们不揣谫陋,探讨绿色原则向《民法典》物权编辐射,分析对自然资源权利配置影响的过程中生发的上述课题,以助推《民法典》编纂的顺利展开及自然资源权利配置合理目标的实现。

第二节 绿色原则入典的理论证成

对绿色原则应否成为民法基本原则并引至对《民法典》物权编调整的探讨,是论证绿色原则对物权编之辐射效应,以及对自然资源权利配置产生直接影响的逻辑前提。

---

[1] 参见第十二届全国人民代表大会常务委员会副委员长李建国于2017年3月8日在第十二届全国人民代表大会第五次会议上所作的《关于〈中华人民共和国民法总则(草案)〉的说明》。

一、质疑绿色原则作为民法基本原则的观点整理

在全国人大常委会针对《民法总则》草案征求意见的过程中,存在质疑绿色原则的观点。归纳而言,反对理由大致可总结为以下几点:[1]其一,认为绿色原则的内容("节约资源""保护生态环境")应是宪法、环境保护法、行政法等其他法律实现的任务,可通过相关领域的法律法规和行政管理得以体现,不是民法的基本原则和承担的任务,也非民事主体能够做到,因为民法基本原则应当体现民事法律关系的特点。其二,认为不是所有民事活动都会直接涉及环境问题,无论是《民法典》物权编、侵权编,还是亲属编,都无法直接按绿色原则进行立法设计,没有相应的具体制度或规则支撑。其三,认为《民法总则》关于守法和公序良俗的规定(第8条)已涵盖绿色原则的内容,"节约资源、保护生态环境"应属"不得违反公共利益,不得违反公序良俗"范畴,不宜单独作为一项原则。其四,认为绿色原则可能引发一系列民事纠纷,给民事活动带来不稳定,应从民事权利行使角度加以规定,不宜规定为基本原则。

二、绿色原则作为民法基本原则的正当性

面对质疑,绿色原则作为民法基本原则的正当性,至少体现为以下方面:

第一,编纂《民法典》要回应《民法典》所处时代的需求。面对日益严峻的环境资源危机,一部优秀的《民法典》需应对时代对私法的挑战,化解传统私

---

[1] 这些反对性意见主要来源于全国人民代表大会法律委员会关于《民法总则(草案)》修改情况的汇报,以及全国人大常委会在北京、上海、成都、宁夏等地调研和征求关于《民法总则(草案)》意见过程中,一些常委会组成人员、部门、地方和单位提出的立法建议。参见《全国人民代表大会法律委员会关于〈中华人民共和国民法总则(草案)〉修改情况的汇报——2016年12月19日第十二届全国人民代表大会常务委员会第二十五次会议》,载《民法总则立法背景与观点全集》编写组编:《民法总则立法背景与观点全集》,法律出版社2017年版,第27页;《张德江委员长主持召开民法总则草案北京座谈会简报》,载《民法总则立法背景与观点全集》编写组编:《民法总则立法背景与观点全集》,法律出版社2017年版,第41页;《张德江委员长主持召开民法总则草案成都座谈会简报》,载《民法总则立法背景与观点全集》编写组编:《民法总则立法背景与观点全集》,法律出版社2017年版,第62-63页;《李建国副委员长民法总则草案宁夏调研简报》,载《民法总则立法背景与观点全集》编写组编:《民法总则立法背景与观点全集》,法律出版社2017年版,第108页;《李建国副委员长主持召开民法总则草案上海座谈会简报》,载《民法总则立法背景与观点全集》编写组编:《民法总则立法背景与观点全集》,法律出版社2017年版,第126页。

法危机,推动经由民法进行社会治理的进程,[1]必须反映当前资源环境恶化的时代特征并作出回应。[2]绿水青山、清新空气、白云蓝天之美丽家园的拥有需要良法制度的支撑。绿色原则是"创新、协调、绿色、开放、共享"五大发展理念[3]之"绿色"发展理念的私法展现,也是推进生态文明建设,"加快生态文明体制改革,建设美丽中国"的制度支撑。[4] 30多年经济的高速发展,使我们国家总体达到小康社会,同时也付出资源、环境的巨大代价。人们过去要小康,现在要健康。没有良好的环境,人们被雾霾笼罩,江河水质污浊,土地污染,食品存在安全隐患,住再好的房子、开再好的车,收入再多也会降低其意义。绿色化离不开法律的保障,作为调整民事关系、规范民事行为的当代民法必须规定民事主体节约资源、保护生态环境的义务。义务的另一方面,则是民事主体享有良好生活、工作的环境权。[5]

在生态文明建设已成为文明发展的新阶段,以及绿色发展已成为国家发展的战略模式的时代背景下,《民法典》不可能也不应该回避环境保护义务,避免出现立法理念偏差,最终导致制度缺失和法律漏洞。那么,《民法典》编纂对待环境保护应秉持何种态度?环保规范于《民法典》中如何具体设计?这都是《民法典》必须直面的课题。对此,《民法总则》首先表明立场,从民法基本原则层面对生态环境保护进行私法回应,这种层级、内容的条款,在以前民事立法中尚未有过,属于创新。[6]毕竟,民法基本原则纵贯全部民事立法,对各项民法制度的构建具有统率意义。[7]

在此意义上,绿色原则彰显了私法社会化的要求,[8]是民法社会化的新

---

〔1〕 参见易继明:《民法典的不朽——兼论我国民法典制定面临的时代挑战》,《中国法学》2004年第5期,第54页。

〔2〕 参见王利明:《民法典的时代特征和编纂步骤》,《清华法学》2014年第6期,第6-9页。

〔3〕 2015年10月26日至29日,中国共产党第十八届中央委员会第五次全体会议强调,实现"十三五"时期发展目标,破解发展难题,厚植发展优势,必须牢固树立并切实贯彻创新、协调、绿色、开放、共享的发展理念。参见《中国共产党第十八届中央委员会第五次全体会议公报》。

〔4〕 参见习近平:《决胜全面建成小康社会 夺取新时代中国特色社会主义伟大胜利——在中国共产党第十九次全国代表大会上的报告》,人民出版社2017年版,第50-52页。

〔5〕 参见刘士国:《绿色化与我国民法典编纂》,《社会科学》2017年第9期,第101页。

〔6〕 参见陈甦主编:《民法总则评注(上册)》,法律出版社2017年版,第67页。

〔7〕 参见梁慧星:《民法总论(第五版)》,法律出版社2017年版,第46页。

〔8〕 参见龙卫球、刘保玉主编:《中华人民共和国民法总则释义与适用指导》,中国法制出版社2017年版,第34页。

表现和新动向。[1]法秩序的形成,很大程度上需受法律基本原则的支配。[2]民法基本原则是民事立法的准则,蕴含着民法调控社会生活所欲实现的目标、所欲达致的理想。[3]绿色原则入典"既传承了天地人和、人与自然和谐共生的我国优秀传统文化理念,又体现了党的十八大以来的新发展理念,与我国是人口大国、需要长期处理好人与资源生态的矛盾这样一个国情相适应"[4]。《民法总则》第9条在形而下的层面可促进经济发展、生态改善及满足生活需求;在形而上的高度契合"天人合一"理念;在方针政策角度符合科学发展观要求;而就法政治学而言,便是将环境权纳入人权体系。[5]循此,它所蕴含的法律理念具有正当性根据。

第二,就法律体系而言,"节约资源、保护生态环境"之绿色原则所欲达致的制度目标,很难说单靠某一部法典(包括环境保护法、环保行政性法律法规)所能实现,而需不同部门法协力。在《宪法》将"保护和改善生活环境和生态环境,防治污染和其他公害"(第26条)确立为一项国家根本制度和根本任务(《宪法》序言)的前提下,更意味着需要相关部门法协力实现。就《宪法》对部门法的统摄效应及私法规范意义而言,私法直接调整平等主体基础关系的结构性原则应予必要修正,转变在生态环境保护领域一贯秉持的中立主义立场。[6]《民法总则》中绿色原则作为基本原则的确立,充分体现了促进绿色发展的理念。该原则要求任何主体不得随意行使自然资源国家所有权,而应当遵循"节约资源、保护生态环境"这一基本原则,民法分则在设计自然资源物权制度时也应当贯彻这一基本原则。"节约资源、保护生态环境",实质是要求通过减少对自然资源的开发利用强度,尽量减少或者控制自然资源开发

---

[1] 参见陈甦主编:《民法总则评注》,法律出版社2017年版,第68页。

[2] 参见[德]卡尔·拉伦茨:《法学方法论》,陈爱娥译,台湾五南图书出版有限公司1999年版,第255页。

[3] 参见王利明主编:《民法》(第七版),中国人民大学出版社2018年版,第23页。

[4] 参见第十二届全国人民代表大会常务委员会副委员长李建国于2017年3月8日在第十二届全国人民代表大会第五次会议上所作的《关于〈中华人民共和国民法总则(草案)〉的说明》。

[5] 参见彭诚信:《彰显人文关怀的民法总则新理念》,《人民法治》2017年第10期,第24-25页。

[6] 需指出,即便绿色原则已作为民法基本原则,但环保义务仍是或者说仍主要应是环境资源特别法(包括但不限于《环境保护法》《土地管理法》《矿产资源法》《水法》)的本职所在,否则囿于过多生态环境义务的限制,将使私法丧失本质属性,民法不再。

利用而产生的污染,促进自然资源的可持续利用。[1]

另外,私法对绿色原则的确立可弥补《环境保护法》对私人环保义务的规范缺失。《环境保护法》虽对不同主体的环保义务有概括规定(第6条),但环保义务的具体规范性条款更多以政府、企业的环保义务为核心,私人环保义务以倡导式的自觉履行为主,对私人环保义务的行为模式及法律责任构成并未形成体系化及可操作的规范构成,形成留白。循此,绿色原则为私人环保义务的《民法典》规范化提供了契机。毕竟,民法基本原则是制定、解释和适用民法的逻辑起点,是民法本质特征的集中展现,也是高度抽象的、最一般的民事行为规范和价值判断标准。[2]

第三,将节约资源、保护生态环境的制度目标提升为绿色原则,较之将其作为规制民事权利行使的具体规则(《民法总则(草案)》(三次审议稿)第133条),更具有制度优势。《民法总则(草案)》(三次审议稿)第133条将它作为规制民事权利行使的手段,旨在降低《民法典》立法体例安排的难度,避免绿色原则对《民法典》现有规范结构造成过分冲击,隐含着对"立法技术及司法裁判是否具备促成生态环境保护与私法自治价值融合的能力"的担忧。[3]但是,这种制度安排也存在弊端,毕竟"原则是一种要求某事在事实上和法律上的范围内尽最大可能被实现的规范。因此,原则是最佳化命令。……相反,规则是一种仅能以被遵守或不被遵守的方式来实现的规范。如果一项规则是有效的,它就要求人们不多不少地实现它所规定的内容。因此,规则在事实上和法律上可能的范围内构成一种决断。它们是确定性命令。"[4]

可见,作为"最佳化命令"的绿色原则相较于构成"确定性命令"之民事权利行使的具体限制规则,具有制度优势,更便于实现生态文明的社会目标。"与法律规范的另一种形式——法律规则相比,民法基本原则在规范表现上较为抽象,权利义务未被特定化",[5]需经由具体规则设计以特定化。"社会控制的主要工具一定是一般化的标准和原则,而不是个别地对每一个个人所

---

[1] 参见施志源:《民法典中的自然资源国家所有权制度设计——基于多国民法典的考察与借鉴》,《南京大学学报(哲学·人文科学·社会科学)》2018年第2期,第41页。

[2] 参见王利明:《民法总则》,中国人民大学出版社2017年版,第49页。

[3] 参见秦鹏、冯林玉:《民法典绿色原则的建构逻辑与适用出路》,《大连理工大学学报(社会科学版)》2018年第3期,第71页。

[4] [德]阿列克西:《法律原则的结构》,雷磊编译,中国法制出版社2012年版,第132页。

[5] 彭诚信、陈吉栋:《生活中的民法——〈民法总则〉的生活解读》,上海人民出版社2017年版,第72页。

下的特定指示。"[1]前者借助原则自身的抽象性和概括性,可将绿色原则蕴含的法律价值和理念在具体案件中弹性适用,并借助"基本原则规则化"的方式将绿色原则的内在法益经由立法程序再规则化,避免直接适用"确定性命令"式的法律规则,为案件裁判预留弹性权衡空间。

另外,就辐射广度而言,绿色原则相较于将其作为规制民事权利行使的具体规则,也更显优势。《民法总则(草案)》(三次审议稿)第133条在解释上仅对权利行使发生作用,对其他领域,如权利产生(法律行为效力评价)不发生作用。[2]《民法总则》在将绿色原则提升为基本原则地位之后,预示着该项原则的精神和理念可覆盖民法全部领域。

第四,基于实定法已将绿色原则确定为民法基本原则来证成绿色原则应当成为一项基本原则的论证思维,违反法律逻辑。但是,若从维护法的稳定性和权威性的角度考量,如此思维则意义重大。虽然存在上述关于绿色原则的质疑,绿色原则在很大程度上也更具有形式意义上的法律宣示效果,但是,在《民法总则》已经生效实施的情况下,更需从立法论转为解释论的考量,依此对《民法典》分编中涉及该项原则,尤其是对环境污染行为予以必要规制,使绿色原则蕴含的生态文明理念真正在私法制度层面落实。

应当承认,绿色原则对民法体系的冲击,在一定程度上确实需修正既有民法理论和规范。民法调整法律关系的平等性、意思自治性及其权利实现、义务履行机制的自发性,使其成为最有效益的部门法之一。但是,传统民法在根本上调整的是私人关系,无法解决民事活动的负外部性问题,若不加区分地于民法规范中融入环保因素,过分强调二者的同质性,必将破坏民法内在逻辑结构,造成体系混乱及规范冲突。绿色原则应成为沟通《民法典》与环境保护法的重要桥梁,并对自然资源权利配置产生直接影响,但不能作为破坏民法权利体系的手段。

第三节 绿色原则辐射至自然资源权利配置的理论证成

对绿色原则辐射至自然资源权利配置之正当性基础和逻辑进路的探讨,

---

[1] H. L. A Hart. *The Concept of Law* (2nd ed.). Oxford University Press, 1994, p. 124.

[2] 参见陈甦主编:《民法总则评注(上册)》,法律出版社2017年版,第69页。

构成《民法典》物权编针对该项原则进行规范配套的前提,也直接决定着自然资源权利配置具体规范的制度设计。

一、绿色原则辐射至自然资源权利配置的正当性

绿色原则向物权编辐射,并将影响自然资源权利配置机制,其理由至少体现为:

第一,绿色原则并非逻辑严谨的行为规则和规范构成,无法独立产生裁判效力和法效果,需借助民法基本原则的统摄性,经由该项原则向《民法典》中精细化、具体化制度的辐射来实现,并影响自然资源权利配置制度的构建。《民法总则》以提取"公因式"的方式汇聚各编中具有"普适性"的制度构造,[1]规定民事活动须遵循的基本原则和一般性规则,在《民法典》中起统领性作用,有利于各分编在总则的基础上对各项民事制度作出具体规定。[2]其中,民法基本原则蕴含民法基本属性和价值,效力及于整部《民法典》,构成指导民事立法、民事活动和民事司法的基本准则。[3]故此,绿色原则应贯穿整个民事立法,构成制定物权规范的基础。

就文义而言,《民法总则》第 9 条绿色原则与其他原则的表述有所不同。《民法总则》针对自愿、公平、诚信原则(第 5-7 条)使用了"应当遵循",针对守法原则使用了"不得违反"(第 8 条)的表述,而绿色原则使用的是"应当有利于"的表述,看似不如其他民法基本原则具有强制性。虽然有此表述差异,但绿色原则含有在私法中确立绿色发展、生态安全、生态伦理价值理念的功能,应贯彻到民法典分编立法中,[4]要求立法者遵循体系强制的要求,[5]将其作为《民法典》分编规范民事活动的基本导向和重要考量因素。[6]这必然

---

〔1〕 参见李永军:《民法典总则的立法技术及由此决定的内容思考》,《比较法研究》2015 年第 3 期,第 1 页。

〔2〕 参见第十二届全国人民代表大会常务委员会副委员长李建国于 2017 年 3 月 8 日在第十二届全国人民代表大会第五次会议上所作的《关于〈中华人民共和国民法总则(草案)〉的说明》。

〔3〕 参见彭诚信、陈吉栋:《生活中的民法——〈民法总则〉的生活解读》,上海人民出版社 2017 年版,第 72 页。

〔4〕 参见吕忠梅课题组:《绿色原则在民法典中的贯彻论纲》,《中国法学》2018 年第 1 期,第 5 页。

〔5〕 参见王利明主编:《民法》(第七版),中国人民大学出版社 2018 年版,第 23 页。

〔6〕 参见石宏主编:《中华人民共和国民法总则:条文说明、立法理由及相关规定》,北京大学出版社 2017 年版,第 22 页。

意味着绿色原则将对自然资源权利配置法律机制的构建产生直接影响。

第二，自然哲学观的选取决定着《民法典》物权编的编纂走向及自然资源权利配置制度的安排。对人与自然生态环境关系的回应，是任何时代都必须直面的永恒哲学命题。民法理论的成立及其展开的样态（民法规范的设计），在很大程度上取决于编纂《民法典》所确定的理论基点和持有的哲学思想。一方面，面对当前严峻的自然资源和生态环境危机，为更好地实现可持续发展，对人类中心主义的哲学思想应进行必要省思，[1]不应简单地认为自然界完全可征服，不应忽视生态环境系统的相互长期影响关系。[2]另一方面，无条件地赋予动物、植物乃至岩石等无生命体以法律人格，而非作为物权客体的绝对生态主义哲学观，将摧毁人类业已建立的私权体系，诸如物权主体—客体关系、以意思表示为核心的法律行为制度、侵权法律关系等规则体系，民法不再，最终的结果并非"天人合一"，而是会导致"人将不人"，[3]及至整个人类文明的覆灭，亦不足取。

对此，《民法总则》第9条将对这一哲学命题的回应置于当前更大的时空背景下来考虑，对"人类中心主义"哲学观予以反思，[4]于"人类中心主义"和"绝对生态伦理主义"之间秉持了"绿色发展"的中间道路，避免向任何不合理的极端进行偏离。虽然编纂一部先进的《民法典》不应"将目光局限在人与人之间，而是扩展到人与自然之间"[5]，但是，法律在根本上并非调整人类与自然资源、生态环境的关系，而是"人与人之间基于自然资源环境而发生的各种社会关系"[6]。毕竟，私法主要调整人与人的关系，人是私法的基本范畴，[7]而生态主义将人、动物、植物甚至非生物体纳入调整范围，涵括代内和代际关系，覆盖的利益范围具有模糊和抽象性。循此，绝对生态主义哲学观不应成为《民法典》的哲学基础，在处理民事主体与自然资源、生态环境关系上，科学

---

[1] 面对"人类高于自然"哲学或曰极端"人类中心主义"哲学、"具有责任的人类中心主义"哲学、生物中心主义、"生态革命派"（包括"生态伦理派"），科学发展观非常科学，应作为《民法典》的哲学基础之一。参见崔建远：《编纂民法典必须摆正几对关系》，《清华法学》2014年第6期，第45页。

[2] 参见[英]朱迪·丽丝：《自然资源：分配、经济学与政策》，蔡运龙等译，商务印书馆2002年版，第341页。

[3] 参见崔建远：《准物权研究》（第2版），法律出版社2012年版，第6页。

[4] 参见王雷：《我国民法典编纂中的团体法思维》，《当代法学》2015年第4期，第69页。

[5] 张鸣起：《〈中华人民共和国民法总则〉的制定》，《中国法学》2017年第2期，第19页。

[6] 邱本：《自然资源环境法哲学阐释》，《法制与社会发展》2014年第3期，第102页。

[7] 参见[日]星野英一：《私法中的人》，王闯译，中国法制出版社2004年版，第20页。

发展观应得到贯彻。[1]《民法总则》第 9 条绿色原则的确立就是绿色发展理念、科学发展观等自然哲学观在《民法典》中的集体体现，理应辐射于物权编。

第三，物权行使引发的负外部性是绿色原则嵌入民法领域的重要成因，也是自然资源权利配置机制构建过程中需重点关注的问题。任何法律行为均会产生外部性，包括正外部性和负外部性，这取决于私人是否无偿分享额外利益或是否承担并非由他引起的额外成本。大规模的环境恶化是负外部性的明显表现。"市场对负外部性产品（如空气污染和水污染）供给过量，可能无法完全捕捉交易成本和收益事实，为市场失灵提供了经典案例，并提示公共部门可能发挥的作用。"[2]在物的经济价值与生态价值冲突时，由于经济价值具有独占性而生态价值具有公共性，物权人依据传统民法并无实现生态价值的内在动力，极易为追求经济利益而忽视生态价值。"即使人类不是魔鬼，他们也不是天使；他们是在这两个极端中间，这使得互相自制的体系既是必要又是可能的。"[3]因此，民法在根本上调整的是私人关系，诸如物权支配性、合同意思自治等无法解决民事行为的外部性问题，传统物权体系对自然资源（水、矿产、空气、海域等）和环境要素的调整更是力有不逮。为契合绿色原则要求，物权编应对财产权的客体、权能、属性、用益物权、相邻关系等制度进行完善，强化私人环保义务，[4]将物权行使带来的环境负外部性的规制整合到具体物权制度中。

第四，应站在动态、发展的立场，而非采用机械、固化的眼光去审视民法基本原则。基本原则是民法基本理念的立法确认，而民法基本理念是其所处特定时代特色的法律展现。绿色原则作为《民法典》对日益严峻的自然资源、生态环境危机的有力回应，具有统领民事立法和民事裁判的实践面向，引导着民事主体选择低能耗、环境友好的生产、生活方式，彰显了立法者对当前自然资源、环境问题的价值取向。

之所以创设绿色原则，很大程度上在于"节约资源""保护生态环境"的法律理念难以被既有的民法基本原则涵括，符合基本原则的动态发展要求。所

---

〔1〕 参见崔建远：《编纂民法典必须摆正几对关系》，《清华法学》2014 年第 6 期，第 45 页。

〔2〕 Joseph E. Stiglitz, Carl E. Walsh. *Economics* (3rd edition). W. W. Norton & Company Inc., 2002, p. 422.

〔3〕 H. L. A Hart. *The Concept of Law* (2nd ed.). Oxford University Press, 1994, p. 196.

〔4〕 参见王利明：《民法总则》，中国人民大学出版社 2017 年版，第 72 页。

有权的私人支配性与环境资源的公共性是物权规范与环境保护存在的根本矛盾,[1]难以笼统地被强调自愿、平等、公平、诚信(《民法总则》第4-7条)的传统民法基本原则涵盖。就守法与公序良俗原则而言,《民法总则》第8条中的"不得违反法律"更多指向"不违反法律的强制性规定",而"不得违背公序良俗"具有高度抽象性,需"由司法机关在个案中结合实际情况作出具体判断",[2]难以直接涵括绿色原则的内涵。《民法典》物权编作为自然资源权利配置的规范依据,相关制度安排对自然资源开发利用具有决定意义。若它不关注资源利用产生的环境破坏、污染问题,将可能沦为引发此类问题的制度根源。[3]

二、绿色原则辐射至自然资源权利配置的进路

将绿色原则引入《民法典》物权编,使其辐射至自然资源权利配置,并降低物权行使极易引发的经济价值与生态价值的冲突,主要有两种解决路径。其一,对传统物权的行使予以环保公法规制的路径,即通过引致性规范,打通私法与公法的通道,对自然资源节约及环保义务通过物权编确认,但主要由特别法调整的模式。其二,将生态价值经济化的物权编规范路径,突破传统物权法仅关注经济价值的桎梏,将绿色原则的法律理念经由规则转化纳入物权编调整,回应自然资源权利配置对《民法典》编纂的要求。

上述两种路径各有利弊。"对物权行使予以公法规制的路径"之下,《民法典》物权编更多发挥规范适用的导引作用,将更多资源节约、环保义务交由其他部门法调整,不会对物权体例结构产生重大影响,但是,它的缺点体现为,公法对物权支配效力的限制极易使私权成为公权的附庸甚或侵害对象。相反,"将生态价值经济化的'物权编'调整路径",是一种更彻底地将物之经济和生态价值均置于《民法典》物权编调整的规制模式,也可称为纯私法的解决路径,但是,它的缺点除生态价值的经济性考量本身存在困难之外,更可能对既有物权结构产生重大影响,过多环保义务的设置,甚至会影响物权编的私法属性。

---

[1] 参见吕忠梅:《关于物权法的"绿色"思考》,《中国法学》2000年第5期,第48页。
[2] 参见石宏主编:《中华人民共和国民法总则:条文说明、立法理由及相关规定》,北京大学出版社2017年版,第20-21页。
[3] 参见吕忠梅课题组:《绿色原则在民法典中的贯彻论纲》,《中国法学》2018年第1期,第6页。

衡诸二者,将绿色发展理念经由绿色原则在《民法典》中实现并引至物权编过程中,宜遵循"基本原则—具体规范—个案适用"的逻辑思路。

首先,绿色原则在《民法总则》中的确立奠定了环保理念对各分编的统摄地位,为私法引入环保义务提供了逻辑前提,为自然资源权利配置提供了原则依循。毕竟,民法基本原则是立法解释的准则,[1]决定了有效利用资源并防止生态破坏,已成为物权编的重要使命。[2]鉴于物权作为私权的本质属性,绿色原则宜首先确立为对物权取得和行使具有一般指导意义的限制性规范,既明确物权人的一般环保义务,亦对物权编构筑自然资源权利配置的具体规范体系意义重大。

其次,在绿色原则作为物权人需承担环保义务的一般性条款在物权编总则中确立的情况下,物权编分则的制度构建及规范解释在强调物权之经济价值的同时,必须对物权之生态环境功能进行重新考量和定位,并在具体制度构建中尽力给出二者冲突时的解决规则和取舍标准。一方面,这需要将《物权法》中已蕴含绿色原则理念的私法规范进行整合,实现"绿色原则规则化",避免在个案中缺少基本规范而"向基本原则逃避"。另一方面,在承继《物权法》已蕴含绿色原则既有规范前提下,将更多蕴含此理念的制度规范纳入《民法典》物权编中,使绿色原则转变为可操作的具体物权规范。

最后,将蕴含绿色原则法律理念的自然资源权利配置规范在个案中具体适用,避免直接适用概括性过强、弹力性过大的基本原则,经由物权规范的具体解释、私法适用,使绿色理念成为私人内在、自觉的道德确信和行为遵循。当绿色原则转变为《民法典》物权编的具体规则后,在具体个案中优先适用具体规则、避免向绿色原则逃避,当无疑问。同时,在物权编中预留对绿色原则的弹性解释条款,作为理解和解释规范的基准,为物权行使之环保因素的考量留足解释空间。绿色原则作为倡导性原则,尽管没有与其直接对应的法定义务和责任,但民法将从法的价值方面引导民事主体进行行为选择。[3]作为解释物权规范不明确、存有漏洞的准则,绿色原则基于对所欲实现生态环保目标的把握,便于明晰规范的意义,使蕴含绿色原则理念的物权规范真正具有可操作性。

---

[1] 参见王利明主编:《民法》(第七版),中国人民大学出版社2018年版,第23页。
[2] 参见王利明:《民法典的时代特征和编纂步骤》,《清华法学》2014年第6期,第9页。
[3] 参见张新宝:《〈中华人民共和国民法总则〉释义》,中国人民大学出版社2017年版,第17页。

另外,绿色原则并非绝对不能适用于涉及自然资源权利配置的个案裁判,尤其是在规范冲突或存有缺漏的场合。基于人的有限理性和时代变迁,任何立法均可能存在"盲区"或漏洞。此时,民法基本原则可补充民法具体规则留下的立法空白——填补民法具体权利、义务的法律漏洞。[1]对于应贯彻绿色原则但存在法律漏洞的争议案件,虽缺乏规范适用但法官又无权拒绝裁判,就可援引该原则作为裁判依据。绿色原则作为兜底性的法律漏洞填补方式,既便于规则与原则的结合适用,也可为司法裁判出现规范不明、冲突时提供解释指引。"司法机关在审判民事案件,适用民事法律规定时,要加强对节约资源、保护生态环境的民事法律行为的保护。"[2]民事主体在从事可能对环境产生影响的民事活动时,应适度克制自己的行为。绿色原则蕴含着权利不得滥用的原则内涵,也是对意思自治原则在环境领域的一定限制。[3]法官进行法律解释和漏洞填补时,应考虑"生态环境保护"这个立法明示因素,[4]面对法律漏洞,有利于生发具体的制度规范;[5]同时,基本原则还可限制、推翻规则甚至创造新的规则,使私法永葆生机。

第四节 绿色原则辐射下自然资源权利配置的制度设计

绿色原则向《民法典》物权编的辐射及规范落地,可避免其成为口号式的倡导性规定,进而对自然资源权利配置法律关系进行调整。物权编相关规范建构必须立基于正当性论证,[6]既需对《物权法》已蕴含绿色理念之既有规范进行识别和承继,亦需对《物权法》尚存缺漏或仍需具化的自然资源权利配

---

[1] 参见彭诚信、陈吉栋:《生活中的民法——〈民法总则〉的生活解读》,上海人民出版社2017年版,第73页。

[2] 石宏主编:《中华人民共和国民法总则:条文说明、立法理由及相关规定》,北京大学出版社2017年版,第22页。

[3] 参见张震:《民法典中环境权的规范构造——以宪法、民法以及环境法的协同为视角》,《暨南学报(哲学社会科学版)》2018年第3期,第3页。

[4] 参见陈甦主编:《民法总则评注》(上册),法律出版社2017年版,第69页。

[5] 诸如缔约过失、情事变更原则、一般人格权、附保护第三人利益契约等皆是法官在运用基本原则解释法律的过程中发展而来。参见[德]维亚克尔:《近代私法史》(下册),陈爱娥、黄建辉译,三联书店上海分店出版社2006年版,第496-510页。

[6] 参见单平基:《民法典编纂中恶意占有有益费用求偿权的证立及界分》,《当代法学》2016年第3期,第99页。

置制度予以补阙和细化。毕竟,编纂《民法典》既需对已有民法规范予以科学整理,也需对已不适应当前情况的规定进行修改完善,还需对社会中出现的新情况、新问题作出有针对性的新规定。[1]

一、《物权法》蕴含绿色原则之既有自然资源权利配置规范的识别

对已蕴含绿色原则之物权制度的识别和考察,便于规则与原则的结合适用,亦可在出现规范不明、规范冲突时提供原则的解释指引,更为物权编对相关制度的承继提供理论依据。绿色原则的法律理念在《物权法》既有制度中已有多处体现。

首先,物权制度本身蕴含着物尽其用、"节约资源"之绿色原则的法理念。面对当前自然资源利用日趋紧张的局面,[2]作为定分止争之规范基础的物权制度安排意义重大。自然资源、环境危机的根源在于人的过多欲求与自然资源、生态环境容量有限性的冲突,即财货短少而欲求过多。为缓解此局面,《物权法》经由定分止争、物尽其用的规范设计,实现对"人""物"要素之对立困境的规范调整。"物权法对物的归属的界定,对物利用和处分行为都可能对环境产生重大的影响。"[3]传统物权制度明确物之归属以定分止争,以及用益物权和担保物权的他物权设置,均旨在充分发挥物的使用价值和交换价值,蕴含着物尽其用、节约资源的绿色发展理念。可见,虽然《物权法》通篇未见"节约资源""生态环境保护"的立法语词,但不能藉此割裂环境资源保护与物权规范的关联。

对《民法总则》出台之前已蕴含绿色原则理念的自然资源权利配置制度,物权编应予承继。就解释论而言,《物权法》将"发挥物的效用"(第1条)作为整部法律的立法宗旨,确立物尽其用的原则,在厘定矿藏、水流、海域(第46条)、土地(第47条)、森林、山岭、草原、荒地、滩涂等自然资源(第48条)归属的前提下,经由用益物权(第117条)、自然资源有偿使用(第119条)、海域使用权(第122条)、探矿权、采矿权、取水权和使用水域、滩涂从事养殖、捕捞的

---

[1] 参见第十二届全国人民代表大会常务委员会副委员长李建国于2017年3月8日在第十二届全国人民代表大会第五次会议上所作的《关于〈中华人民共和国民法总则(草案)〉的说明》。
[2] 以水资源利用为例,当前水资源稀缺性逐渐显现并导致用水冲突在我国频发,并由此滋生出大量人身权纠纷、财产侵权、刑事犯罪及大规模群体性事件。参见单平基:《我国水权取得之优先位序规则的立法建构》,《清华法学》2016年第1期,第142-147页。
[3] 石佳友:《物权法中环境保护之考量》,《法学》2008年第3期,第89页。

权利(第123条)等制度安排以实现自然资源的优化配置,提高资源利用效率,防止资源滥用,充分彰显了物权规范的"绿色性"。

此时要注意,不应将自然资源有偿使用同生态补偿相等同。一些部门或地区将自然资源有偿使用和生态保护补偿捆绑打包,造成生态保护补偿成为自然资源有偿使用的正当性借口。[1] 这种做法欠缺理论正当性。毕竟,生态环境损害指的是环境自身所受的损害,不包括人身和私人财产权益损害,[2] 与传统的侵权损害赔偿存在差异。另外,生态保护补偿制度和政策的首要目标是,通过惩戒或激励机制以实现土地等自然资源的管理效率,其次才关涉资源或利益的公平分配。[3] 从法律实践角度来看,自然资源国家所有权理论一定程度上可以为政府进行生态环境损害赔偿磋商或诉讼提供法理基础。行政机关之所以能够提起此类赔偿诉讼,是由于他们代表国家对自然资源享有并行使所有权,因而行政机关是在为保护国家利益而进行诉讼。[4] 但是,该理论的缺陷也相当明显。首先,并非所有自然资源类型都能设置国家所有权,譬如在空气、阳光等自然资源类型上设置国家所有权就并不可行。其次,自然资源损害难以涵盖生态环境及生态服务系统的损害,自然资源不能等同于生态环境及生态服务功能。[5] 无论从哪个角度出发,生态补偿都强调以激励换取生态服务这一核心内涵。生态补偿的首要目的就是通过提供一种激励机制,诱导当事人采取从社会角度来看最优的行动。[6] 现有立法如《大气污染防治法》《水污染防治法》《水法》《水土保持法》《森林法》《防沙治沙法》《野生动物保护法》《矿产资源法》《防洪法》等,虽然规定了生态保护补偿制度,但其重点在于对单一环境要素的污染防治或者生态保护。进言之,即使这些环境保护单行法在未来进一步修订完善,也很难要求

---

[1] 参见王清军:《法政策学视角下的生态保护补偿立法问题研究》,《法学评论》2018年第4期,第155页。

[2] 参见张梓太、李晨光:《关于我国生态环境损害赔偿立法的几个问题》,《南京社会科学》2018年第3期,第94页。

[3] 参见王清军:《法政策学视角下的生态保护补偿立法问题研究》,《法学评论》2018年第4期,第158页。

[4] 参见李浩:《生态损害赔偿诉讼的本质及相关问题研究——以环境民事公益诉讼为视角的分析》,《行政法学研究》2019年第4期,第56页。

[5] 参见李兴宇:《生态环境损害赔偿磋商的性质辨识与制度塑造》,《中国地质大学学报(社会科学版)》2019年第4期,第46页。

[6] 参见王清军:《生态补偿支付条件:类型确定及激励、效益判断》,《中国地质大学学报(社会科学版)》2018年第3期,第63页。

其就生态保护补偿制度的内涵外延作出更为清晰明确的规定。在这种情况下,对生态保护补偿制度进行界定的法制建设任务就只能依靠生态保护补偿专门立法,[1]而非单纯的自然资源法律制度所能解决。

物权制度看似分散,实际都蕴含着民法的精神、理念和基本原则。"节约资源"的前提是明确自然资源的归属。《物权法》关于矿藏、水流、海域、土地、森林、山岭、草原、荒地、滩涂等自然资源权属的规定(第46—48条),为海域使用权、探矿权、采矿权、取水权和使用水域、滩涂从事养殖、捕捞的权利(第122—123条)提供了母权基础,而"自然资源所有权—自然资源用益物权"的权利结构为物尽其用、"节约资源"提供了规范根基。《物权法》第120条关于"用益物权人行使权利,应当遵守法律有关保护和合理开发利用资源的规定"的规定,更是绿色原则的直接体现。通过该条的司法适用,能够实现绿色原则蕴含的"节约资源"法律效果。[2]这些规范在物权编中应予承继和吸纳。另外,自然资源的开发需要投入大量的资源,也需要秉持节约理念。例如,矿产资源开采需要技术、资金、人力等多重要素的投入,技术密集与资金密集是现代矿业的基本特征,因而采矿权的行使往往需要设立矿业经济组织,成立矿业公司或企业。[3]

但是,需注意的是,《物权法》并未明确自然资源国家所有权中代表国家行使权利的独立部门,出现自然资源所有权行使主体的缺位现象。在实践中,极易形成将自然资源所在地的地方政府视为所有权主体、"享有自然资源使用许可审批权者即为所有权人"的思维误区。这样做,一方面,导致一些地方为追求经济增长率而违法审批利用自然资源、生态环境的建设项目;另一方面,由于自然资源国家所有权行使、监管主体的缺位,造成自然资源、环境容量的市场价值无法得到真实评估和体现,滥用、乱用、抢占自然资源及向环境容量滥排、超标排污的现象屡见不鲜,既造成自然资源的浪费,也致使环境容量日趋紧张、生态环境功能减退,加剧了自然资源和生态环境危机。[4]为

---

[1] 参见刘健、尤婷:《生态保护补偿的性质澄清与规范重构》,《湘潭大学学报(哲学社会科学版)》2019年第5期,第103页。

[2] 参见"中华环保联合会诉无锡市蠡湖惠山景区管理委员会环境污染责任纠纷案",江苏省无锡市滨湖区人民法院(2012)锡滨环民初字第0002号民事判决书。

[3] 参见宦吉娥:《法律对采矿权的非征收性限制》,《华东政法大学学报》2016年第1期,第44页。

[4] 参见吕忠梅课题组:《绿色原则在民法典中的贯彻论纲》,《中国法学》2018年第1期,第8页。

此,党的十九大报告提出,"设立国有自然资源资产管理和自然生态监管机构,完善生态环境管理制度,统一行使全民所有自然资源资产所有者职责,统一行使所有国土空间用途管制和生态保护修复职责,统一行使监管城乡各类污染排放和行政执法职责"[1]。因此,应紧密结合绿色发展的要求,建立以提升资源利用效益为核心的评价指标体系,充分考量自然资源利用带来的社会效益、经济效益及其对生态环境的影响,对自然资源利用的正外部性和负外部性作出客观的评价。[2]这为物权编健全自然资源所有权管理制度提供了良好契机。

其次,相邻关系是最能凸显物权规范和生态环境保护内在关联性的制度领域之一。在私法学者看来,环境很大程度上就是相邻关系。[3]它是对所有权的私法限制,目的在于实现资源的充分利用和生态环境保护。对截水、排水、通行、通风、采光等传统相邻关系(《民法总则》第84—90条、《民法通则》第83条、《水法》第28条、第56—57条、《石油天然气管道保护法》第14条、第26条)的处理,皆是为此目的而存在。例如,"袋地"允许邻地权利人通行制度、相邻权利人采光制度等均可实现社会资源的价值最大化。

但是,当前处理相邻关系的基本原则,即"有利生产、方便生活、团结互助、公平合理"(《物权法》第84条),过于抽象和概括,根本难以应对日益严峻的自然资源和生态环境危机。相邻关系的当事人在践行"有利生产、方便生活"时,极易与可能给生产和生活带来"不方便"的绿色原则所要求的"节约资源,保护生态环境"产生冲突,最终导致绿色原则难以真正贯彻。为此,编纂《民法典》物权编时,应将绿色原则真正贯彻到相邻关系的具体规范中,应明确处理相邻关系时的环境因素考量,可将《物权法》第84条修改为:"不动产的相邻权利人应当按照节约资源、保护环境、有利生产、方便生活、团结互助、公平合理的原则,正确处理相邻关系。"[4]

最后,《物权法》关于不可称量物质的制度规范蕴含着"保护生态环境"的

---

[1] 参见习近平:《决胜全面建成小康社会 夺取新时代中国特色社会主义伟大胜利——在中国共产党第十九次全国代表大会上的报告》,人民出版社2017年版,第52页。

[2] 参见施志源:《自然资源用途管制的有效实施及其制度保障——美国经验与中国策略》,《中国软科学》2017年第9期,第8页。

[3] 参见石佳友:《物权法中环境保护之考量》,《法学》2008年第3期,第88页。

[4] 若《民法典》物权编接纳将绿色原则视为物权取得和行使之一般性条款的建议,那么,它就当然可适用于对相邻关系的调整,此处就无需赘加"应当按照节约资源、保护环境……正确处理相邻关系"的立法表述。

法律理念。不可称量物质的侵害是按照通常的计量手段,无法加以精确测量的某些物质因排放、扩散等致他人损害,主要涉及环境侵害问题。[1]对噪声、烟尘、气味、光、电磁波等不可称量物质侵害的防治(《物权法》第90条、《环境保护法》第2条、第16条,《固体废物污染环境防治法》第5条、第11条、第16至24条,《大气污染防治法》第8—11条,《水污染防治法》第9—14条,《环境噪声污染防治法》第10—11条、第15—16条),使资源节约、废弃物的循环利用和处置等作为物权(尤其是所有权)行使的规范限制,架起了沟通私法与公法(尤其是民法与环境法)的桥梁。这与普通侵权责任不同,对相邻关系的侵犯不需要加害人主观上的过错,只需侵害程度的超常性即可。

二、《民法典》中关涉绿色原则的自然资源权利配置制度补阙

将绿色原则引入物权编,应以绿色发展理念的物权化为规范基础。物权编不应采用松散式和汇编式的法典编纂方式,[2]除吸纳《物权法》中蕴含绿色原则的既有规范外,尚需在物权取得及行使的一般环保性条款、所有权绝对性的环保因素考量、自然资源用益物权的具化、环境容量用益物权制度的创设、取得时效的增设等方面予以补阙。

(一)绿色原则向自然资源物权取得和行使具体原则的转化

绿色原则作为民法基本原则,理应统领《民法典》各编,也应转化为物权编的具体原则和普遍遵循。检视《物权法》的既有原则,平等保护(第4条)、物权法定(第5条)和物权公示原则(第6条)均与绿色原则相去甚远,可能存在关联的是关于"物权的取得和行使,应当遵守法律,尊重社会公德,不得损害公共利益和他人合法权益"(第7条)的规定,但是,该条更大程度上应理解为是对《民法总则》第8条"公序良俗"原则(而非绿色原则)的具体贯彻,直接将违反绿色原则中的"节约资源,保护生态环境"解读为"违反社会公共利益"亦显宽泛和牵强。

故此,在《民法典》物权编的原则设计中,为契合绿色原则的要求,应增设"物权的取得和行使,应当节约资源,保护生态环境"的原则性规定,作为对《宪法》第26条和《民法总则》第9条的体系性回应。经由上述转变,绿色原

---

[1] 参见王利明:《〈物权法〉与环境保护》,《河南省政法管理干部学院学报》2008年第4期,第10页。

[2] 参见梁慧星:《松散式、汇编式的民法典不适合中国国情》,《政法论坛》2003年第1期,第9页。

则将成为普通物权、自然资源用益物权、相邻关系等物权制度的普遍遵循。物权制度注重发挥资源经济效用的同时,强调合理利用资源、保护生态环境,并为物权人"设置必要的维护环境、保护生态的义务",彰显物权制度的本土性和先进理念。[1]

当然,即便将"节约资源,保护生态环境"作为物权取得和行使的原则性规定,也不能理解为环保利益优位于民事利益,而更应将绿色原则解读为搭接起了沟通经济利益和环保利益的价值关联和制度桥梁,为物权取得和行使限定了生态环保利益的界限。"这是民法在自己的制度弹性范围内,在权利本位的基础上对又一种社会利益——生态环境保护利益的兼顾。"[2]简言之,绿色原则在物权编中应成为对物权取得和行使的价值限度。

(二)所有权绝对性的"绿色化"

绿色原则很大程度上可作为对所有权绝对性的一种限制。传统所有权理论强调权利的排他性、独占性,并成为生发他物权的母权基础,构筑起物权制度的权利根基。但是,所有权的绝对性面对自然资源、生态环境困境并非也不应毫无限度。"主张所有权的绝对性,有时难免会伤害他人的权利,有时甚至导致违背公共利益的结果。因而,不能允许对所有权的肆意行使。而且还必须认识到所有权所具有的社会性。"[3]所有权绝对性的相对化,使所有权限制性因素增加,一定程度上有利于资源节约和环境保护。[4]例如,为促进资源高效利用,一些比较立法例禁止权利人将土地长期闲置,不作任何利用。[5]这种制度设计有利于彰显绿色原则的理念,应为物权编中的自然资源权利配置制度所借鉴和吸纳。

传统上,所有权以对物全面和直接控制为内容,只要不违反法律或侵害第三人权利,所有权人可随意处置并排除任何人干涉。[6]存在疑问的是,违反绿色原则属于此处的"违反法律"吗?有学者认为,民法基本原则属于效力

---

[1] 参见王利明:《民法典的时代特征和编纂步骤》,《清华法学》2014年第6期,第9页。
[2] 陈甦主编:《民法总则评注》(上册),法律出版社2017年版,第69页。
[3] [日]近江幸治:《民法讲义Ⅰ 民法总则》(第6版补订),北京大学出版社2015年版,第13页。
[4] 参见吕忠梅:《关于物权法的"绿色"思考》,《中国法学》2000年第5期,第48页。
[5] 参见石佳友:《物权法中环境保护之考量》,《法学》2008年第3期,第85页。
[6] 参见[德]汉斯-约哈希姆·慕斯拉克、沃夫冈·豪:《德国民法概论》(第14版),刘志阳译,中国人民大学出版社2016年版,第214页。

性强制性规定,当事人不得约定排除,此种约定应认定为绝对无效。[1] 相反,有学者认为《民法总则》第9条是民法倡议某种价值导向的倡导性原则,一般不发生裁判效力。在民事主体严重背离民法倡导的价值时,可适用公平原则(第6条)和守法、公序良俗原则(第8条)衡量,以作出裁判。[2] 实际上,面对严峻的生态环境和资源危机,将生态环境保护解释为公共秩序的内涵,已无法回应生态环保需求,绿色原则的日益重要性使其在体系中的独立倾向愈加显著,[3] 最终成为可独立调整民事法律行为的基本原则。

事实上,绿色原则与所有权支配性并不矛盾。一方面,对物的"节约性使用"符合理性的所有权人的内心意志,所有权支配性与"节约资源"的理念相辅相成。另一方面,物既有经济性,也具有生态性,物的归属和利用必然要对环境产生影响。[4] 在世界范围内,传统的所有权绝对主义观念也在生态环境保护的大背景下日益松动,相当程度上融入了可持续发展原则的要求,[5] 在民法中引入环保规范已成为现代物权制度的重要发展趋势。[6] 例如,在自己院落或土地中储存有毒污染物或滥伐该区域内林木的行为,存在导致环境污染和资源破坏的法律后果,非属私法保护的利益范畴,由此看来,传统所有权绝对理论需要修正。

(三)自然资源用益物权制度的具化

面对自然资源利用冲突日益严峻的状况,物权编须担负自然资源权利配置及互不相侵的重任。[7] 但是,检视《物权法》用益物权制度,尚存在需完善之处。

其一,就自然资源用益物权配置而言,《物权法》的"革命"尚未成功,在司法实践中屡见不鲜的诸如自然资源乱占、滥用、违法改变土地承包经营权用途、小产权房、违章搭建、违法征收等问题,根本上都涉及自然资源权利配置的物权制度安排。对此,物权编应意识到自然资源(包括矿藏、水流、森林、山

---

[1] 参见王利明主编:《民法》(第七版),中国人民大学出版社2018年版,第23页。
[2] 参见张新宝:《〈中华人民共和国民法总则〉释义》,中国人民大学出版社2017年版,第17页。
[3] 参见陈甦主编:《民法总则评注》(上册),法律出版社2017年版,第68页。
[4] 参见王利明:《物权法研究》(下卷),中国人民大学出版社2007年版,第35页。
[5] 参见石佳友:《物权法中环境保护之考量》,《法学》2008年第3期,第82-90页。
[6] 参见王利明:《〈物权法〉与环境保护》,《河南省政法管理干部学院学报》2008年第4期,第9页。
[7] 参见史尚宽:《物权法论》,中国政法大学出版社2000年版,第1页。

岭、草原、荒地、滩涂等)(《宪法》第9条)、土地资源归属于国家或集体所有(《宪法》第10条)的公有属性,在自然资源利用制度中增设资源节约、环境保护条款,明确对自然资源的利用需符合绿色原则的要求,禁止滥用、乱用及强占,禁止长时间闲置和撂荒土地,对产生环境污染的民事行为亦应予限制。

其二,对林权、狩猎权等被《物权法》"遗忘"的自然资源用益物权,应纳入物权编框架。另有学者主张未来的立法在列举准物权的类型时,应将狩猎权纳入物权法之中。[1]一方面,就林权而言,森林是具有经济性(木材生产)和生态性(空气净化、水源涵养)的重要自然资源,前者可被物权人独享,后者的受益人则具有不特定性,导致物权人缺少维护的内在动力,极易成为经济利益的牺牲品(负外部性)。环境属于公共物品,私主体在对环境进行利用的过程中会产生负外部性,这也成为导致环境问题的重要根源。环境法通过创设各种制度,使得"外部成本内部化"。[2]例如,为经济利益砍伐树木,不会考量它的生态价值。藉此绿色原则入典之际,宜将林权纳入物权编范畴,对林权的生态因素予以考量。另一方面,就狩猎权而言,它与捕捞权类似,本质上属于自然资源用益物权范畴,物权编宜将其纳入,既避免将狩猎权与捕捞权区别对待产生的逻辑矛盾,也有利于权利定性及法律适用。[3]另外,动物是否可作为法律主体(而非狩猎权客体),[4]是否应承认动物享有特殊权益,[5]争议颇大。实际上,动物作为主体不仅会导致私权体系混乱,在实践中亦无法实现,与其赋予主体地位,不如对人类规定更为严格的动物保护义务,作为对绝对人类中心主义的修正,实现对绿色原则的制度回应。例如,可在物权编中规定先占、狩猎权时吸纳禁渔期(区)、禁猎期(区)、特殊珍贵动物禁止先占等规范内容。

其三,《物权法》中自然资源用益物权的既有规则,尚需在物权编中具体细化。例如,尽管《物权法》第122条规定"海域使用权受法律保护",但此种

---

[1] 参见戴孟勇:《狩猎权的法律构造——从准物权的视角出发》,《清华法学》2010年第6期,第124页。

[2] 参见张梓太、李晨光:《关于我国生态环境损害赔偿立法的几个问题》,《南京社会科学》2018年第3期,第94页。

[3] 参见戴孟勇:《狩猎权的法律构造——从准物权的视角出发》,《清华法学》2010年第6期,第124页。

[4] 参见[南非]彦·格拉扎斯基:《对自然的态度:一个变化中的全球伦理》,付璐译,载王曦主编:《国际环境法与比较环境法评论》(第2卷),法律出版社2005年版,第281页。

[5] 参见崔建远:《编纂民法典必须摆正几对关系》,《清华法学》2014年第6期,第45页。

规定仅具有宣示价值,在填海造地后的经济价值增加30倍的刺激下,"海域变土地"的现象频发,在根本上"与我国民法对于海域利用关系调整不到位不无关系"[1]。另外,尽管"探矿权、采矿权、取水权和使用水域、滩涂从事养殖、捕捞的权利受法律保护"(第123条),但相关保护性规则亦付之阙如,亟需完善。

鉴于篇幅所限,此处以取水权的取得位序为例,对自然资源用益物权在物权编中的制度安排进行分析。当水资源稀缺性逐渐显现并导致用水冲突在我国频发时,必然需要规范水资源利用的有效规则。[2] 在《民法典》中设计物权编已达成共识的情况下,[3]本质上属于用益物权之取水权的取得位序将来在物权编中应予以立法体现。现行《物权法》虽对取水权位序规则未予规范,但对取水权的用益物权属性已经确认(第123条),这也为取水权位序规则在物权编中予以规范提供了契机,便于同既有制度的规范衔接。另外,这也符合世界主要国家或地区通行的立法例。例如,《法国民法典》将其置于"第二卷 财产及所有权的各种限制"的"第四编 役权或地役权"(第641条至第645条)中;《日本民法典》将其规定于"第二编 物权"中(第207条、第214条、第285条);[4]《意大利民法典》将水权的相关规定放在了"第三编 所有权"中(第910条);[5]我国台湾地区"民法典"也将其规定于"三、民法物权编"中(第755条、第781条、第783-785条、第851条)。

就规范内容而言,在未来物权编中,应结合我国立法现状,借鉴发达国家或地区的先进经验,规定取水权取得之优先位序规则。体现为:在取水权取得过程中融入行政许可因素以修正"在先占用规则",即法律结合"用水目的与申请时间"的考量以确定取水权取得的具体优先位序。总的原则是,无论

---

〔1〕 郭明瑞:《关于编纂民法典须处理的几种关系的思考》,《清华法学》2014年第6期,第38页。

〔2〕 参见单平基:《我国水权取得之优先位序规则的立法建构》,《清华法学》2016年第1期,第143页。

〔3〕 参见王利明:《民法典的时代特征和编纂步骤》,《清华法学》2014年第6期,第10页;梁慧星:《松散式、汇编式的民法典不适合中国国情》,《政法论坛》2003年第1期,第13页;郭明瑞:《民法典编纂中继承法的修订原则》,《比较法研究》2015年第3期,第87页;崔建远:《编纂民法典必须摆正几对关系》,《清华法学》2014年第6期,第52页;李永军:《民法典总则的立法技术及由此决定的内容思考》,《比较法研究》2015年第3期,第2页。

〔4〕 参见《最新日本民法》,渠涛译注,法律出版社2006年版,第48-62页。

〔5〕 参见《意大利民法典》,费安玲、丁玫、张密译,中国政法大学出版社2004年版,第225-228页。

水资源是否充足,法律须以"申请时间"作为确定取水权取得优先位序的基本依据;当水资源不足时,要优先考虑"用水目的"位序高者的利益,必要时可通过补偿损失的方式换取在先申请者的应得取水权。[1]

(四)环境容量用益物权制度的创设

私法主体对自然资源、生态环境的利用主要体现为两个层面:其一,对自然资源经济价值的使用,即自然资源用益物权。前已述及,《物权法》对此已进行确认(第119、第122条、第123条)。其二,对生态环境容量的使用,即环境容量用益物权。[2]"生产或提供更多的商品和服务会产生更多的污染。"[3]自然人的生存和发展、法人或非法人组织的经营或其他行为,往往需要使用一定的环境容量以排放一定的废弃物或污染物。

但是,《物权法》对于环境容量用益物权,包括使用环境容量排放污染物、防污措施等制度,却付之阙如,亟需通过物权编予以完善。具体而言,环境容量用益物权以环境容量为客体,包括自然人、法人或非法人组织对环境容量的占有、使用和收益行为,符合用益物权的特质(《物权法》第117条)。水体对污染物的降解能力、大气对污染物的稀释能力、树木对污染物的调节能力等,都属于环境容量(环境"自净能力")的组成部分。故此,自然资源用益物权制度之外,应设立环境容量用益物权制度。环境容量具有的经济性、生态

---

[1] 对此问题的系统论证,参见单平基:《我国水权取得之优先位序规则的立法建构》,《清华法学》2016年第1期,第142-159页。对此,具体条文在物权编中可设计如下:

第N条[取水权定义] 本法所称取水权,是指自然人、法人或其他组织依法对地表水或地下水取得使用或收益的权利。

第N+1条[取水权取得位序] 取水权取得应当首先满足城乡居民生活用水,并依据生态环境用水、农业用水、工业用水、娱乐用水及其他类型用水的位序许可取水权。

第N+2条["用水目的与申请时间"结合确定取水权顺位] 水资源不足时,应依据以下规则确定取水权取得顺位:

(一)申请者用水目的相同,且申请时间相同时,依据用水人申请用水的比例许可取水权。

(二)申请者用水目的不同,但申请时间相同时,依据本法第N+1条所确立的用水目的的位序确定取水权取得顺序。

(三)申请者用水目的相同,但申请时间不同时,依据用水申请时间许可取水权,申请时间在先者优先取得取水权。

(四)申请者用水目的不同,且申请时间不同时,原则上须以申请时间作为确定取水权取得优先位序的基本依据。但为考虑"用水目的"位序高者的利益,必要时可通过补偿损失的方式换取在先申请者的应得取水权。

[2] 参见吕忠梅:《关于物权法的"绿色"思考》,《中国法学》2000年第5期,第50页。

[3] Joseph E. Stiglitz, Carl E. Walsh. *Economics* (3rd edition). W. W. Norton & Company Inc., 2002, p.421.

性之双重属性,决定了它需受《民法典》物权编与《环境保护法》双重调整。此时,绿色原则为双重调整的实现和环境容量用益物权的创设搭建了制度桥梁,能够在经济行为和环境保护的摩擦与冲突中,扮演"缓冲剂"的角色。

(五)取得时效制度的增设

取得时效非但不是攫取不义之财的制度构造,相反,却是一项"绿油油"的制度。[1] 对物享有权利的人长期消极不行使权利,对物无权利的人却长期积极行使权利,衡诸二者,与其保护权利人的利益,不如保护实际支配人、占有人的利益,将更能发挥物的社会经济效用。可见,取得时效制度符合绿色原则追求的人与资源平衡,合理有效利用资源的理念,本质上属于国家对社会财富的归属与分配所作的一种强制性的物权配置。[2] 允许将被所有者忽略的财产交由他人使用,在一定程度上可缓解人与自然资源、环境容量的紧张关系。蕴含着绿色原则的法律理念,在《民法典》物权编中应予确认。

---

〔1〕 参见徐国栋:《认真透析〈绿色民法典草案〉中的"绿"》,《法商研究》2003年第6期,第8页。

〔2〕 参见梁慧星、陈华彬:《物权法》(第六版),法律出版社2016年版,第129页。

第四章

宅基地"三权分置"权利配置和法律逻辑

为更好地对土地资源权利体系中的宅基地权利进行配置,解决宅基地"两权分离"重公平但轻效率的制度困境,激活"沉睡"的宅基地资源,宅基地"三权分置"从我国乡村振兴战略的大背景出发,将宅基地集体所有权、"宅基地农户资格权""宅基地使用权"三权并列分置,是中央层面关于农村宅基地法制改革的重大设想,为合理构建宅基地权利结构提供了契机。在这一权利结构中,宅基地集体所有权是"宅基地农户资格权"和"宅基地使用权"的权利基础,"宅基地农户资格权"是宅基地集体所有之成员权的体现,也是宅基地所有权派生出"宅基地使用权"的制度桥梁。构建科学的宅基地"三权分置"权利结构,应赋予宅基地所有权更充实的权能,以维护和落实宅基地集体所有权并坚持和巩固集体所有制;应创设及保障"宅基地农户资格权",以实现农户最基本的居住权利;应充实及完善宅基地使用权并使其适度流转,以最大程度彰显宅基地财产属性,借助宅基地法制改革提升农户财产性收益和助力乡村振兴战略。

第一节 问题的提出

宅基地"三权分置"是中央层面针对我国宅基地法制困境作出的重大改

革部署。长期以来,宅基地"两权分离"权利结构"重公平"(农户居住权利保障)但"轻效率"(宅基地使用权凝固),形成宅基地难以高效利用的法制障碍。一方面,升学、参军、进城务工等因素导致大量农村人口外流,[1]城乡二元结构的变化引发城乡空间结构巨大改变,宅基地闲置、"有宅/房无人"、"空心村"等情形愈发常见。[2]另一方面,既有宅基地制度僵化地维系着农户的居住权利,宅基地使用权流转障碍重重,使闲置宅基地问题日益凸显,数量庞大的宅基地财产处于"沉睡"状态,严重制约宅基地财产性权利的实现。

中央层面对宅基地法制改革长期"引而不发"的原因在于这是整个农地制度中最复杂、最敏感的部分,既有历史包袱,也要面对现实窘况,涉及农村集体、农户、亿万农民个体的切身利益,乃至整个农村社会的稳定,必须循序稳妥推进。为此,在地方层面对宅基地"三权分置"先行试点并取得值得推广的经验后,[3]中共中央、国务院在《关于实施乡村振兴战略的意见》中正式提出宅基地集体所有权、"宅基地农户资格权"、"宅基地使用权"之宅基地"三权分置"的权利结构。宅基地"三权分置"试图扭转宅基地所有权"虚置"格局,落实宅基地集体所有权,提出并着力打造"宅基地农户资格权",冲破长期以来宅基地使用权凝冻于农户手中无法顺畅流转的羁绊,盘活大量"沉睡"的闲置宅基地财产。

宅基地"三权分置"作为未来我国宅基地权利结构的改革设想,吹响了宅基地法制改革的集结号,为合理构建宅基地权利结构提供了契机。基于此项改革的重要性,面对制度供给明显不足的现实,实有必要探讨宅基地"三权分

---

[1] 依据国家统计局2017年的统计数据,我国2016年流动人口(指人户分离人口中不包括市辖区内人户分离的人口)达到2.45亿,而人户分离人口(指居住地与户口登记地所在的乡镇街道不一致且离开户口登记地半年以上的人口)更是高达2.92亿。参见中华人民共和国统计局编:《2017中国统计年鉴》,中国统计出版社2017年版,第32-50页。

[2] 以武汉市为例,据中央农村工作领导小组办公室主任韩俊介绍,到2016年底,武汉市有1902个行政村,农村房屋73万套,其中长期闲置的农房占15.8%。参见张敏:《"一号文件"提出探索宅基地"三权分置"禁止下乡建"小产权房"》,《21世纪经济报道》2018年2月6日,第002版。

[3] 中共中央十八届三中全会《关于全面深化改革若干重大问题的决定》(2013年)提出,选择若干试点,改革完善农村宅基地制度,保障农户宅基地用益物权,探索农民增加财产性收入渠道。为此,2015年2月27日,第十二届全国人大常委会通过《全国人民代表大会常务委员会关于授权国务院在北京市大兴区等三十三个试点县(市、区)行政区域暂时调整实施有关法律规定的决定》,在试点县(市、区)暂停实施包括《土地管理法》中关于宅基地管理制度的有关规定,按照重大改革于法有据的原则推进改革试点。此项改革试点工作已于2017年12月31日期限届满。

置"的制度逻辑和权利结构,促进此项改革有序推进。虽然依据《民法总则》,国家政策已不可作为法源直接适用(第10条),不再具有"次位适用性",但学界必须认真对待宅基地"三权分置"的政策指向,因为它往往导致既有法律的修正。具体而言,以下问题亟需解决:

首先,宅基地"两权分离"存在何种制度困境而无法回应宅基地实践需求?宅基地"三权分置"具有何种政策指向,较宅基地"两权分离"具有何种制度优势和实践功能?

其次,建构宅基地"三权分置"权利结构应依循何种制度逻辑?如何"落实宅基地集体所有权"?如何定位"宅基地农户资格权"的制度功能?毕竟,它是宅基地"三权分置"新提出的权利类型,关系到农户居住权利的保障,也影响宅基地使用权能否顺畅流转。

再次,既然宅基地"三权分置"显示出国家释放宅基地使用权基本权能的强烈信号,那么,应采取何种措施以"放活宅基地使用权"?如何防范"违规违法买卖宅基地"?如何把握"适度放活宅基地使用权"中的"适度"?

最后,如何建构宅基地集体所有权、"宅基地农户资格权"、"宅基地使用权"之宅基地"三权分置"权利结构,正确处理三者的关系,实现宅基地的法制改革设想?这直接取决于如何对宅基地规则进行必要立法改造,通过宅基地制度改革助推乡村振兴的实现。

第二节 宅基地"三权分置"权利配置改革的政策指向

宅基地"三权分置"的提出针对的是宅基地"两权分离"权利结构存在的"老问题"。

一、宅基地"两权分离"权利配置体系的缺陷

宅基地"两权分离"制度滥觞于特定时代,自始埋下的就是偏重公平的"种子",而未植入效率的"基因"。宅基地制度生发之时,尚未出现社会保障的制度甚或概念,宅基地使用权起初并非为农民的社会保障而设,而是解决城乡二元体制下宅基地公平问题,更多侧重"社会主义公平观"的考量。"充满社会主义热情和理想色彩的中国共产党第一代领导人在中国国情的基础上建构了中国特色的住房政策,即城市住房通过没收官僚房产和新建住宅,

根据职级和年资实行住房分配政策;农村居民同样要体现社会主义性质的住房政策,于是,选择了农民房产自建与土地集体供应的宅基地制度。"[1]宅基地集体所有和私人使用的特性,以及农户住房与宅基地无法分离的天然属性,共同造就了中国特色的宅基地"两权分离"的权利结构,即宅基地所有权归集体,农户享有宅基地使用权。宅基地使用权初始取得的条件,即"分门立户者均有所居",就很好地体现了这种公平性。可见,宅基地"两权分离"偏重公平而轻视效率现象的原因与宅基地制度缘起的历史性因素紧密相关。

宅基地"两权分离"的制度安排无法满足实践需求,到了必须调整的时刻。城市住房政策已发生重大改变,由行政配置的"公房分配"转变为市场调节的"商品房"政策,而农村宅基地制度却几十年"岿然不动",已远落后于实践需求。由于缺乏城市中的经济适用房、公租房、廉租房等保障性住房体系,宅基地使用权俨然成为农民"住有所居"、安身立命的重要保障,其无偿、无期限的特性使之更为固化,[2]虽然有利于农村社会稳定,但这种制度安排不仅导致宅基地集体所有权无从行使收益和处分权能而呈现"虚置"状态,而且严重禁锢了宅基地使用权的流转,使其财产权属性无法体现。

就解释论而言,宅基地"两权分离"未彰显宅基地使用权的财产属性。《物权法》对宅基地使用权仅用四个条文(第152条至第155条)进行规范,未涉及此项权利的流转,无法解决宅基地闲置问题,基本上等同于将一项重要的物权排除在规范之外,[3]"明显不能对错综复杂、利益交织的宅基地使用权进行全面、有效的规范"[4]。从法律体系观察,依据《担保法》第37条第2项和《物权法》第184条第2项,禁止宅基地使用权单独转让、抵押、继承或出租,只承认宅基地上的房屋出卖、赠与、继承时宅基地使用权随之移转,且因房屋出卖、赠与而移转宅基地使用权时,或出租住房的,不予批准新的宅基地使用权(《土地管理法》第62条)。行政法规和相关规范性文件对此限制更为

---

[1] 郑尚元:《宅基地使用权性质及农民居住权利之保障》,《中国法学》2014年第2期,第146页。
[2] 参见胡康生主编:《中华人民共和国物权法释义》,法律出版社2007年版,第337页。
[3] 参见俞江:《保护既有权益是民法典编纂的底线》,《法学》2015年第7期,第69页。
[4] 陈小君、蒋省三:《宅基地使用权制度:规范解析、实践挑战及其立法回应》,《管理世界》2010年第10期,第2页。

明确及严格,充分暴露了宅基地"两权分离"的非效率性,[1]导致农户忌惮失去宅基地使用权而宁可将房屋闲置也不转让,使其财产权失去意义。[2]可见,宅基地使用权中仅含有极为有限的处分权,[3]财产权属性并不明显。[4]

司法实践中宅基地使用权流转"禁而不止"的状况,蕴含着"倒逼"宅基地"两权分离"制度变革的社会因素。目前,宅基地使用权的地下流转已相当普遍,[5]呈现"禁而不止"的状况。[6]另外,宅基地使用权抵押现象也非常普遍,[7]但往往由于无法登记而不能得到法院支持。[8]可见,现行宅基地使用权制度与实践需求脱节,因为只允许占有、使用而几乎不能收益、处分的权利只是一项残缺的权利,[9]与土地的债权性利用权(土地租赁权)几无二致,[10]未必有利于保护农民利益。[11]一个开放的法制建设中的中国,如给弱势的

---

[1] 国务院《关于严格执行有关农村集体建设用地法律和政策的通知》(国办发〔2007〕71号)强调,坚持"一户一宅",村民出卖、出租住房后,再申请宅基地的,不予批准(第2条);原国土资源部《关于加强农村宅基地管理的意见》(国土资发〔2004〕234号)要求,村民住房出卖、出租或赠与后,禁止再申请宅基地(第5条);原国土资源部《关于进一步加快宅基地使用权登记发证工作的通知》(国土资发〔2008〕146号)要求,严格执行"一户一宅"。除继承外,一户申请第二宗宅基地使用权不予登记(第3条)。

[2] 参见郭明瑞:《关于宅基地使用权的立法建议》,《法学论坛》2007年第1期,第20-21页。

[3] 参见崔建远:《物权法》(第二版),中国人民大学出版社2011年版,第321-322页。

[4] 参见孙宪忠:《推进我国农村土地权利制度改革若干问题的思考》,《比较法研究》2018年第1期,第175页。

[5] 参见韩世远:《宅基地的立法问题》,《政治与法律》2005年第5期,第35页。

[6] 例如,依据学者对山东省17地(市)42个县关于宅基地使用权和农民房屋流转情况的抽样调查,总计75%的城乡结合部地带的村庄发生过流转现象。参见王文军:《论农村宅基地上房屋的买卖》,《清华法学》2009年第5期,第82页。

[7] 参见"肖静诉李咏军、李广昆、丁秀芳民间借贷纠纷"案,山东省茌平县人民法院(2013)茌民一初字第1499号民事判决书;"吴留华诉冯喜忠民间借贷纠纷案",浙江省嘉善县人民法院(2009)嘉善商初字第726号民事调解书;"柳秀琴诉周亚、丁发庭房屋租赁合同纠纷案",河南省驻马店市中级人民法院(2013)驻民一终字第265号民事判决书。

[8] 参见"徐某某诉杨某某民间借贷纠纷案",浙江省德清县人民法院(2012)湖德商初字第96号民事判决书;"陈秀英、孙祥吉诉李云山排除妨碍纠纷案",海南省海口市中级人民法院(2012)海中法民(环)终字第76号民事判决书。

[9] 参见王崇敏:《论我国宅基地使用权制度的现代化构造》,《法商研究》2014年第2期,第22页。

[10] 参见温世扬、潘重阳:《宅基地使用权抵押的基本范畴与运行机制》,《南京社会科学》2017年第3期,第96页。

[11] 参见郭明瑞:《关于宅基地使用权的立法建议》,《法学论坛》2007年第1期,第21页。

农民群体让利,宅基地使用权流转应为题中之义。[1]

综上,宅基地"两权分离"生发了一个宅基地所有权主体"虚置"和宅基地使用权流转不畅的制度结构,过分强调"公平"而无视"效率",已严重妨碍宅基地领域集体经济的有效实现和宅基地使用权的财产权益。在统筹城乡发展渐成时代发展主旋律的背景下,重新审视宅基地权利配置中公平与效率的关系,适时进行农村宅基地制度的创新与变革,既具有厚重的理论基础,更是对现实需求的回应。

二、宅基地"三权分置"权利配置改革的政策意蕴

宅基地"三权分置"是国家关于宅基地法制改革的重要举措,也是乡村振兴战略的重要组成部分。宅基地"三权分置"权利结构具有鲜明的政策指向,即在"落实宅基地集体所有权"及"保障宅基地农户资格权"前提下,经由"适度放活宅基地使用权",解决宅基地使用权无法顺畅流转而泯灭宅基地财产价值的弊端,应对农村人口外迁所致宅基地闲置的突出问题,通过"激活农村要素资源,增加农民财产性收入"以助推乡村振兴。[2]这种权利结构是宅基地法制理念的重大革新,为化解宅基地"两权分离"制度困境指明了路向。

其一,就改革根基而言,宅基地"三权分置"权利结构中,落实宅基地集体所有权是保障"宅基地农户资格权"和适度放活宅基地使用权的基础。应当说,"集体土地私有化"或"集体土地国有化"都仅为书斋中的理论推演,不改变宅基地集体所有的法制改革,才是可能的"实践理性"。[3]现有宅基地权利结构之下,宅基地使用权无偿分配、无限期占用的制度安排,加之隐形流转的大量存在,导致宅基地集体所有权事实上被"虚置"。诚然,绕过宅基地集体所有权无法解决宅基地使用权困境,作为母权基础的宅基地所有权无法"落实",自然就无法从中分离出部分权能以集合成宅基地使用权,更无法实现后者适度流转的目的。宅基地"三权分置"关于完善农民闲置宅基地政策和适度放活宅基地使用权以实现"物尽其用",皆应以落实宅基地集体所有权为基础。

---

[1] 参见陈小君、高飞、耿卓、伦海波:《后农业税时代农地权利体系与运行机理研究论纲》,《法律科学》2010年第1期,第84页。

[2] 中共中央《国民经济和社会发展第十三个五年规划纲要》(2015年)提出的要求。

[3] 参见刘连泰:《"土地属于集体所有"的规范属性》,《中国法学》2016年第3期,第123页。

其二,就改革路径而言,宅基地"三权分置"以保障农户基本的居住权利和分享宅基地收益为出发点及最终归宿。为此,它对保障"宅基地农户资格权"和适度放活宅基地使用权的改革路径进行了勾勒,关于还利于农、整合、激活与优化农村闲置宅基地资源的改革指向非常明确。这实际也是对中央层面关于宅基地法制改革思路的坚持和具化。例如,中共中央办公厅、国务院办公厅《深化农村改革综合性实施方案》(2015)指出,"宅基地制度改革的基本思路是:在保障农户依法取得的宅基地用益物权基础上,改革完善农村宅基地制度,探索农民住房保障新机制,对农民住房财产权作出明确界定,探索宅基地有偿使用制度和自愿有偿退出机制,探索农民住房财产权抵押、担保、转让的有效途径。"

其三,就改革目的而言,宅基地"三权分置"旨在盘活"沉睡"的闲置宅基地,使之成为提升农民财产性收入和促进乡村振兴的重要工具。不能以宅基地使用权主体的身份性就误以为此项权利不能流转。[1] 适度放活宅基地使用权有利于盘活农村闲置宅基地,推动发展乡村旅游及返乡人员创新创业,在提高农户财产性收益的基础上助推乡村振兴。为此,在中央提出宅基地"三权分置"改革设想之后,中共中央办公厅、国务院办公厅随后就在《农村人居环境整治三年行动方案》(2018年)中强调"鼓励农村集体经济组织通过依法盘活集体经营性建设用地、空闲农房及宅基地等途径,多渠道筹措资金用于农村人居环境整治,营造清洁有序、健康宜居的生产生活环境"。

循此,宅基地"三权分置"的政策意蕴体现为:其一,"落实宅基地集体所有权"旨在坚持集体作为宅基地所有权的主体资格,守住"土地公有制性质不改变"这一宅基地法制改革的底线。其二,"保障宅基地农户资格权"旨在实现农户"居有其所",避免其因宅基地法制改革流离失所。其三,"适度放活宅基地使用权"旨在化解农村闲置宅基地配置困境,从根本上激活"沉睡"的宅基地资本,助推乡村振兴战略的实施。

第三节 构建宅基地"三权分置"权利配置结构的制度逻辑

建构宅基地"三权分置"权利配置结构应严格依循法律逻辑。毕竟,权利

---

[1] 参见高海:《农村宅基地上房屋买卖司法实证研究》,《法律科学》2017年第4期,第188页。

体系化是宅基地法制改革的基本要求,而"逻辑的根本意义在于,遵守其规则对于所有科学而言都属必要条件"[1]。在这一过程中,应依循"落实宅基地集体所有权,保障宅基地农户资格权,适度放活宅基地使用权"的制度逻辑,确保几种权利的逻辑自洽和体系完整,最大程度发挥权利体系价值。

一、"落实宅基地集体所有权"的正当性及路径选择

(一)宅基地集体所有权的"虚置"困境

宅基地"两权分离"之下,宅基地集体所有的制度安排(《土地管理法》第9条第2款)并未落到实处,呈现"虚置"状态。其一,就解释论而言,《物权法》未规定宅基地集体所有权的概念、内涵、权利行使等内容,导致此种权利根本无从行使。"集体土地所有权制度在法律规范层面沦为坚持农村土地集体所有制的一个符号,没有发挥作为一切财产权基础的所有权的制度功能。"[2]其二,就实践层面而言,宅基地使用权无偿初始配置、无限期使用和在法制框架外大量私自流转的现状,导致宅基地集体所有权的制度安排形同虚设。

宅基地所有权的"虚置"导致其与由它派生的宅基地使用权之间缺乏搭接的桥梁,致使后者成为孤悬于宅基地所有权的"无根浮萍"。这不仅使宅基地所有权的用益物权制度功能在实践中无法落实,而且导致《物权法》最终仅规定农户对宅基地使用权的占有、使用权能(第152条)也就不足为奇了。毕竟,如果缺少充实的宅基地所有权,宅基地使用权必会欠缺母权基础和制度根基。实际上,宅基地所有权的"虚置"通常会弱化所有者对宅基地的重视程度,降低宅基地充分利用的可能性,最终导致其所反映的土地集体所有制成为平均主义、低效率的代名词。

宅基地集体所有权"虚置"的情况下,作为本集体组织成员的农户根本无从参与行使宅基地所有权,导致集体经济目标落空。这使农户对作为本集体经济组织的成员身份缺少认同,缺乏行使宅基地农户成员权的路径及动力,使农户对宅基地所有权的不规范行使置若罔闻。当前,"农民家庭和个人在集体之中的民事权利被法律模糊化,甚至不承认他们的成员权,这就非常严

---

[1] [德]乌尔里希·克卢格:《法律逻辑》,雷磊译,法律出版社2016年版,第3页。
[2] 高飞:《农村土地"三权分置"的法理阐释与制度意蕴》,《法学研究》2016年第3期,第5页。

重地损害了农民家庭或者个人的权利"[1]。循此,"落实宅基地集体所有权"有助于提升农户作为集体成员的身份认同,助推农村集体经济形式的有效实现。

总之,宅基地"三权分置"不应成为虚置宅基地集体所有权、剥夺农户作为集体成员分享宅基地权益的手段。为矫正宅基地集体所有权虚置状况,《关于实施乡村振兴战略的意见》旗帜鲜明地提出"落实宅基地集体所有权"的改革指向,并将其作为宅基地法制改革的根基,充分说明中央层面已认识到,要守住"土地公有制性质不改变"这一农地法制改革的底线,化解宅基地闲置困境,必须重视和落实宅基地集体所有权制度。

(二)宅基地集体所有权的落实路径

针对宅基地所有权虚置困境,"落实宅基地集体所有权"的路径体现为:

其一,从权利行使主体而言,"落实宅基地集体所有权"应明确宅基地所有权的实际管理主体。集体所有权的本质是集体组织成员共同对集体财产直接享有的所有权,而非"集体组织法人"享有的单独所有权。[2]农民集体主要有乡(镇)集体、村集体及村内若干集体经济组织(通常是村民小组)三种形式,并呈现层层控制关系。[3]就解释论而言,《物权法》虽确认了宅基地集体所有(第152条),但并未明确其管理形式,《土地管理法》将集体土地所有权的管理主体界定为村集体经济组织、村民委员会(第11条),可推知宅基地所有权的管理主体应为村民委员会。毕竟,宅基地权属的制度安排并非为实现农业生产目的。这也符合农村村民的观念认识,"在老百姓看来'集体'就是指村委会、村集体,他们按照这样的概念运行的一切正常"[4]。另外,就体系解释而言,伴随《民法总则》对村民委员会具有基层群众性自治组织法人资格的承认(第101条第1款),在宅基地"三权分置"涉及将来修法时,宜将其界定为宅基地集体所有权的实际管理者。

其二,从集体成员功能发挥而言,"落实宅基地集体所有权"应将宅基地使用权初始配置之"农民集体同意"落到实处。就解释论而言,宅基地使用权

---

[1] 孙宪忠:《推进我国农村土地权利制度改革若干问题的思考》,《比较法研究》2018年第1期,第173页。

[2] 参见韩松:《我国农民集体所有权的实质》,《法律科学》1992年第1期,第32-37页。

[3] 参见杨代雄:《乡土生活场域中的集体财产:从权力到权利》,《当代法学》2005年第4期,第44页。

[4] 陈小君等:《农村土地法律制度研究——田野调查解读》,中国政法大学出版社2004年版,第140页。

派生于宅基地集体所有权(《物权法》第152条),"农民集体同意"是宅基地所有权人行使处分权能的体现,应成为宅基地使用权初始取得的必经程序,但《土地管理法》第62条第4款仅规定"农村村民住宅用地,由乡(镇)人民政府审核批准",存在缺陷,应予修正。对此,原国土资源部《关于加强农村宅基地管理的意见》(2004年)就曾提出加强"农民集体"在宅基地使用权初始配置中的作用,"农村村民建住宅需要使用宅基地的,应向本集体经济组织提出申请,并在本集体经济组织或村民小组张榜公布",为农民集体参与宅基地使用权初始配置提供了路径。在宅基地"三权分置"中,应落实集体成员对宅基地的参与权和管理权,使集体成员能够对宅基地的规划、初始配置等重要事项享有知情权,并经由农户个体意志的整体性表达行使决策权和监督权。毕竟,土地所有人不能任其所好地行使权利,他行使权利的方式必须同某个集体在有限空间内的共同生活所产生的基本需要相符合。[1]

宅基地使用权初始配置中"农民集体同意"与"县级人民政府批准"的法律效力并不相同,应予甄清。"农民集体同意"是宅基地所有权人决定将宅基地占有、使用、收益等部分权能分离出去,交予宅基地使用权人行使的意思表示,属于宅基地使用权初始取得之基础行为,可确保设立宅基地使用权的法律行为有效。[2] 若缺少这一因素,意味着宅基地所有权人(农民集体)与宅基地使用权人(农户)并未达成合意,无法产生宅基地使用权初始设立的结果。与此不同,"县级人民政府批准"是在宅基地所有权人与农户达成合意之后,行政机关对合意是否符合土地使用规划、是否改变土地用途和宅基地位置、面积是否符合规定等进行核查的具体行政行为,属于公权力介入私法的体现。它无法对宅基地所有权人与农户之前所达成的合意(债权行为)产生影响,但决定着宅基地使用权能否初始设立(物权变动)。

其三,就充实所有权权能而言,"落实宅基地集体所有权"的核心是明确农村集体对宅基地的收益和处分权能。就解释论而言,《物权法》《土地管理

---

〔1〕 参见[德]卡尔·拉伦茨:《德国民法通论》(上册),王晓晔、邵建东、程建英、徐国建、谢怀栻译,法律出版社2003年版,第85页。

〔2〕 参见朱庆育:《民法总论》,北京大学出版社2013年版,第308页。

法》均未规定宅基地有偿使用,在减轻农民负担方面具有合理性,[1]但这并不意味着在宅基地"三权分置"之下农村集体无权获取任何收益。首先,无偿初始取得的宅基地使用权以农户居住权利保障为目的,但无偿初始取得不能成为否定有偿转让的理由。[2]农户对宅基地使用权进行物权性处分时,应将取得的部分收益以类似宅基地"出让金"的形式支付给农村集体。毕竟,这属于农户对无偿取得之宅基地使用权的有偿转让,由所有权人取得相应收益符合基本的民法原理。其次,宅基地征收而产生的部分收益应归属于农民集体,[3]维护集体组织的宅基地权益。[4]土地国有化过程中对于占用的农民宅基地"早已因城市化而溢价,溢价应当归还至村民集体"[5]。最后,关于宅基地超标准占用、一户多宅和开展"农家乐"等以一定程度经营为目的的新型产业用地,不符合无偿取得宅基地使用权的条件,可探索宅基地有偿使用路径。

另外,在落实处分权能方面,除应将上述"农民集体同意"在法律层面确认外,还宜明确农村集体对宅基地的规划参与权。在符合宅基地整体性规划和用途管制基础上,农村集体有权自主决定宅基地的具体选址、建设方式,宜提倡统规自建、多户联建相结合,助推宅基地集约使用,并可探索宅基地使用权收储机制,使回收的存量宅基地能够实现再次配置或用于农业经营用途,助推"农家乐"等乡村旅游产业的发展。

其四,从所有权权能回归而言,"落实宅基地集体所有权"应重视宅基地使用权收回制度。就解释论而言,现有法律未规定宅基地使用期限,导致无法适用期满收回制度。但是,这并不意味着宅基地收回制度毫无意义。中共

---

[1] 这种立法目的于多个国家层面的规范性文件中均有强调。包括:中共中央办公厅、国务院办公厅《关于涉及农民负担项目审核处理意见的通知》(1993年);中共中央、国务院《关于切实做好减轻农民负担工作的决定》(1996年);原国家计委、财政部、农业部、国土资源部、建设部、国务院纠风办《关于开展农民建房收费专项治理工作的通知》(2001年);财政部、国家发改委、农业部《关于公布农民建房收费等有关问题的通知》(2004年)。

[2] 参见江晓华:《宅基地使用权转让的司法裁判立场研究》,《法律科学》2017年第1期,第199页。

[3] 参见田韶华:《论集体土地上他项权利在征收补偿中的地位及其实现》,《法学》2017年第1期,第66-78页。

[4] 参见崔建远:《征收制度的调整及体系效应》,《法学研究》2014年第4期,第63-75页。

[5] 郑尚元:《宅基地使用权性质及农民居住权利之保障》,《中国法学》2014年第2期,第152页。

中央、国务院《关于进一步加强土地管理切实保护耕地的通知》(中发〔1997〕11号)很早就要求,坚持"一户一宅",多出的宅基地依法收归集体所有(第6条)。原国土资源部《关于进一步完善农村宅基地管理制度切实维护农民权益的通知》(国土资发〔2010〕28号)强调,一户违法占有两处宅基地,核实后应收回一处(第14条)。故此,在"落实宅基地集体所有权"时,应强化宅基地收回制度的适用,对违法改变用途、超范围建设和长期闲置的宅基地,应及时纠正、调整或收回。

二、"保障宅基地农户资格权"的功能及进路

宅基地"三权分置"之下,"宅基地农户资格权"彰显出极强的成员身份性,是宅基地集体所有之农户成员权的体现,既具有重要的居住保障功能,也搭建起沟通宅基地所有权与宅基地使用权的制度桥梁,并有助于推动宅基地使用权的适度流转。

(一)"宅基地农户资格权"的提出和功能

"宅基地农户资格权"的制度目标定位于夯实宅基地居住保障功能。如果在缺乏居住保障的前提下,就将宅基地使用权转让出去,对于许多想在城镇发展但尚未站稳脚跟的农户而言,意味着其在城镇立基之前就须流离于故土,使得宅基地使用权无法顺畅流转。解决这一难题恰是《关于实施乡村振兴战略的意见》提出"宅基地农户资格权"的出发点和制度优势,为将来修法创设此项权利以夯实宅基地居住保障功能提供了契机。

"宅基地农户资格权"是农户成员权在宅基地权利配置领域的体现。比较特殊的概念应隶属于适用范围较广的抽象概念体系,进而指示概念在整个体系中应有的位置。[1] 在坚持宅基地集体所有权基础上,农户作为集体组织成员拥有取得宅基地使用权的资格权以实现居住目的。"在公有制经济组织中的个人,并不是一定要拥有该组织财产的所有权才能实现其权益,成员权就是兼顾公有制经济组织和其中个人之利益的一种可选择的法律方式。"[2] 这种农户成员权可尝试通过颁发证书的形式确认,既保障农户的居住权利,也能够使之成为防范城市居民及其资本到农村占地炒房的重要屏

---

〔1〕 参见[德]卡尔·拉伦茨:《法学方法论》,陈爱娥译,商务印书馆2013年版,第42-43页。

〔2〕 高飞:《农村土地"三权分置"的法理阐释与制度意蕴》,《法学研究》2016年第3期,第17页。

障。例如,在实行宅基地"三权分置"试点的浙江省义乌市,就是以向农户颁发不动产证的方式固化"宅基地农户资格权"。[1]

"宅基地农户资格权"以农户为权利主体,具有鲜明的身份性。虽然相较于按照村民个体标准分配,属于一种"相对平均主义"的配置路径,但农户作为主体能够基本契合农村居住需求和宅基地使用权旨在实现农民"居有其所"的制度宗旨,毕竟农村通常以户为居住单位。另外,作为成员权的体现,"宅基地农户资格权"的取得具有开放性,新增集体成员自动取得,一旦丧失集体成员身份,此项资格权自然灭失。这意味着"宅基地农户资格权"具有鲜明的居住保障功能,无法流转和继承,亦不能抵押担保。

在不对已有制度作根本变革的前提下,引入"宅基地农户资格权",有利于兼顾农户对宅基地的居住保障和收益功能。一方面,"宅基地农户资格权"能够确保宅基地法制改革的底线,即农户"居有其所"。另一方面,农户享有宅基地权益的根源在于其所具有的集体成员资格。在此意义上,"宅基地农户资格权"有助于推动农户作为集体成员参与到宅基地集体所有权的实现之中,使其更加关注宅基地所有权的具体行使,并得以分享宅基地所有权的收益。在此意义上,"落实宅基地集体所有权"与"保障宅基地农户资格权"存在相辅相成、彼此促进的关系。

另外,"宅基地农户资格权"是宅基地所有权派生出"宅基地使用权"的制度桥梁,也有助于"适度放活宅基地使用权"的实现。当行使"宅基地农户资格权"时,农户可从宅基地所有权人(农民集体)处取得"宅基地使用权","宅基地农户资格权"在此发挥着制度桥梁的作用。同时,"宅基地农户资格权"能够保障农户即便暂时不享有宅基地使用权,也不妨碍其分享宅基地所有权收益和将来获取宅基地使用权的资格,可实现农户身份与宅基地依附关系的脱离,为"适度放活宅基地使用权"提供深层保障,实现中共中央《国民经济和社会发展第十三个五年规划纲要》(2015年)提出的"维护进城落户农民土地承包权、宅基地使用权、集体收益分配权,并支持引导依法自愿有偿转让"的改革目标。

(二)"宅基地农户资格权"的实现进路

从宅基地集体所有权主体制度中衍生出成员权性质的"宅基地农户资格

---

[1] 参见周俭:《宅基地"三权分置"对农民有啥好处?》,《中国妇女报》2018年1月20日,第003版。

权",对于保障农户的居住权利和推进宅基地使用权流转意义重大,实有必要探讨此项权利的实现路径。

其一,"宅基地农户资格权"中的"农户"并不明确,构成法律漏洞,需通过修法界定。就解释论而言,《物权法》及《土地管理法》均未明确"农户"的内涵,《民法总则》虽然规定了两种类型的"户",即"个体工商户"和"农村土地承包经营户"(第54条至第56条),但是,这同作为宅基地使用权主体的"户"并不一致。宅基地使用权以家庭为单位独立生活的"户",非以单独的农民个体作为单元进行配置,而是以农户成员的人数确定宅基地面积,由户内成员"共同"作为权利主体。[1] 宅基地使用权的申请通常以"分家立户"或"迁徙入户"为标准,"分家立户"体现为子女成家立业为建造"婚房"而申请宅基地使用权,"迁徙入户"体现为举家迁入当地落户而申请宅基地使用权。依一般的农村习惯,一户是指未分家的一个农村家庭,是因血缘、婚姻关系等而共同生活的自然人联合。

其二,"宅基地农户资格权"作为成员权的体现,不可转让、赠与和继承,因成员身份的存在而享有,因身份的丧失而消灭。首先,应将农户身份的取得与消灭同农民个体身份的存、灭相区分。"农户"属于一种整体性存在,不因农民个体由于升学、参军或进城就业等原因导致户口迁出农村而引起"宅基地农户资格权"的丧失。其次,农户以债权性处分的方式(如出租)将宅基地使用权交由他人行使时,他人仅是取得对宅基地的债权性使用权,不会导致"宅基地农户资格权"的丧失。第三,即便农户以物权性处分的方式(如转让)对宅基地使用权予以处分,但只要该农户仍属集体成员,未脱离农户身份,那么,"宅基地农户资格权"也不应因此丧失,仅是再申请宅基地使用权时不能无偿取得,而是需支付相关费用。[2] 当然,农户也可通过租赁、买卖等方式从其他人处取得宅基地使用权。

其三,应当赋予农户更多选择权,而非强制性地将宅基地使用权与"宅基地农户资格权"相脱离。宅基地"三权分置"应使宅基地使用权更加充实,并非将用益权利从宅基地使用权中分离而由农户仅保留名义上的"资格权"。"宅基地农户资格权"意味着农户既可对申请取得的宅基地使用权直接占有和使用,也可将其交由他人行使(即处分),自己获取间接占有及收益权。如

---

〔1〕 参见最高人民法院物权法研究小组编著:《〈中华人民共和国物权法〉条文理解与适用》,人民法院出版社2007年版,第459页。

〔2〕 这可与宅基地"三权分置"之下探索实行的宅基地使用权有偿退出机制相结合。

果发生转让等物权性处分,由受让方取得该宅基地使用权,则农户脱离原宅基地使用法律关系。相反,如果采用出租等债权性处分方式,意味着在宅基地使用权之上为第三人创设债权性质的"宅基地使用权",而农户并不丧失用益物权性质的宅基地使用权。

其四,"宅基地农户资格权"意味着不能强迫农户以放弃宅基地使用权或申请资格作为进城落户的条件。应将宅基地使用权有偿退出机制与进城农户的住房、教育和医疗配套优惠政策相结合。一些赋予农户更多选择权的实践做法,值得推广试点。例如,江西省余江县对具有宅基地使用权申请资格但"暂时"放弃申请的农户,保留其在原村庄的宅基地使用权配置资格,"15年以后可自愿选择是否回村取得宅基地建房"[1],而非以丧失"宅基地农户资格权"作为进城落户的条件。同时,对因升学、参军或举家外迁不再回村居住,但宅基地使用权亦未转让的情形,在将宅基地收回时,可试点按当地合理价格回购,推动宅基地使用权有偿退出机制的构建。

三、"适度放活宅基地使用权"的制度选择及其限度

(一)"适度放活宅基地使用权"的制度价值

还原宅基地的财产属性是宅基地"三权分置"法制改革的政策指向,关键是适度放活宅基地使用权流转。在保障"宅基地农户资格权"基础上,应赋予宅基地使用权更加充实的用益权能,彰显其财产属性,并促进其适度流转。毕竟,财产权(与人身权相对)一般均能转让。[2]宅基地使用权有偿流转机制的建立不仅能够为举家迁入城市落户而自愿退出宅基地使用权的农户创造契机,而且能够探索宅基地领域的集体经济有效实现形式,在增加集体财富的同时,确保增加的财富惠及全体成员,实现集体利益与成员利益的双赢。[3]农村集体通过宅基地使用权流转分享收益后,随着财力增强,可助推宅基地使用权收回等有偿退出机制的建立。

担心宅基地使用权流转影响农户居住权利或农村社会稳定,认为禁止流

---

[1] 岳永兵:《宅基地"三权分置":一个引入配给权的分析框架》,《中国国土资源经济》2018年第1期,第36页。

[2] 参见[德]鲍尔、施蒂尔纳:《德国物权法》(上册),张双根译,法律出版社2006年版,第66页。

[3] 参见耿卓:《农村土地财产权保护的观念转化及其立法回应——以农村集体经济有效实现为视角》,《法学研究》2014年第5期,第99页。

转可保障农民生存权的观点,[1]值得商榷。一般而言,宅基地使用权流转主要分为两种原因:一是农户的宅基地使用权闲置,通常在户口移至他乡或"农转非"后考虑转让宅基地使用权,不涉及生存问题。二是农户除宅基地使用权外无其他财产而又急需资金,到了只有处置宅基地才能生存的地步,若不许其处置才是最不重视生存权。[2]在现代社会,大多数农民对宅基地使用权流转的法律效果已有较清醒的认识,立法者不必秉承"家父主义"的思维杞人忧天。[3]

"适度放活宅基地使用权"既可推动农村新型产业的发展,也有利于对"农民"由一种身份到一种职业的认识转换。[4]一方面,"适度放活宅基地使用权"有助于推动农村地区创新创业,使农村闲置宅基地成为发展乡村旅游、养老等新型产业的载体,遏制乡村衰败;另一方面,这预示着农民的概念将包含两层含义:一是身份意义上的农民,即具有农村户籍的居民;二是职业意义上的农民,即从事农业生产劳动的劳动者。这表明"农民"不再是单纯的一种身份象征,而是一种职业选择,城镇市民也能够成为农业生产者,不仅有利于破除农民身份的局限,且可吸引大量城市人才与资本流入农村,助推乡村振兴的实现。

另外,"适度放活宅基地使用权"可助推城市近郊宅基地使用权和农民住房租赁市场的培育和发展,经由住房租赁市场的健全以缓解城镇住房压力。借助宅基地法制改革契机,试点采用农村宅基地建设租赁住房,有助于贯彻落实"加快建立多主体供给、多渠道保障、租购并举的住房制度"的精神。[5]

(二)"放活宅基地使用权"的制度选择

面对宅基地使用权流转机制动力不足、制度供给乏力的困境,"放活宅基地使用权"应从权能充实、确权登记、入市流转、抵押担保、有偿退出等方面着手制度构建:

第一,补足宅基地使用权作为用益物权本应具有的收益权能,为"放活宅

---

[1] 参见孟勤国:《物权法开禁农村宅基地交易之辩》,《法学评论》2005年第4期,第25-30页。

[2] 参见郭明瑞:《关于宅基地使用权的立法建议》,《法学论坛》2007年第1期,第21页。

[3] 参见韩世远:《宅基地的立法问题》,《政治与法律》2005年第5期,第32页。

[4] 参见龙翼飞、徐霖:《对我国农村宅基地使用权法律调整的立法建议》,《法学杂志》2009年第9期,第29页。

[5] 中国共产党第十九次全国代表大会报告《决胜全面建成小康社会 夺取新时代中国特色社会主义伟大胜利》(2018年)的明确要求。

基地使用权"提供规范依据。就解释论而言,尽管《物权法》将宅基地使用权定性为用益物权,但用益物权可对标的物"占有、使用和收益"(第117条),而宅基地使用权却仅可"占有和使用"(第152条),缺少收益权能,禁锢于单纯的居住功能。实际上,农户依据宅基地使用权可取得房屋所有权,与城市建设用地使用权并无本质区别,[1]可将其纳入建设用地使用权范畴。[2]《土地管理法》也确认了宅基地使用权之集体建设用地使用权的本质属性(第4条第3款)。然而,将《物权法》第十三章"宅基地使用权"与第十二章"建设用地使用权"相比较,可发现二者在权利取得、权利存续、权利内容等方面都存在本质差异。立法者的目的在于将宅基地局限在农户居住,保障社会稳定,[3]而非将其作为可用于收益的用益物权,[4]体现的并非是社会正义而是维护城乡二元结构,"剥夺"了本应属于农户的财产。这既缩减了《物权法》中用益物权的权能(第117条),造成制度逻辑上的矛盾,又同"建立健全城乡融合发展体制机制和政策体系"[5]和"依法保障农户宅基地用益物权,促进我国城乡经济社会一体化进程"[6]的政策意蕴相违背。循此,赋予宅基地使用权以收益权能,是"放活宅基地使用权"和优化宅基地权利配置的核心要义。

第二,"适度放活宅基地使用权"应加快宅基地使用权的确权登记工作。当前,我国农村确实存在宅基地使用权权属不明、边界不清、权利主体资格不具备等实际情况,宅基地使用权确权工作异常艰巨。对此,应有的放矢,避免"眉毛胡须一把抓"。依据宅基地法制改革的设想,确权的中心任务应是确立宅基地集体所有权和农户宅基地使用权的财产权属性,助推宅基地法制改革目标的实现。在此过程中,对超过宅基地面积的情形,宜允许实际占有人支付对价进行确权,对涉及农村城镇化过程中的宅基地历史遗留问题更应恰当处理。对此,一些地方的实践做法可供修法时借鉴。例如,深圳市《关于农村城市化历史遗留违法建筑的处理决定》(2009年)规定,经普查记录的违法建

---

[1] 参见房绍坤:《农民住房抵押之制度设计》,《法学家》2015年第6期,第16页。
[2] 参见王利明:《物权法研究》(下卷)(第2版),中国人民大学出版社2007年版,第190页。
[3] 参见孟勤国:《禁止宅基地转让的正当性和必要性》,《农村工作通讯》2009年第12期,第18-19页。
[4] 参见朱岩:《"宅基地使用权"评释》,《中外法学》2006年第1期,第86-87页。
[5] 中国共产党第十九次全国代表大会报告《决胜全面建成小康社会 夺取新时代中国特色社会主义伟大胜利》(2018年)的明确要求。
[6] 中共中央《关于推进农村改革发展若干重大问题的决定》(2008年)重点强调的内容。

筑,除未申报的外,符合确认条件的,适当照顾原村民和原农村集体利益,在区分违法建筑和当事人不同情况基础上予以处罚和补收地价款,按规定办理初始登记。

第三,"适度放活宅基地使用权"的关键在于积极拓宽权利流转途径。之前,宅基地使用权流转更多经由"地随房走"原则来实现。依据1963年3月20日中共中央印发的《关于各地对社员宅基地问题作一些补充规定的通知》,"宅基地上的附着物,如房屋、树木、厂棚、猪圈、厕所等永远归社员所有,社员有买卖房屋或租赁房屋的权利。房屋出卖以后,宅基地使用权即随之转移给新房主,但宅基地的所有权仍归生产队所有"。之后,农户对自己的房屋享有所有权,但对占用的宅基地仅有使用权,为避免形成房产和地产相互紧张的产权结构,实践中允许买卖房屋时依据"地随房走"原则对宅基地使用权予以流转。[1]《土地管理法》对"地随房走"原则进行了贯彻,允许农村村民出卖、出租住房,但有上述行为后不得再申请宅基地使用权(第62条第5款)。可见,法律并未禁止农户将住房出卖、出租给第三人,仅是有上述行为后,无法再申请新的宅基地使用权。[2]

宅基地"三权分置"中,在着力打造"宅基地农户资格权"前提下,应改变"地随房走"原则,允许宅基地使用权基于不同形式直接流转。一方面,在出租、借用等债权性处分中,"宅基地农户资格权"与宅基地使用权暂时分离,债权期限届满后,宅基地使用权重归农户手中。此时,农户可出租或出借整个宅基地连同地上房屋,也可单纯是一个住房、一个房间或一块面积。[3]就债权性流转而言,原则上不需要集体组织同意,只需由新的宅基地使用权人履行相应义务和承担相应责任即可,农户不仅可将宅基地使用权于本集体经济组织内部流转,也可将宅基地使用权交予本集体经济组织以外的人使用。另一方面,农户以物权性处分的方式将宅基地使用权转让给第三人,但未丧失农户资格,将来再计划返乡居住时,基于"宅基地农户资格权"可试点允许其在支付宅基地使用费的前提下,再取得宅基地使用权。此时,采用有偿取得的原因体现在:其一,农户之前已无偿取得过宅基地使用权,其居住权利已

---

[1] 参见朱岩、高圣平、陈鑫:《中国物权法评注》,北京大学出版社2007年版,第478页。

[2] 参见王利明:《物权法研究》(下卷)(第2版),中国人民大学出版社2007年版,第196页。

[3] 参见[德]迪特尔·梅迪库斯:《德国债法分论》,杜景林、卢谌译,法律出版社2007年版,第166页。

曾获得保障。其二,宅基地使用权转让通常为有偿法律行为,农户在转让宅基地使用权时已取得过收益。其三,防止农户将宅基地使用权转让之后凭借其所保留的"宅基地农户资格权"再申请宅基地使用权进行投机。

第四,改变宅基地使用权须依循"地随房走"原则与农民房屋一并抵押的现状,使其能够单独抵押。宅基地使用权抵押涉及两个问题:一是它可否单独抵押;二是可否经农民房屋抵押使其随之一并抵押。《物权法》禁止宅基地使用权抵押(第184条),不意味着农民房屋也不得抵押。[1]以宅基地使用权不得抵押推导出农民房屋也不得抵押的结论,实际上是限制农民房屋所有权。[2]毕竟,"如果对该建筑物设定的抵押权被实行,那么,对该建筑物的新的拥有人的地上权,在法律上无疑可以成立。"[3]实践中,宅基地使用权依循"地随房走"原则与农民房屋一并抵押的案例,并不鲜见。[4]禁止宅基地使用权抵押制约了农民在市场条件下利用有限财产与城镇居民平等参与市场竞争,[5]是一种禁锢于城乡二元结构的思维模式,不符合平等观念,实有必要反思和检讨。[6]循此,虽然立法禁止宅基地使用权抵押,但司法实践中"禁而不止"的现实,要求相关制度亟待变革。

宅基地"三权分置"下,应改变宅基地使用权必须依循"地随房走"原则与农民房屋一并抵押的制度瓶颈。毕竟,法律制度的设计必须能够满足个人的合理需要和主张,并促进生产进步和提高社会内聚性,[7]而抵押权是"不动产投资者获致融资之最佳方式"[8]。农户完全可用依法取得的宅基地使用权抵押,发挥宅基地使用权的财产价值,促进农民脱贫、增收、致富,凸显社会

---

[1] 参见王利明:《物权法研究》,中国人民大学出版社2007年版,第422-423页。

[2] 参见郭明瑞:《关于农村土地权利的几个问题》,《法学论坛》2010年第1期,第35页。

[3] [日]田山辉明:《物权法》(增订本),陆庆胜译,法律出版社2001年版,第200-201页。

[4] 参见"肖静诉李咏军、李广昆、丁秀芳民间借贷纠纷",山东省茌平县人民法院(2013)茌民一初字第1499号民事判决书;"柳秀琴诉周亚、丁发庭房屋租赁合同纠纷案",河南省驻马店市中级人民法院(2013)驻民一终字第265号民事判决书;"陈秀英、孙祥吉诉李云山排除妨碍纠纷案",海南省海口市中级人民法院(2012)海中法民(环)终字第76号民事判决书。

[5] 参见龙翼飞、徐霖:《对我国农村宅基地使用权法律调整的立法建议》,《法学杂志》2009年第9期,第28页。

[6] 参见陈小君、高飞、耿卓、伦海波:《后农业税时代农地权利体系与运行机理研究论纲》,《法律科学》2010年第1期,第85页。

[7] 参见[美]博登海默:《法理学、法哲学及其方法》,邓正来译,中国政法大学出版社1998年版,第261页。

[8] 谢在全:《民法物权论》(中册),中国政法大学出版社2011年版,第632页。

公平。申言之,农户既可对其住房、宅基地使用权分别抵押,亦可对二者共同设定抵押,"房、地分离"和"房、地一体"抵押均具有法律效力。从物理角度看,房屋建在宅基地之上,人们很容易接受"房随地走"或"地随房走"的观念。但是,二者在法律上是相分离的独立的权利客体,可分别成立不同的权利类型。因此,抵押人选择以何者作为抵押物,不宜做强制性规定,农民房屋所有权与宅基地使用权各自进入市场,没有理论障碍。[1] 宅基地使用权抵押权实现时,为防止当事人藉此改变宅基地性质和用途,可类推适用建设用地使用权抵押权的实现规则,未经法定程序,不得改变土地所有权的性质和土地用途(《物权法》第201条)。

第五,建构宅基地使用权有偿退出机制,突破宅基地使用权固化的桎梏,既为进城落户者消除后顾之忧,亦激活大量"沉睡"的闲置宅基地,为乡村振兴拓展宅基地资源空间。这一机制将为举家迁入城市落户而自愿退出宅基地使用权的农户创造契机,使宅基地"三权分置"改革与乡村振兴形成共振。另外,可将它同新增城乡建设用地节余指标相挂钩,甚至在扶贫、旅游开发等涉及农村新兴产业发展时,允许跨区域(跨村、镇)整合,破除宅基地使用权流转仅限于本集体经济组织内部的瓶颈,助推农村新兴产业的发展。为此,《关于实施乡村振兴战略的意见》中指出,"对利用收储农村闲置建设用地发展农村新产业新业态的,给予新增建设用地指标奖励"。

(三)准确把握"适度放活宅基地使用权"中的"适度"

"适度放活宅基地使用权"的政策指向非常明显,但如何正确理解"适度"而避免"过度",应作全面考量,防止宅基地"三权分置"催生新的矛盾。对此,需从以下方面界定:

其一,"适度"意味着应基于宅基地所处的不同区域和特点而区别对待。宅基地法制改革是我国整个农地法制改革中最复杂和最敏感的领域,既蕴含财产要素,又要考量居住保障,而宅基地所处空间位置的差异加剧了这种复杂性。城镇化发展较快的东部沿海地区较中西部区域,大中城市的城乡结合区域和旅游景区周边较偏远的农村腹地,宅基地的居住保障功能相对较弱,应当作为"适当放活"宅基地使用权的重点区域。相反,中西部区域和较为偏远的农村腹地的宅基地的居住保障较强,须稳妥推进相关改革。

---

[1] 参见高圣平:《农民住房财产权抵押规则的重构》,《政治与法律》2016年第1期,第116页。

其二，"适度"意味着宅基地使用权的流转并非不受限制。闲置宅基地使用权的互换、转让、抵押、出租，应无问题，关键是流转的对象应作限定。"假若允许城里人到农村买房，也就是实现农民宅基地的完全自由流转，那么农村社会的治理将陷入无穷无尽的繁乱之中。"[1]质言之，"适度"蕴含着并非盲目放开宅基地市场的政策意蕴，要为城市人口去农村买房置地划红线，更应严禁利用宅基地建设别墅大院和私人会馆。这既是《关于实施乡村振兴战略的意见》对宅基地"三权分置"改革的底线要求，也是国家一直强调并应坚持的原则。[2]

其三，"适度"意味着对宅基地的利用必须符合土地使用规划，不能理解为彻底放开宅基地市场，否则会导致城郊农户获利丰厚，而农村腹地的农户无法获得土地溢价收益，产生新的利益配置不公和难以逾越的差距。之前，宅基地使用权的变动往往基于行政征收这种非法律行为，其间"粗暴强拆（迁）且补偿不力"与"拆迁暴富"形成鲜明对比的情形均频繁出现，政府对宅基地使用的管理基本处于缺位状态。[3] 宅基地"三权分置"之下，如果城郊宅基地已纳入城市建设规划范围，就应按国有征地安置补偿标准对失去宅基地的农户安置补偿，自不待言。相反，对于尚未划入国有建设用地征收范围的宅基地，则不论距离城市远近均应按照农村宅基地调整，避免城市居民藉此购买溢价较高的城郊宅基地建房而引发新的社会不公。简言之，应严格限定宅基地用途，尤其是不能进行商品住宅开发，以免对农村宅基地结构造成冲击。另外，对在宅基地之上历史形成的"小产权房"问题，也应视其是否符合城市未来建设规划而具体对待，不应直接"一刀切"地允许其上市交易，避免形成新的不确定因素，即便符合城市发展用地规划，也要在房屋质量符合建筑标准的基础上，正确处理宅基地所有者利益、城市公共利益及买房人权益前提下补齐相关程序，否则"将带来今后城乡建设、社会管理、治安维持等

---

[1] 郑尚元：《宅基地使用权性质及农民居住权利之保障》，《中国法学》2014年第2期，第150页。

[2] 例如，国务院《关于深化改革严格土地管理的决定》（国发〔2004〕28号）强调，禁止城镇居民购置宅基地（第10条）；国务院办公厅《关于严格执行有关农村集体建设用地法律和政策的通知》（国办发〔2007〕71号）强调，城镇居民不得购买宅基地、农民住宅或"小产权房"；原国土资源部《关于加强农村宅基地管理的意见》（国土资发〔2004〕234号）要求，严禁为城镇居民在农村购买和违法建造的住宅发放土地使用证。

[3] 参见刘守英：《直面中国土地问题》，中国发展出版社2014年版，第38页。

一系列社会问题"[1]。

总之,宅基地"三权分置"并非简单地强调"适度放活宅基地使用权",而是从我国乡村振兴战略的大背景出发,在"落实宅基地集体所有权"以坚持和巩固集体所有制基础上,提出及着力打造农户成员权性质的"宅基地农户资格权"以保障农户居住权利,同时冲破宅基地使用权流转的桎梏,提升农民的财产性收益,助推乡村振兴战略的实施。

第四节 宅基地"三权分置"权利配置结构的具体构造

宅基地"三权分置"之下,需理顺宅基地集体所有权、"宅基地农户资格权"、"宅基地使用权"的相互关系和权利结构,并应对既有宅基地规范进行必要立法改造,推动宅基地法制改革有序进行。

一、宅基地"三权分置"的权利配置结构

宅基地"三权分置"权利配置结构之下,宅基地集体所有权是宅基地法制改革的根基,农户取得宅基地使用权的依据在于其集体成员身份,在权利形态上体现为"宅基地农户资格权",它的行使助推宅基地所有权派生出"宅基地使用权"。

(一)宅基地集体所有权是"宅基地农户资格权"和"宅基地使用权"的权源基础

无视宅基地集体所有权的"虚置"而仅强调宅基地使用权的流转,只能说宅基地"三权分置"改革完成了一半。落实宅基地集体所有权有利于打造"宅基地农户资格权",后者是农户基于集体成员身份,对集体所有的宅基地分享居住价值的权利形态,本质为农民成员权的体现。可见,如果宅基地集体所有权"虚而不实",那么,"宅基地农户资格权"将成为"无根浮萍",无法具体构建和实现。另外,宅基地使用权由宅基地所有权派生,后者是前者的母权基础,若缺乏宅基地所有权,宅基地使用权必将成为"无源之水、无本之木",整个宅基地法制改革也将无法推进。因此,"落实宅基地集体所有权"意在使其

---

[1] 郑尚元:《宅基地使用权性质及农民居住权利之保障》,《中国法学》2014年第2期,第156页。

转化为现实可行的制度装置，为打造"宅基地农户资格权"和生成宅基地使用权提供权源基础，成为可搭载集体功能的法定权利，以巩固和加强农村土地集体所有制。[1]

宅基地"三权分置"旨在形成逻辑自洽的权利结构。在这一权利结构中，宅基地集体所有权是第一层级的权利，是宅基地之上其他权利的权源基础。"各种农地权利中，集体土地所有权为原权利，这是第一层次的权利，处于农地权利体系的核心。"[2]以宅基地集体所有权为母权基础，将宅基地所有权中的占有、使用、收益等权能分离出去，派生出他物权性质的宅基地使用权，处于第二层级的权利，理论依据在于"权能分离"理论，[3]即将所有权留在身边，仅把该物中所包含的利用价值隔离出去。[4]当宅基地所有权的占有、使用、收益等权能分离出去时，从权能"所归"的角度观察，是它们聚集一处，由他人享有而形成宅基地使用权。从权能"所出"的角度观察，也可以说从宅基地使用权"所出"的角度观察，可知其是自宅基地所有权中派生出来的。[5]另外，如下文讲述，在这一过程中，"宅基地农户资格权"发挥着制度桥梁的作用，也是宅基地集体所有权、宅基地使用权得以真正实现的保障。

宅基地"三权分置"使宅基地之上形成一种权利群现象，应符合权利生成逻辑及体系性要求。这种权利群体现为：宅基地集体所有权、"宅基地农户资格权"（与用益物权性质的宅基地使用权可能融为一体）、农户享有的用益物权性质的宅基地使用权、第三人享有的债权性质的"宅基地使用权"。这种景象实际上是宅基地集体所有权和宅基地使用权被赋予更为充实的权能后必然产生的结果，但几种权利的性质和内容不会相互排斥，不会由于过多权利的设置而产生相互矛盾或混乱的状况，符合宅基地所有权（自物权）—宅基地使用权（他物权）—宅基地债权性使用权之私权生成逻辑和权利结构。循此，宅基地"三权分置"不会出现不同权利之间相互龃龉的现象，可实现法律逻辑的自洽性和权利体系的完整性。

---

[1] 参见蔡立东、姜楠：《农地三权分置的法实现》，《中国社会科学》2017年第5期，第108页。

[2] 陈小君等：《农村土地问题立法研究》，经济科学出版社2012年版，第51页。

[3] 参见崔建远：《物权法》（第二版），中国人民大学出版社2011年版，第246页。

[4] 参见[日]山本敬三：《民法讲义Ⅰ总则》，解亘译，北京大学出版社2004年版，第12页。

[5] 参见单平基：《"三权分置"理论反思与土地承包经营权困境的解决路径》，《法学》2016年第9期，第55页。

（二）"宅基地农户资格权"是宅基地成员权的体现和生成"宅基地使用权"的制度桥梁

"宅基地农户资格权"是农户成员权的体现。《物权法》第 59 条第 1 款将农民称为"集体成员"，以此推知，宅基地集体所有权的本质就是"本集体成员集体所有"。农民是集体经济组织的成员，但宅基地"三权分置"并未提出"宅基地农民资格权"，而是打造"宅基地农户资格权"。以"农户"作为宅基地资格权之权利主体的原因，由居住行为的特殊性和农村居住习惯决定。毕竟，农村通常以"户"，而非农民个体作为居住单位。既然"宅基地农户资格权"是农户作为集体经济组织成员取得宅基地使用权的资格，那么，这种资格权体现的就是农村集体组织成员（即农户）与本集体组织之间的关系。

"宅基地农户资格权"之农户成员权的定性与"落实宅基地集体所有权"紧密相关。由于它是作为农村集体组织成员取得宅基地使用权的资格，本质属于宅基地集体所有权主体制度的组成部分，因而无法绕过宅基地集体所有权来解读"宅基地农户资格权"的本质内涵。这也是《关于实施乡村振兴战略的意见》强调"落实宅基地集体所有权"的政策意蕴。宅基地"两权分离"结构下，由于宅基地集体所有权的"虚置"，完整的宅基地农户成员权制度根本无法建立。"现在我们就是本末倒置了，我们的立法就是只认集体不认成员！"[1]可见，《关于实施乡村振兴战略的意见》中"保障宅基地农户资格权"的提出，为将来规定宅基地农户成员权提供了契机。

"宅基地农户资格权"的行使可助推从宅基地所有权中派生出宅基地使用权，是"宅基地使用权"生成的制度桥梁，并有利于"放活宅基地使用权"。宅基地"三权分置"之下，"宅基地农户资格权"是农户作为本集体经济组织成员取得宅基地使用权的条件，对于保障退回或流转宅基地使用权之农户的居住权利无疑关系重大，很大程度上可消除农户对宅基地使用权流转的顾虑。在农户初始取得宅基地使用权后，无论是自己建房居住，抑或流转给第三人使用，使用该宅基地者都是宅基地使用权人，该使用人就不必局限为原集体经济组织的成员。若农户具体行使宅基地使用权，其可取得宅基地之上房屋的所有权，若农户不直接行使宅基地使用权而将其流转出去，则宅基地的实际使用权人就可转变为其他农户或从事新型农业产业（如乡村旅游）的第三

---

[1] 参见孙宪忠：《争议与思考——物权立法笔记》，中国人民大学出版社 2006 年版，第 245 页。

人。可见,打造"宅基地农户资格权"可将"宅基地使用权"由本集体经济组织成员之外的第三人享有,为推动宅基地使用权适度流转提供内生动力。

综上,宅基地"三权分置"的权利结构体现在:宅基地集体所有权之主体制度是"宅基地农户资格权"的权利根基,宅基地所有权是宅基地使用权的母权基础,"宅基地农户资格权"属于农户成员权的体现,也是宅基地所有权派生出"宅基地使用权"的桥梁。简言之,宅基地所有权归集体,取得宅基地使用权的资格权归农户,基于"宅基地农户资格权"的行使产生宅基地使用权,且宅基地使用权可适当流转。

二、宅基地"三权分置"权利配置的立法论进路

就立法论而言,藉此宅基地法制改革之际,于《民法典》物权编中应确立宅基地"三权分置"的权利结构,经由宅基地法制改革助推乡村振兴目标的实现。在前文论述的基础上,宜作如下立法论安排。

首先,将来立法应通过宅基地集体所有权的落实,为创设"宅基地农户资格权"和充实宅基地使用权提供权源基础。其一,应明确宅基地所有权的实际管理主体。《物权法》仅将集体作为宅基地所有权的主体(第152条),但未明确实际的管理主体,《土地管理法》虽规定了集体土地所有权的管理主体(第11条),即"村集体经济组织"、村民委员会,但未明确宅基地所有权的具体管理主体。综合参照《民法总则》将村民委员会作为独立的法人予以确认(第101条第1款),而"村集体经济组织"的内涵及类型尚不明确,以及宅基地制度并非为实现农业生产目的等多重因素,于《民法典》物权编中应明确村民委员会作为宅基地所有权实际管理主体的地位。其二,"农民集体同意"实际是落实集体成员对宅基地参与权和管理权的具体体现,也是私法自治的彰显。私法自治意味着个体在法律关系形成过程中对"自己意愿"的认可。[1]在将来立法中确立"农民集体同意"规则,可保障宅基地使用权初始分配依法有序进行,使集体成员共同发力,将宅基地集体所有权落到实处。其三,就宅基地所有权的收益功能而言,虽然《物权法》《土地管理法》未规定宅基地初始有偿使用的目的在于减轻农民负担,具有合理性,应予立法坚持,但是,针对宅基地超标准占用、一户多宅、宅基地征收、继受流转和利用宅基地开展"农家乐"等情形,已不符合为保障居住目的而无偿取得宅基地使用权的条件,应

---

[1] 参见[德]维尔纳·弗卢梅:《法律行为论》,迟颖译,法律出版社2013年版,第7页。

在立法中探索有偿使用路径。其四,宅基地使用权收回制度是宅基地所有权弹力性的体现,意味着从宅基地所有权中分离出的权能重新回归农村集体手中,将来对违法改变用途、长期闲置宅基地等情形,应赋予农村集体依法收回宅基地的权利,进而"盘活农村集体资产,提高农村各类资源要素的配置和利用效率,多途径发展壮大集体经济"[1]。

其次,在不对已有制度作根本性变革的前提下,在将来立法中,应创设成员权性质的"宅基地农户资格权",既确保宅基地法制改革之农户"居有其所"的底线,又助推宅基地使用权适度流转,兼顾对宅基地的居住保障和财产功能。其一,"宅基地农户资格权"应定性为宅基地集体所有权主体制度衍生出的农户成员权,权利基础在于宅基地集体所有(《物权法》第152条)。其二,由成员权的本质决定,"宅基地农户资格权"具有极强的身份依附性,权利的存灭与农户身份的取得和丧失紧密相连,无法作为转让、赠与或继承的客体。其三,这种特性使"宅基地农户资格权"成为农户居住权利的牢固保障,同时为适度放活宅基地使用权免除后顾之忧。它的具体行使可助推宅基地集体所有权分离出宅基地使用权,在二者之间搭建制度沟通的桥梁。故此,打造合理的"宅基地农户资格权"制度是"落实宅基地集体所有权"和"适度放活宅基地使用权",乃至整个宅基地"三权分置"改革成败的关键环节。

再次,在将来立法中,扩宽宅基地使用权流转途径是激活"沉睡"的宅基地财产和助推乡村振兴战略的重要进路。其一,应补足宅基地使用权除占有和使用权能(《物权法》第152条)外的收益权能,彰显其作为用益物权(而非"使用物权")的本质属性,以实现"物尽其用"的《物权法》宗旨(第1条)。其二,在保障"宅基地农户资格权"基础上,既应允许宅基地使用权进行出租、借用等债权性处分,也应允许其经由转让、互换等物权性处分方式流转,改变实践中被迫遵循"地随房走"的现象。其三,将来《民法典》应总结新一轮土地改革试验成果,允许宅基地使用权抵押,[2]改变其无法单独抵押(《物权法》第184条第2项、《担保法》第37条)而必须依循"地随房走"原则与农民房屋一并抵押的制度瓶颈。毕竟,为防止宅基地使用权流转而禁止宅基地使用权抵押的规范安排,或者会使农民房屋抵押权难以实现而使相关规范徒有空文,

---

〔1〕 韩长赋:《大力实施乡村振兴战略》,载党的十九大报告辅导读本编写组编著:《党的十九大报告辅导读本》,人民出版社2017年版,第212页。

〔2〕 参见王利明:《我国民法典物权编中担保物权制度的发展与完善》,《法学评论》2017年第3期,第8页。

或者会导致宅基地使用权流转经由农民房屋抵押权的实现"禁而不止",违反基本法理。另外,城市建设用地使用权可作抵押(《物权法》第180条第1款第2项),这造成同样用于居住目的的两种权利不平等,无疑在剥夺农民财产。[1]从城乡一体化角度看,抵押权制度理应进入宅基地"三权分置"法制改革的视野,以保障广大农户真切感受到其所带来的"物尽其用"的实惠或利益。[2]

最后,在将来立法中,要准确界定和合理把握宅基地使用权流转的限度,坚守住宅基地法制改革的底线。虽然私法自治是私法的出发点,但在许多方面应受到限制。[3]其一,就制度属性而言,农村宅基地集体所有制及其法权形式(宅基地集体所有权)不能改变。申言之,农村宅基地属于集体成员所有,藉此生发"宅基地农户资格权",不能借宅基地法制改革让城镇工商资本到农村去控制宅基地,[4]警惕宅基地所有制属性及其法权形式的改变。其二,就利用路径而言,非本集体经济组织成员利用宅基地发展乡村旅游、休闲养老等农村新型产业、业态时,应更多采用租赁、入股、借用等债权性方式,而非转让等物权性流转形式。推进宅基地法制改革的出发点是增加农民财产性收入,而非解决城市建设的用地指标。这也是《关于实施乡村振兴战略的意见》明确强调"不得违规违法买卖宅基地"的政策意蕴。其三,就用途管制而言,宅基地"三权分置"对宅基地政策除体现松动的一面外,对宅基地用途管制应继续强化,将《关于实施乡村振兴战略的意见》强调的"严格实行土地用途管制,严格禁止下乡利用农村宅基地建设别墅大院和私人会馆"的改革底线落到实处。毕竟,若放开此闸门,在城市强大的资金优势之下,极易出现宅基地兼并和用途改变的梦魇。宅基地"三权分置"借鉴承包地"三权分置"而来,但二者在逻辑理念上存在区别。承包地"三权分置"鼓励"土地经营权"适当集中以实现农业规模化经营目的,[5]而宅基地"三权分置"则不存在鼓

---

[1] 参见朱岩:《"宅基地使用权"评释》,《中外法学》2006年第1期,第89页。

[2] 参见陈小君、高飞、耿卓、伦海波:《后农业税时代农地权利体系与运行机理研究论纲》,《法律科学》2010年第1期,第84页。

[3] 参见[德]迪特尔·梅迪库斯:《德国民法总论》(第二版),邵建东译,法律出版社2001年版,第144页。

[4] 这意味着"小产权房"的口子不会因此打开。参见张敏:《"一号文件"提出探索宅基地"三权分置"禁止下乡建"小产权房"》,《21世纪经济报道》2018年2月6日,第002版。

[5] 参见蔡立东、姜楠:《农地三权分置的法实现》,《中国社会科学》2017年第5期,第106页。

励宅基地使用权集中的问题。

总之,构建科学的宅基地"三权分置"权利结构,应赋予宅基地所有权更充实的权能,以落实宅基地集体所有权并坚持集体所有制;应创设"宅基地农户资格权",以保障农户最基本的居住权利;应充实宅基地使用权并使其适度流转,以最大程度彰显宅基地财产价值,激活大量"沉睡"的宅基地财产,藉此提升农户财产性收益和助推乡村振兴战略的实施。

第五章

承包地权利配置机制的完善

2018年8月27日,第十三届全国人大常委会审议《民法典》各分编草案,标志着《民法典》各分编正式进入立法审议阶段。其中,土地承包经营权作为重要的用益物权类型于《民法典》物权编草案第十一章(第125—136条)中被予以规定,较《物权法》的规定(第124—134条)整体变化不大,对已无法满足司法实践需求的现行规定未予以修正,仅有的几处立法改变也存在缺陷,需要认真检视。循此,在《民法典》物权编草案经审议向法律规范转化的关键时刻,实有必要认真探讨土地承包经营权的相关规定,提出完善建议,以助力《民法典》物权编规范设计之科学,助推承包地权利配置制度的完善。

第一节 土地承包经营权概念应予守成

一、农地"三权分置"中是否保留土地承包经营权的歧见

当前,为克服传统农地细碎化耕作的弊端和解决农村"有地无人"的困

境,实现农业适度规模经营,中央层面提出农地"三权分置"的改革设想。[1]但是,学界就"三权分置"应选择何种结构形式尚未达成共识,关于应否保留土地承包经营权这一法权概念亦有争议。有些学者主张,这一权利结构体现为"农地集体所有权—土地承包权—土地经营权",[2]即将土地承包经营权分解为"土地承包权"和"土地经营权"。有些学者则认为,应构建"农地集体所有权—土地承包经营权—土地经营权"的结构形式,保留土地承包经营权概念,而非创设"土地承包权"。[3]

可见,《民法典》必须回应"三权分置"之下土地承包经营权的去留及定位问题。毕竟,它直接关系到农地"三权分置"法制改革能否有序推进,甚至也决定着乡村振兴战略可否顺利实施。虽然政策文件对此采用的是"土地承包权"的称谓,但是,贯彻中央文件不能拘泥于个别词句,而应领会和贯彻其精神实质。[4]对《民法典》是否保留土地承包经营权抑或创设"土地承包权"这一立法命题,何者更符合私权生发逻辑和农地权利体系,更利于实现当前农地法制改革的初衷才是最核心的考量因素。

二、《民法典》物权编草案保留土地承包经营权概念的正当性

衡诸利弊,《民法典》物权编草案保留了土地承包经营权这一法权概念。这一制度守成具有合理性,值得肯定。但是,鉴于学界对此仍存争议,加之

---

〔1〕 自中共中央、国务院《关于全面深化农村改革 加快推进农业现代化的若干意见》(2014 年)首次通过"中央一号文件"形式提出"三权分置"改革设想以来,此后连续四年的"中央一号文件"对此均有强调。如中共中央、国务院《关于加大改革创新力度 加快农业现代化建设的若干意见》(2015 年中央一号文件)、《关于落实发展新理念 加快农业现代化实现全面小康目标的若干意见》(2016 年中央一号文件)、《关于深入推进农业供给侧结构性改革 加快培育农业农村发展新动能的若干意见》(2017 年中央一号文件)、《关于实施乡村振兴战略的意见》(2018 年中央一号文件)。

〔2〕 参见蔡立东、姜楠:《农地三权分置的法实现》,《中国社会科学》2017 年第 5 期,第 102 页;崔建远:《民法分则物权编立法研究》,《中国法学》2017 年第 2 期,第 54 页;焦富民:《"三权分置"视域下承包土地的经营权抵押制度之构建》,《政法论坛》2016 年第 5 期,第 25 页;陈小君:《我国农村土地法律制度变革的思路与框架——十八届三中全会〈决定〉相关内容解读》,《法学研究》2014 年第 4 期,第 12 页;丁文:《论"三权分置"中的土地承包权》,《法商研究》2017 年第 3 期,第 15 页。

〔3〕 参见高圣平:《论农村土地权利结构的重构——以〈农村土地承包法〉的修改为中心》,《法学》2018 年第 2 期,第 12 页;孙宪忠:《推进农地三权分置经营模式的立法研究》,《中国社会科学》2016 年第 7 期,第 152 页。

〔4〕 参见孙宪忠:《推进农地三权分置经营模式的立法研究》,《中国社会科学》2016 年第 7 期,第 162 页。

《民法典》物权编尚处草案审议阶段,并未尘埃落定,故此,需要从私权生成逻辑、制度变革成本、农地法权秩序等角度对《民法典》物权编草案的立法选择予以证成。

首先,保留土地承包经营权更符合私权生成逻辑。按照"三权分置"的改革设想,"土地经营权"分离自土地承包经营权,而非派生于集体土地所有权。但是,"土地经营权"生成之后,不应将土地承包经营权分解成"土地承包权"。虽然"土地经营权"究竟应定性为一项债权抑或一项新的用益物权尚有争议,[1]但无论作何定性都不会影响到土地承包经营权的性质和称谓。其一,若将"土地经营权"定位成债权,那么,"土地经营权"人与土地承包经营权人的关系将通过二者之间的债权协议解决,土地承包经营权不会因债权协议的存在而发生变化,仅是将对农地的实际经营依约交由第三人行使,协议期满之后,对农地的实际经营自当回归农户手中。其二,退一步看,即便认为"土地经营权"派生于已被"准所有权化"的土地承包经营权,而将其定性为一项用益物权,但是,就如现有农地权利体系中从农地所有权派生出土地承包经营权后(《物权法》第117条、第125条),无法改变前者的称谓一样,[2]土地承包经营权也不应因分离出"土地经营权"而有所改变。

如果将土地承包经营权更改为"土地承包权",那么,或者基于一些区域(如山区)不适合规模经营,或者由于一些农户不愿意流转土地承包经营权,既说明"土地承包权"无法完全替代土地承包经营权,也将使农地之上呈现农地集体所有权、土地承包经营权、"土地承包权"、"土地经营权"之"四权并存"(而非"三权分置")的权利体系结构。申言之,若用"土地承包权"代替土地承包经营权,且在维持"两权分离"权利结构的区域保留土地承包经营权,将使

---

[1] 支持将"土地经营权"定性为一项用益物权的观点,参见李国强:《论农地流转中"三权分置"的法律关系》,《法律科学》2015年第6期,第179-188页;丁文:《论土地承包权与土地承包经营权的分离》,《中国法学》2015年第3期,第159-178页;马俊驹、丁晓强:《农村集体土地所有权的分解与保留——论农地"三权分置"的法律构造》,《法律科学》2017年第3期,第144页;蔡立东、姜楠:《农地三权分置的法实现》,《中国社会科学》2017年第5期,第102-122页。支持将"土地经营权"定性为一项债权的观点,参见陈小君:《我国农村土地法律制度变革的思路与框架——十八届三中全会〈决定〉相关内容解读》,《法学研究》2014年第4期,第12页;温世扬、吴昊:《集体土地"三权分置"的法律意蕴与制度供给》,《华东政法大学学报》2017年第3期,第76页;单平基:《"三权分置"理论反思与土地承包经营权困境的解决路径》,《法学》2016年第9期,第60页。

[2] 参见高圣平:《论农村土地权利结构的重构——以〈农村土地承包法〉的修改为中心》,《法学》2018年第2期,第12页。

农地之上呈现三种以上权利并存的混乱景象。过多农地权利安排将使彼此之间相互龃龉,甚至出现农地经营者不知晓自身权利的性质和范围,而管理部门对农户与新型经营主体关系的处理也陷于无据可依的窘境,[1]不符合立法技术,也违背农地法制改革的初衷。

其次,保留土地承包经营权更有利于农地法权秩序维护。农地法权概念的选择与构建债权制度(尤其是合同规则)应注重全球适用性不同,前者更须依循由本土制度传统和民众共识所塑造的法权观念。若舍弃已为我国的法律制度、国家政策使用多达30年之久,且已获得亿万农户普遍理解和衷心支持的土地承包经营权这一极具本土性的法权概念,则可能引起农户对农地政策的疑虑。从维护农地法权秩序和农村社会稳定考虑,任何农地法制改革都不应也不宜进行强制性的制度变迁,而须尽力促推法律、实践和政策的相互妥协和缓和,避免导致"民心不稳"和危及农村稳定。故此,以"土地承包权"替代土地承包经营权的"三权分置"建构路径并不可取,也不应作为《民法典》物权编的立法选择。可喜的是,《民法总则》第55条以及《民法典》物权编草案均继续沿用了土地承包经营权的概念。

依据民法理论,土地承包经营权作为独立的用益物权类型(《物权法》第125条),只要其母权基础(农地所有权)尚存,且在承包期限之内,其就应合法有效。因此,包括"三权分置"在内的法制改革,均应以农户的既有权益不受损害为基本前提,"不管怎么改,都不能损害农民的基本权益"[2]。这也预示着如果创设新的"土地承包权"代替既存的土地承包经营权,就必须具备强有力的现实依据,并进行充分的正当性证成,以免造成对农户私权的剥夺和对农地法权秩序的侵害。

再次,高昂的制度变革成本在一定程度上决定了不宜将土地承包经营权分解成"土地承包权"。一项制度变革的成本和代价并非决定是否采取变革举措的根本性因素,但却也是任何制度变革都必须考虑的要素。自土地承包经营制度(《民法通则》第80条第2款)在立法层面确立以来,《物权法》《农村土地承包法》《土地管理法》《森林法》《草原法》《渔业法》等法律对其都有体现。如果将土地承包经营权分解成"土地承包权",那么,上述法律规范中的

---

〔1〕 参见孙宪忠:《推进农地三权分置经营模式的立法研究》,《中国社会科学》2016年第7期,第146页。

〔2〕 参见冯华、陈仁泽:《农村土地制度改革,底线不能突破——专访中央农村工作领导小组副组长、办公室主任陈锡文》,《人民日报》2013年12月5日,第002版。

相关内容均需修改,无疑将付出高昂的制度变革成本。

另外,如果将土地承包经营权更改为"土地承包权",尚须处理后者同"三轮延包"[1]"土地承包经营关系稳定并保持长久不变"和当前全国正在推行的农地确权的关系。毕竟,这些农地政策针对的都是土地承包经营权,而非"土地承包权"。因此,如不顾及既有的农地制度和制度变革成本,强制性地作出制度改变,必得不偿失。

最后,贯彻中央政策的核心在于落实政策的精神实质。政策具有原则性、倡导性,为修法指明了方向,须经由学理探讨和解释使政策指引转化为法律规范。"解释的原则必定是建立在对目的的考量基础之上的。"[2]就精神实质而言,中央政策中的"土地承包权"指称的就是土地承包经营权,而不是创设新的"土地承包权"。例如,《深化农村改革综合性实施方案》指出的"稳定农户承包权,就是要依法公正地将集体土地的承包经营权落实到本集体组织的每个农户",以及《关于完善农村土地所有权承包权经营权分置办法的意见》(以下简称《完善三权分置办法的意见》)强调的"农户享有土地承包权是农村基本经营制度的基础,要稳定现有土地承包关系并保持长久不变",均显示其中的"土地承包权"与土地承包经营权本质上就是等义词。又如,《完善三权分置办法的意见》将"土地承包权"界定为"土地承包权人对承包土地依法享有占有、使用和收益的权利",与《物权法》第125条规定的土地承包经营权的本质内涵一致。因此,"土地承包权"本质上就是土地承包经营权,实无必要画蛇添足地重新命名,徒增法律概念和私权体系的混乱。

综上,《民法典》物权编草案保留土地承包经营权概念较创设"土地承包权",更符合私权生成逻辑,更有利于维护农地法权秩序,且具有节约制度变革成本的优势,值得肯定。

---

[1] 中国共产党第十九次全国代表大会《决胜全面建成小康社会 夺取新时代中国特色社会主义伟大胜利》(2018年)提出,"保持土地承包关系稳定并长久不变,第二轮土地承包到期后再延长三十年"。

[2] [德]卡尔·拉伦茨:《法律行为解释之方法——兼论意思表示理论》,范雪飞、吴训祥译,法律出版社2018年版,第2页。

第二节　土地承包经营权变动应改采债权形式主义

一、解释论：土地承包经营权变动之债权意思主义

关于土地承包经营权的变动，《民法典》物权编草案采用的是债权意思主义的立法模式。

依据《民法典》物权编草案第128条第1款，土地承包经营权的设立不以登记为生效要件，而是"自土地承包经营权合同生效时设立"，同时，登记仅是该项权利移转的对抗要件，体现为草案第130条的规定："土地承包经营权人将土地承包经营权互换、转让或者出让土地经营权，当事人可以向登记机构申请登记；未经登记，不得对抗善意第三人"。可见，草案将土地承包经营权的设立和移转同引起此项物权变动的债权意思相结合，仅凭设立和移转合同即可产生债权和物权变动的双重效果。

就解释论而言，《民法典》物权编草案选择的债权意思主义立法模式是对既有规则的一种承继。依照《物权法》第127条第1款和《农村土地承包法》第23条，土地承包经营权自土地承包经营权合同生效时设立，登记与否并非物权设立的必备要件，且上述规定未明确登记之后是否得以对抗第三人。另外，依据《农村土地承包经营权证管理办法》第2条第1款，农村土地承包经营权证是"农村土地承包合同生效后，国家依法确认承包方享有土地承包经营权的法律凭证"，即将其定位为"确权"，而非"设权"凭证。登记仅是一种行政确认行为，不具有一般的物权登记的性质。[1]

应当承认，在《物权法》制定时，土地承包经营权变动采债权意思主义模式，即登记仅具有对抗效力，确有合理之处。[2] 当时，我国农村尚属典型的"熟人社会"，土地承包经营权的流转主要发生在本集体经济组织内部，农户基于对承包地的占有状态即可公示权属状况，无登记公示之必要，加之农地数量庞大、地块分散，而农地登记制度不健全，增加了要求权利设立和变动必须践行登记程序的难度。[3] 鉴于当时我国尚未建立健全农村土地登记制

---

[1] 参见王利明主编：《民法》（第七版），中国人民大学出版社2018年版，第268页。
[2] 参见房绍坤：《物权法用益物权编》，中国人民大学出版社2007年版，第79-80页。
[3] 参见王利明主编：《民法》（第七版），中国人民大学出版社2018年版，第269-270页。

度,《物权法》并未强制要求登记。[1]可见,彼时农村"熟人社会"之状况以及采行登记要件主义的现实困难,使债权意思主义得以确立。[2]

二、立法论:土地承包经营权变动之债权形式主义

就立法论而言,针对土地承包经营权变动,《民法典》物权编草案应由债权意思主义改采债权形式主义模式。

首先,传统农村"熟人社会"的相对化是促使土地承包经营权变动改采登记生效主义的重要缘由。随着大量农村人口外流引发农地闲置,[3]加之农业技术引起的农地利用方式改变,必然要求克服传统农地条块化、农户个体分散化之经营方式效益不高的弊端,[4]实现现代农业适度规模经营。这正是推行农地"三权分置"法制改革的原因,意味着引入新型经营主体必然会对传统农村"熟人社会"形成冲击。此时,仅以对农地的占有事实往往无法起到物权公示的效果。这彰显了土地承包经营权之登记公示制度具有的实践面向性。

另外,除家庭承包形式外,尚有依据《物权法》第133条规定,即基于招标、拍卖和公开协商等方式取得的对"四荒"地的承包经营权,其权利主体可能并不属于"熟人",而是来自异乡的"陌生人",其权属状况、权利期限、承包地面积等信息均须经由登记制度予以公示。

可见,编纂《民法典》的社会情势较《物权法》制定时已发生变化,加之"三权分置"法制改革的推进,土地承包经营权的流转将越来越频繁,范围也越来越大。[5]意欲实现顺畅流转,必然要以该项权利的准确、清晰以及易被相对人知晓和信赖为前提。对此,土地承包经营权设立和移转之登记制度最能达到此项目的。相反,如果不强制登记,相关信息只靠发包方的记载和知情人

---

[1] 参见梁慧星、陈华彬:《物权法》(第六版),法律出版社2016年版,第235页。

[2] 参见刘保玉:《物权体系论——中国物权法上的物权类型设计》,人民法院出版社2004年版,第187页。

[3] 依据国家统计局2017年的统计数据,我国2016年流动人口(指户人分离人口中不包括市辖区内人户分离的人口)达到2.45亿,而人户分离人口(指居住地与户口登记地所在的乡镇街道不一致且离开户口登记地半年以上的人口)更是高达2.92亿。参见中华人民共和国统计局编:《2017中国统计年鉴》,中国统计出版社2017年版,第32-50页。

[4] 参见孙宪忠:《推进农地三权分置经营模式的立法研究》,《中国社会科学》2016年第7期,第146页。

[5] 参见房绍坤:《民法典物权编用益物权的立法建议》,《清华法学》2018年第2期,第70页。

的记忆提供,无法确保准确性。[1]

其次,债权形式主义变动模式能够更好地契合农地确权登记实践。正在开展的农地确权登记以对土地承包经营权的确权登记为核心。中央层面强调,"要按时完成农村土地承包经营权确权登记颁证工作"[2]。实践中,如果农户获得权利证书,将大大提升土地承包经营权的财产权属性以及农民对其私有财产的权利意识。[3] 如果说在《物权法》制定时"要求土地承包经营权不经登记不具有物权效力,不符合我国农村的特点"的话,[4]那么,随着农地确权登记工作在全国范围内如火如荼地推行,上述话语就应转变为"《民法典》规定土地承包经营权不经登记不具有物权效力,符合我国农村的特点,有利于维护农民的合法权益"。

循此,农地确权登记为将登记作为土地承包经营权变动的生效要件,即采用债权形式主义模式,奠定了基础。[5]《民法典》物权编应放弃登记仅为对抗要件的模式,改采登记生效要件主义,进而实现不动产物权变动模式之统一。相反,若不借《民法典》编纂之际修法,恐难以回应学者质疑农地确权登记是否有违《物权法》第 127 条第 1 款规定的诘责,[6]毕竟据此设立土地承包经营权无须践行登记程序。

再次,债权形式主义变动模式更有利于保护土地承包经营者的权益,并满足权利流转需求。土地承包经营权的设立和移转关系到土地承包经营者的重大权益,为避免登记对抗主义可能给农户带来的损失,且避免善意第三人免受不测的损害,也减少基于法律行为的物权变动模式的类型,土地承包经营权的设立应采取登记要件主义。[7] 另外,登记可明确权利归属及范围,为权利流转提供条件,是实行"三权分置"的规范基础。《完善三权分置办法的意见》也指出:"扎实做好农村土地确权登记颁证工作。确认'三权'权利主

---

[1] 参见崔建远:《物权法》(第四版),中国人民大学出版社 2017 年版,第 277 页。
[2] 韩长赋:《大力实施乡村振兴战略》,载党的十九大报告辅导读本编写组编著:《党的十九大报告辅导读本》,人民出版社 2017 年版,第 212 页。
[3] 参见张千帆、党国英、高新军等:《城市化进程中的农民土地权利保障》,中国民主法制出版社 2013 年版,第 8 页。
[4] 参见最高人民法院物权法研究小组编著:《〈中华人民共和国物权法〉条文理解与适用》,人民法院出版社 2007 年版,第 381 页。
[5] 参见崔建远:《物权法》(第四版),中国人民大学出版社 2017 年版,第 278 页。
[6] 参见陈华彬:《论编纂民法典物权编对〈物权法〉的修改与完善》,《法治研究》2016 年第 6 期,第 15 页。
[7] 参见崔建远:《物权法》(第四版),中国人民大学出版社 2017 年版,第 277 页。

体,明确权利归属,稳定土地承包关系,才能确保'三权分置'得以确立和稳步实施。"

最后,债权形式主义模式有利于实现不动产物权变动模式的统一。一方面,现行法关于土地承包经营权设立和移转采用的变动模式本就存在差异,借助《民法典》的编纂契机恰能实现规则的统一。《物权法》第129条对土地承包经营权移转采用登记对抗主义,而《物权法》第127条第1款并未明确登记在土地承包经营权设立中是否具有对抗效力。可见,现行法对土地承包经营权的设立和流转设置了不同的登记原则,违背了二者应当一致的法理。[1] 另外,依据《不动产登记暂行条例实施细则》的规定,已经登记的土地承包经营权的变更"应当"申请变更登记(第49条),发生互换、转让等变动情事"应当"申请转移登记(第50条),权利消灭时"应当"申请注销登记(第51条),登记已被作为一项"应当"履行的法定义务。但是,该细则只是部门规章,效力位阶较低。理想方案是,《民法典》将登记作为土地承包经营权变动的生效要件。

另一方面,就法律体系而言,土地承包经营权变动改采债权形式主义,有利于同《物权法》第139条、第145条以及《民法典》物权编草案第142条、第148条确立的建设用地使用权的变动模式相统一。正在推行的农地确权登记为实现不动产物权变动模式的体系一致性提供了契机,[2] 也有利于在制度层面推动国有和集体土地使用权之同权同利目标的实现。

实际上,《民法典》物权编草案第128条关于土地承包经营权设立模式的规定本就存在缺陷。一方面,该条第1款规定"土地承包经营权自土地承包经营权合同生效时设立",另一方面,该条第2款又要求"登记机构应当向土地承包经营权人发放权属证书,确认土地承包经营权"。可见,上述两款规定在法律逻辑上存在矛盾,既然登记并非土地承包经营权设立的必备要件,那么,农户在取得此项用益物权时就既可选择向登记机构申请权属登记并取得权属证书,也可选择不申请登记,是否选择登记并不影响权利的设立。当农户选择不申请登记时,就无所谓登记机关发放权属证书的问题。可见,草案第128条第2款将发放权属证书作为登记机构"应当"履行的法定义务,并不合适。

---

[1] 参见陈小君等:《农村土地法律制度研究——田野调查解读》,中国政法大学出版社2004年版,第378页。

[2] 参见崔建远:《民法分则物权编立法研究》,《中国法学》2017年第2期,第61-62页。

就立法论而言,如果《民法典》物权编对土地承包经营权的设立采用登记生效主义,即土地承包经营权合同(债权)生效并不必然导致物权设立,尚需践行登记程序,那么,《民法典》物权编草案第128条第2款就可保留,发放权属证书应当作为登记机构的法定义务。

土地承包经营权登记采取登记要件主义之后,至少将产生两方面的效果。其一,土地承包经营权的设立或移转,非经登记不生效。其二,土地承包经营权之用途的变更,非经登记亦不生效。[1]秉持原因行为与物权变动相区分的原则,《民法典》物权编草案可明示土地承包经营权设立或移转合同自成立之日生效,而土地承包经营权设立或移转自登记之日设定。条文可设计为:"土地承包经营权的设立、变更和转让合同自成立时生效。土地承包经营权的设立、变更、转让和消灭,经依法登记,发生效力。"

第三节 土地承包经营权的流转规范应予修正

一、《民法典》物权编草案第129条之修正

《民法典》物权编草案第129条是关于土地承包经营权流转的规定。该条规定,"实行家庭承包的土地承包经营权人依照农村土地承包法的规定,有权将土地承包经营权互换、转让或者出让土地经营权。出让的期限不得超过承包期的剩余期限。未经依法批准,不得将承包地用于非农建设"。但是,该条规范存有缺陷,应予修正。

(一)土地承包经营权"出让土地经营权"的表述欠科学

在现有法律规定中,未曾出现土地承包经营权"出让"的立法表述,"出让"更多针对国有建设用地使用权而设。国有土地的"出让"指称的是土地的一级市场,一般属于国有土地所有权转变为国有土地使用权的程序范畴,即由自物权派生出用益物权,而非由用益物权再生发其他类型的权利。由是观之,《民法典》物权编草案第129条关于土地承包经营权"出让土地经营权"的立法表述有失偏颇,值得商榷。毕竟,土地承包经营权并非自物权,而土地承包经营权之"出让土地经营权"不属于由自物权派生出用益物权的范畴。

---

[1] 参见梁慧星主编:《中国民法典草案建议稿附理由·物权编》,法律出版社2013年版,第411页。

土地使用权的"出让"不同于转让,二者的差异性可从多处窥知。就解释论而言,从《城镇国有土地使用权出让和转让暂行条例》这一行政法规的名称就可发现二者存在差异,其将出让界定为:"国家以土地所有者的身份将土地使用权在一定年限内让与土地使用者,并由土地使用者向国家支付土地使用权出让金的行为"(第8条)。可见,出让指向的是国有土地的一级市场,属于从土地所有权派生出建设用地使用权的范畴(《城镇国有土地使用权出让和转让暂行条例》第14条、第15条),而转让是"土地使用者将土地使用权再转移的行为,包括出售、交换和赠与"(《城镇国有土地使用权出让和转让暂行条例》第19条)。

(二)土地承包经营权转让、互换无法分离出新的"土地经营权"

《民法典》物权编草案第129条中的转让、互换将产生土地承包经营权的整体性变动,不会分离出新的"土地经营权"。

其一,转让时,承包农户将土地承包经营权交由受让人行使,使后者成为土地承包经营关系的主体,原承包农户退出土地承包经营关系(《农村土地承包经营权流转管理办法》第35条第1款)。可见,转让是一种彻底将该项物权让渡于他人的变动形式,并非从土地承包经营权中分离出新的"土地经营权",而是由受让人继受完整的土地承包经营权。

其二,互换也无法分离出新的"土地经营权",而仅是双方互换行使原来各自的土地承包经营权。互换与转让的不同体现在:一方面,互换发生于本集体经济组织内部。基于当事人的限定性,互换并未产生农地相对集中的效果,难以实现农业规模经营。另一方面,互换本质乃"易货流转",而转让是以支付价金方式取得对方的土地承包经营权。可见,互换未派生新的"土地经营权",而只是实现土地承包经营权主体的变更。

(三)"土地经营权"分离自土地承包经营权的债权性流转

与土地承包经营权的转让、互换等物权性流转方式无法分离出"土地经营权"不同,出租、转包及入股等债权性流转方式能够分离出"土地经营权"。

其一,在出租中,土地承包经营者通过出租合同将农地租赁给本集体经济组织以外的人耕种,承租人依约支付租金并取得农地的租赁权,[1]成为新的"土地经营权"人。可见,出租乃债权性处分形式,与在同宗农地上设置数

---

[1] 参见王利明主编:《民法》(第七版),中国人民大学出版社2018年版,第269页。

个用益物权截然不同。[1] 出租后,原土地承包关系不变(《农村土地承包经营权流转管理办法》第 35 条第 5 款),承租方依据租赁合同取得债权性质的"土地经营权"。

其二,转包情形下,转包方经由转包合同将农地经营权在一定期限内交由本集体经济组织成员享有及行使,受转包方("土地经营权"人)依约经营土地并向转包方支付转包费。[2] 转包后,原土地承包关系不变(《农村土地承包经营权流转管理办法》第 35 条第 2 款)。这意味着转包并未改变土地承包经营权之用益物权属性,"土地经营权"属于受转包方通过转包合同分享的土地承包经营权的部分权能。

其三,入股时,农户将土地承包经营权作为股权,自愿联合从事农业合作生产经营(《农村土地承包经营权流转管理办法》第 35 条第 4 款),农户并不丧失承包经营权,仅是在土地承包经营权之上派生出"土地经营权"给农村合作社或股份企业。[3] 股份合作解散时,入股土地应退回原承包农户(《农村土地承包经营权流转管理办法》第 19 条)。入股情形下,土地承包经营权人仍可能在该宗土地上经营,[4] 农村合作社或股份企业取得的"土地经营权"并非用益物权性质,而应定性为基于入股协议的债权性权利。

循此,为满足"三权分置"的要求,建议将《民法典》物权编草案第 129 条修改为:"实行家庭承包的土地承包经营权人有权将土地承包经营权互换、转让或者以出租、转包、入股等形式分离出土地经营权。土地经营权的期限不得超过承包期的剩余期限。未经依法批准,不得将承包地用于非农建设。"[5] 另外,为稳定新型经营主体的经营预期,便于"土地经营权"流转和融资,可赋予"土地经营权"以登记对抗效力。[6] 建议将草案第 130 条修改为:"土地承包经营权人将土地承包经营权出租、转包、入股分离出土地经营权,

---

[1] 参见李淑明:《民法物权》,元照出版有限公司 2012 年版,第 252 页。

[2] 参见王利明主编:《民法》(第七版),中国人民大学出版社 2018 年版,第 269 页。

[3] 参见高圣平:《农地三权分置视野下土地承包权的重构》,《法学家》2017 年第 5 期,第 10 页。

[4] 参见朱广新:《土地承包权与经营权分离的政策意蕴与法制完善》,《法学》2015 年第 11 期,第 93 页。

[5] 建议删除《民法典》物权编草案第 129 条"依照农村土地承包法的规定"相关限制的原因,后文详述。

[6] 参见高圣平:《论农村土地权利结构的重构——以〈农村土地承包法〉的修改为中心》,《法学》2018 年第 2 期,第 12 页。

当事人可以向登记机构申请登记;未经登记,不得对抗善意第三人。"

二、对实行家庭承包的土地承包经营权流转的立法补阙

《民法典》物权编草案关于实行家庭承包的土地承包经营权流转的规定,守成有余,创新不足,亟待补阙。依据草案第129条,"实行家庭承包的土地承包经营权人依照农村土地承包法的规定,有权将土地承包经营权互换、转让或者出让土地经营权……"。互换、转让限于物权性处分,而"出让土地经营权"则需修正。对于学界呼吁已久的逐步放开土地承包经营权流转的呼声缺乏必要的立法回应。针对草案的缺陷,提出以下完善建议:

(一)增加关于实行家庭承包的土地承包经营权的债权性流转的规定

《民法典》物权编草案第129条与《物权法》第128条规定的"互换、转让等方式"限于物权性处分,缺少"转包、出租或其他流转"方式,存有缺陷。依循法律逻辑,若允许物权性流转,就无理由禁止债权性处分,后者也可实现农业适度规模经营目标,尤其是在促进农地使用权流转以振兴乡村的大背景下,限缩债权性的流转方式不具有法理依据和现实基础。

出租情形中,承租人可突破本集体经济组织成员的身份限制,拓展至本集体以外的自然人、法人或非法人组织,助推实现农业适度规模经营目标。毕竟,出租并不改变原土地承包经营关系。另外,前已述及,入股也不会改变原承包经营关系,且有利于实现农地适度规模经营。在出租、入股等债权性利用方式的期限届满后,对承包地的经营权将重新回归承包农户手中,避免农户失地。从比较法看,包括出租在内的农地债权制度同样能实现农地高效利用的目标。[1]例如,德国约有50%的农业用地用于用益租赁。[2]承租人须以必要之注意对待用益租赁的客体,并在用益租赁终结之后返还用益租赁的客体。[3]

遗憾的是,《民法典》物权编草案并未超越《物权法》第128条关于土地承包经营权流转的规定,后者除互换、转让外,尚包括转包,而草案缺少了转包、

---

〔1〕 参见姚洋:《中国农地制度:一个分析框架》,《中国社会科学》2000年第2期,第54-64页。

〔2〕 参见[德]鲍尔、施蒂尔纳:《德国物权法》(上册),张双根译,法律出版社2004年版,第600页。

〔3〕 参见[德]迪特尔·梅迪库斯:《德国债法分论》,杜景林、卢谌译,法律出版社2007年版,第217-220页。

出租,且没有关于其他流转方式的兜底规定,反映出对农地债权性利用方式的忽视。在之前的法学研究中,我们对土地承包经营权之债权性利用的关注明显不足。为此,《民法典》物权编应扩充草案第 129 条的内容,确立土地承包经营权出租、入股等重要的债权流转方式。

需注意,若将来《民法典》物权编中确立土地承包经营权出租,就无需再对转包予以规范。转包与出租在本质上具有相似性,均是受包人或承租人在向土地承包经营权人支付对价或无偿受包、承租的情况下,对承包地的一种债权性利用行为,区别仅在于转包情形下的受转包方限于本集体经济组织的成员。[1] 二者实质上都是债权性的土地租赁,没有多大的区分意义。[2] 鉴于出租并不限制流转对象,包含将农地租赁给本集体经济组织成员之外的新型主体予以经营的意蕴,《民法典》物权编可舍弃土地承包经营权的转包,仅规范出租即可,毕竟二者不宜并列规定。[3] 实际上,《民法典》物权编草案也未对转包进行规范。

(二)取消对实行家庭承包的土地承包经营权转让过分严格的限制条件

依据《民法典》物权编草案第 129 条,土地承包经营权的流转须受《农村土地承包法》的限制,主要体现为转让须满足"经发包方同意"(《农村土地承包法》第 43 条)等条件。可见,草案并未放松对土地承包经营权转让的限制。

现行法规定土地承包经营权转让须受上述限制主要基于以下考虑:经"发包方同意"的原因在于,发包方需要确认新的承包方(受让方)是否有履行承包义务的能力。[4]

但是,这种限制并不合理。其一,它在私法理论层面背离了土地承包经营权的用益物权属性,毕竟只有债务承担需要经过债权人同意(《合同法》第 84 条),即便是债权转让也仅需履行通知债务人的义务(《合同法》第 80 条第 1 款)。要求土地承包经营权的转让须经"发包方同意",已然使其用益物权

---

〔1〕 参见王利明主编:《民法》(第七版),中国人民大学出版社 2018 年版,第 269 页。

〔2〕 参见陈小君:《我国农村土地法律制度变革的思路与框架——十八届三中全会〈决定〉相关内容解读》,《法学研究》2014 年第 4 期,第 11 页。

〔3〕 参见崔建远:《土地承包经营权的修改意见》,《浙江社会科学》2005 年第 6 期,第 65 页。

〔4〕 参见胡康生主编:《中华人民共和国农村土地承包法通俗读本》,法律出版社 2002 年版,第 87 页。

属性名实不副,"属于虚设之立法规定和理论推演"[1]。其二,这种限制无形中增加了发包方介入、干预甚至阻碍权利流转的风险。其实,发包方对受让人履约能力的担心,通过强化土地用途管制和增强不履行义务的责任机制,就可化解。[2] 农户的生活保障在根本上要依靠农村社会保障制度解决,而非因噎废食地作为限制土地承包经营权流转的条件。

编纂《民法典》应依循"权利本位"立法思维,相信农民作为理性的法律主体在决定是否将土地承包经营权流转时,能够秉持意思自治原则作出最契合自身利益的法律判断,而不应继续固守"家父主义"的立法理念,忽视农民的主体意识。因此,建议《民法典》物权编摒弃土地承包经营权的转让须受《农村土地承包法》关于"经发包方同意"(第43条)限制的规定。

(三)允许实行家庭承包的土地承包经营权抵押

依据《民法典》物权编草案第190条第2项,除法律另有规定外,"耕地、宅基地、自留地、自留山等集体所有的土地使用权"不得抵押,即实行家庭承包的土地承包经营权仍被禁止抵押,较《物权法》第184条第2项未有改进。

禁止实行家庭承包的土地承包经营权抵押缺乏合理依据。毕竟,土地承包经营权的权利内容并不仅限于支配农地使用价值,还包括支配担保价值,[3] 而禁止抵押无法满足农民担保融资及农业适度规模经营的实践需求。就法律逻辑而言,土地承包经营权之抵押权实现的法律效果,在本质上就是土地承包经营权的转让,在其转让为法律允许的情况下(《物权法》第128条),却禁止其抵押,违背基本逻辑。[4] 中共中央《关于全面深化改革若干重大问题的决定》提出"赋予农民对承包地占有、使用、收益、流转及承包经营权抵押、担保权能",意味着放开土地承包经营权抵押是彰显其用益物权属性的题中之义。遗憾的是,《民法典》物权编草案第190条对此仍采取禁止抵押的立法模式,亟需修正。

如前所述,随着土地承包经营权转让的日趋频繁和确权登记的推行,其

---

[1] 陈小君:《我国农村土地法律制度变革的思路与框架——十八届三中全会〈决定〉相关内容解读》,《法学研究》2014年第4期,第21页。

[2] 参见高飞:《土地承包经营权流转的困境与对策探析》,《烟台大学学报(哲学社会科学版)》2015年第4期,第27页。

[3] 参见马俊驹、丁晓强:《农村集体土地所有权的分解与保留——论农地"三权分置"的法律构造》,《法律科学》2017年第3期,第149页。

[4] 参见高飞:《农村土地"三权分置"的法理阐释与制度意蕴》,《法学研究》2016年第3期,第12页。

变动模式应改采登记生效主义。如果不要求土地承包经营权的设立登记,就很难要求土地承包经营权抵押必须践行登记程序,而以登记作为土地承包经营权的设立要件,将为抵押登记提供前提,实现与其他不动产抵押权登记(《物权法》第187条)的制度衔接。

就土地承包经营权之抵押权的实现而言,在现有法制框架下,对其拍卖、变卖尚有困难,毕竟"保证农户承包权"是须遵循的国家政策。[1]将来修法若允许土地承包经营权抵押,依据不同的立法选择将主要产生两种法律效果。其一,如果允许土地承包经营权自由流转,依据拍卖、变卖等抵押权实现方式,将由新的权利人受让该项权利。其二,如果将来《民法典》对土地承包经营权的转让维持保守态度,设立强制管理的抵押权实现方式无疑为一种可行的选择,即执行机关对于被执行的不动产委托管理人实施管理,以土地承包经营权的使用价值及其收益为对象,以其所得收益清偿债权。[2]

第四节 《民法典》物权编之土地承包经营权的具体完善建议

值此《民法典》各分编草案审议之际,检视草案对土地承包经营权的规定,经由上述论证,提出以下具体建议,助推农地权利体系和《民法典》规范构建之科学。

一、关于法权概念的选择

《民法典》物权编草案保留了土地承包经营权的称谓,值得赞同。支持在将来《民法典》中继续沿用这一被亿万农户普遍理解、广泛接受和衷心拥护的法权概念。

二、关于土地承包经营权的变动模式

建议将草案第128条修改为:"土地承包经营权的设立、变更和转让合同自成立时生效"(第1款)。"土地承包经营权的设立、变更、转让和消灭,经依

---

〔1〕 国务院《关于开展农村承包土地的经营权和农民住房财产权抵押贷款试点的指导意见》(国发〔2015〕45号)要求,金融机构抵押权的实现要以"保证农户承包权"为前提。

〔2〕 参见房绍坤:《论土地承包经营权抵押的制度构建》,《法学家》2014年第2期,第47页。

法登记,发生效力"(第2款)。"登记机构应当向土地承包经营权人发放权属证书,确认土地承包经营权"(第3款)。

三、关于土地承包经营权的流转

建议将草案第129条修改为:"实行家庭承包的土地承包经营权人有权将土地承包经营权互换、转让或者以出租、转包、入股等形式分离出土地经营权。土地经营权的期限不得超过承包期的剩余期限。未经依法批准,不得将承包地用于非农建设。"

建议将草案第130条修改为:"土地承包经营权人将土地承包经营权出租、转包、入股分离出土地经营权,当事人可以向登记机构申请登记;未经登记,不得对抗善意第三人。"

具体而言:(1)删除草案第129条关于土地承包经营权的流转须"依照农村土地承包法的规定"的限制,使土地承包经营权的转让不受"经发包方同意"的严苛限制。(2)修正土地承包经营权"出让土地经营权"的草案表述,修改为土地承包经营权可经由"出租、转包、入股等形式分离出土地经营权"。(3)赋予由土地承包经营权出租、转包、入股分离出的"土地经营权"以登记对抗效力,以稳定新型经营主体的经营预期,并便于其流转及融资。

四、关于土地承包经营权的抵押

建议删除草案第190条第2项关于"耕地、自留地、自留山等集体所有的土地使用权"不得抵押的规定,允许实行家庭承包的土地承包经营权抵押。

第六章

其他典型自然资源权利的具体配置

第一节 野生动植物资源的权利配置

一、野生动物资源所有权立法现状

野生动物资源所有权是野生动物资源物权制度的重要内容。是否拥有明晰的权属关系是促成动物资源保有相对安全"被利用"地位的动因。[1] 根据《物权法》第39条对所有权的界定,所有权是指所有人对其所有物享有的占有、使用、收益和处分的权利。循此思路,野生动物资源所有权就是指权利主体对野生动物资源享有的占有、使用、收益和处分的权利。

在民法中有"无主物"的概念,即不属于任何人所有的物。按照这种定义,观察野生动物资源的现有事实状态的权属配置,应当得出野生动物资源为无主物的结论,因为处在"野生状态"的动物资源,不在人的控制、支配之下,可以作为先占的标的物。但我国现有法律一反野生动物资源的现实状态,对处于"野生状态"的动物资源的权属作出了法律上的限定。依据《宪法》第9条,国家保障自然资源的合理利用,保护珍贵的动物和植物。《野生动物保护法》第3条第1款规定:"野生动物资源属于国家所有。"从表面看,该条

---

〔1〕 参见邓海峰:《环境法与自然资源法关系新探》,《清华法学》2018年第5期,第54页。

规定中的"野生动物"好像包括了所有的野生动物,据此似乎能够得出国家是所有野生动物资源所有权的唯一主体,而其他任何单位和个人都无法取得野生动物资源所有权的结论。但是,《野生动物保护法》第2条第2款规定:"本法规定保护的野生动物,是指珍贵、濒危的陆生、水生野生动物和有重要生态、科学、社会价值的陆生野生动物。"可见,《野生动物保护法》第3条所谓"野生动物资源属于国家所有"中的"野生动物",仅指"受保护的野生动物"。对于不受《野生动物保护法》保护的"野生动物"资源,到底是属于国家所有还是属于其他主体所有,抑或作为无主物,我国现行法律并没有明确规定。另外,《物权法》第49条规定:"法律规定属于国家所有的野生动植物资源,属于国家所有。"从该条规定也可看出,并非所有的野生动物资源都属于国家所有,而必须以有"法律规定"为前提。

面对此种状况,人们不禁会产生疑问,即是否有必要将野生动物资源统一规定为国家所有?规定野生动物资源属于国家所有,是否更有利于保护及合理利用野生动物资源呢?

二、野生动物资源所有权的归属

《野生动物保护法》第3条第1款规定:"野生动物资源属于国家所有。"单就此一规定来看,似乎所有的野生动物资源均应属于国家所有。不过,该法第2条第2款、第3款又对野生动物的范围进行了限定。综合这些规定可知,野生动物资源国家所有权的客体,仅限于受《野生动物保护法》保护的珍贵、濒危的陆生、水生野生动物和有益的或者有重要经济、科学研究价值的陆生野生动物。也就是说,只有此类受保护的野生动物资源,才应归属于国家所有。对于不受该法保护的野生动物资源的归属,则缺乏明确规定。《物权法》第49条与《野生动物保护法》第2条和第3条的立场实际上是一致的。该规定一方面明确了野生动物资源国家所有权的民法性质,另一方面又将国家所有的野生动物资源限定于法律有明确规定的情形,承认了有些野生动物资源可以不归国家所有。这些不归国家所有的野生动物资源到底应该归谁所有,现行法并未加以规定。在实践中,可以考虑将其作为无主物对待。

三、野生动物资源归国家所有可能产生的问题

(一)野生动物资源归国家所有与养殖、开发利用野生动物之间的矛盾

《野生动物保护法》在强调野生动物资源归国家所有的同时,并不排斥单

位和个人依法开发、利用野生动物资源时所享有的合法权益。依据《野生动物保护法》第3条第2款，国家保护依法开发利用野生动物的单位和个人的合法权益。单位和个人开发利用野生动物时享有的合法权益，主要是指对野生动物及其制品享有的收益。而单位和个人要享有野生动物及其制品的收益，必须以其拥有野生动物及其制品的所有权为前提。这也是保证单位和个人开发利用野生动物的积极性的重要基础。[1]

虽然《宪法》明确否认私人对自然资源的所有权，但为了保护野生动植物，维护生态平衡，我国在《野生动物保护法》等法律、行政法规中，明确规定可以对野生动物进行驯养繁殖，可以对野生植物进行培育，以致形成了在实践中单位和个人可以占有、处分、使用由其驯养繁殖和培育的物种的现象，并较为普遍。这就引出了对这些经驯养繁殖和培育的物种享有私人所有权是否违反宪法原则的问题。

如果按照现行宪法的原则，根本否定私人对自然资源，包括上述经驯养繁殖和培育的物种的所有权，那么就不能认定驯养繁殖者和培育者有权占有、使用、收益和处分经其驯养繁殖和培育的物种。这样就会影响私人驯养繁殖和培育物种的积极性，同时对于社会现实问题也难以说明、解释与化解。[2] 例如，在实践中，驯养繁殖者通过履行一定的手续，可以处分自己驯养但在法律上非为自己所有的野生动物或者其产品，如将其出售、加工、销毁等等。这样便会产生没有民法上的所有权但却可以行使处分权的矛盾，因为从法理上说，处分权一般以享有所有权为前提。

（二）野生动物资源归国家所有与保护不力之间的矛盾

以需要国家保护从而将野生动物资源归于国家所有，是承认野生动物资源国家所有权的一个重要理由。然而，仅仅规定"野生动物资源属于国家所有"并不意味着能起到良好的保护效果。米歇尔·格里高利就曾表达过这样的观点："对于自然资源保护法不能抱过高的期望。法律能够影响到人的行为，并对非法行为予以制裁。但是，最终法律只不过是几张纸而已，它要交由人来实施。有关机关和个人应该下定决心来关注环境。如我们前面已经提

---

[1] 参见刘宏明：《浅议野生动物所有权》，《绿色中国》2005年第10期，第43页。
[2] 参见蒋承菘、翟勇：《自然资源法律规范的宪法原则》，载中国民商法律网，http://www.civillaw.com.cn/article/default.asp?id=16828，2009年10月8日访问。

及的环保惨剧一样,没有那种决心,即使是有强法也难以指望其有效的执行。"[1]这段话实际上突出了相关机构与个人在环保中的重要作用。我们对此深表赞同。梁慧星教授也认为,保护野生动物,本属于整个社会的义务。如将野生动物规定为属于国家所有,则按照民法原理,应由所有人(国家)自己承担全部保护义务,广大人民群众就当然被解除了保护义务,反而与保护野生动物的目的相背。[2]

还要看到,法律并非对所有的野生动物均进行保护。法律保护的野生动物有着一定的限制,不同的国家限制方式也不同。例如,韩国将鸟类动物划分为野生鸟兽、有害鸟兽和人工饲养繁殖鸟兽,法律仅对野生鸟兽进行保护。[3]有的国家则是根据野生动物的珍贵、濒危程度和经济、科学价值来确定受保护的野生动物。例如,我国《宪法》第9条第2款规定:"国家保障自然资源的合理利用,保护珍贵的动物和植物。禁止任何组织或者个人用任何手段侵占或者破坏自然资源。"显然,该规定并未不加区分地保护所有的野生动物,而仅仅要求保护"珍贵的动物"。

在社会实践中,仅仅规定野生动物资源归国家所有对于野生动物保护的效果并不理想。由于国家作为权利主体本身的虚拟性、抽象性以及模糊性,导致其活动能力受到局限,带来所有权的虚化和抽象化。实际上,国家不可能真正去直接行使所有权的占有、使用、收益、处分权能。这就导致国家对自然资源的所有权成为一种"虚所有权",其结果往往是分解或架空了国家所有权。

在确立野生动物资源归国家所有,从而防止私人基于先占原则取得野生动物所有权的情况下,国家所有权自身的特性,有可能带来较先占原则更加不利的后果。如肖国兴和肖乾刚教授所言,"在宣布野生动物资源国家所有权或公共所有权的情况下,虽然可以避免先占原则带来的私人投机性利益,

---

[1] Michael Gregory. *Conservation Law in the Countryside*. Tolley Publishing Company Limited, 1994, p. 110.

[2] 参见梁慧星:《不宜规定"野生动物资源属于国家所有"》,载中国民商法律网,http://www.civillaw.com.cn/article/default.asp?id=30237,2009年10月25日访问。

[3] 根据《韩国鸟兽保护法和狩猎业法》第2条的规定,野生鸟兽是指生栖在山上、原野或水中的鸟类及哺乳动物(包括输入的)中由山林厅长规定、告示之鸟兽类;有害鸟兽是指对人命或家畜、家禽、飞机和建筑物或对农业、林业、水产业等造成危害之鸟兽类及由山林厅长规定、告示之鸟兽类;人工饲养繁殖鸟兽指在固定场所用人工繁殖的鸟兽类。转引自肖国兴、肖乾刚:《自然资源法》,法律出版社1999年版,第283页,注释④。

却可能招致人人掠取野生动物现象的发生,发展中国家的野生动物资源屡遭破坏就是佐证"[1]。

近年来,由于生态环境问题日益严重,学界对公有产权在配置自然资源方面的缺陷给予较多关注。肖国兴和肖乾刚教授即认为,"中国建立在自然资源公有产权基础上的制度安排带来了中国自然资源普遍浪费与破坏本身就已说明,单一的自然资源公有产权已经筑成自然资源合理开发利用的障碍"[2]。

(三)野生动物资源归国家所有可能产生过多的国家义务

按照民法原理,野生动物属于无主物,国家保护野生动物,只需对先占取得制度加以限制即可。这也正是各国保护野生动物的经验所在。例如,规定禁渔期、禁渔区、禁猎期、禁猎区,划定野生动物保护区,禁止或限制猎取、捕捞国家保护的野生动物,就能起到保护野生动物资源的作用。反之,将野生动物资源规定为国家所有,可能产生过多的国家义务。原因在于,一旦发生野生动物造成人民的人身和财产损害事件,按照现行法关于侵权行为的规则,当然应由国家所有权的行使者——国务院对受害人承担民事赔偿责任。甚至对于因禽流感而致饲养家禽被大批捕杀的广大农户遭受的经济损失,也要由国务院承担赔偿责任。[3] 这显然会引发过多的国家义务。

关于野生动物致人损害的问题,若由地方政府对受害人承担补偿责任,似乎与野生动物资源归国家所有在理论上保持了一致,但在实际适用中却产生了诸多问题。例如,据有的学者介绍,由于当时没有认真考虑各地方的实际状况,这种制度安排加剧了受害人与地方政府、地方与地方、中央与地方之间的矛盾。原因如下:第一,由于动物致害事件频繁发生,而很多地方的财力又捉襟见肘,导致受害人往往不能得到充分补偿。这必然会加剧受害人与地方政府之间的矛盾。第二,野生动物分布的不平衡造成各地政府对赔偿投入的不平衡,加剧了本已存在的地方与地方之间的矛盾。这一点通过西部省份与沿海省份的对比表现得更明显。由于西南省份的发展本已落后于沿海省份,又因为野生动物多,不得不多支出财政开支,导致西南省份不得不面对以下困境:一方面因经济落后而财政收入低,另一方面,对于野生动物造成的损失又必须增加一笔支出。这一矛盾不但会使本已紧张的西南省份的

---

[1] 肖国兴、肖乾刚:《自然资源法》,法律出版社1999年版,第285页。
[2] 肖国兴、肖乾刚:《自然资源法》,法律出版社1999年版,第73页。
[3] 参见梁慧星:《不宜规定"野生动物资源属于国家所有"》,载中国民商法律网,http://www.civillaw.com.cn/article/default.asp?id=30237,2009年10月25日访问。

财政雪上加霜,同时也会使本已存在的地方与地方之间的差距进一步拉大,最终使地方与地方之间的矛盾走向尖锐。第三,日渐尖锐的地方与地方之间的矛盾,会使地方政府认为中央在立法时没有考虑到它们自身的实际情况,没有照顾到它们的利益,这很自然地加剧了地方与中央之间的矛盾。[1]

四、野生动物资源所有权与野生动物所有权的区分

(一) 区分的必要性

就像水所有权与水资源所有权不同一样,[2]野生动物所有权与野生动物资源所有权也应是不同的。严格区分野生动物和野生动物资源概念,是研究野生动物资源物权的前提。按字义理解,野生动物是一个与家养动物相对的概念,即"处于野外的非家养动物"。但是"野生动物"并不是"野生"和"动物"简单的字词叠加。野生动物是指非人工驯养,在自然状态下生存的各种野生动物,包括哺乳动物、鸟类、爬行动物、两栖动物、鱼类、软体动物、昆虫、腔肠动物及其他动物。[3]依据《野生动物保护法》第2条第2款的规定,该法保护的野生动物是指"珍贵、濒危的陆生、水生野生动物和有重要生态、科学、社会价值的陆生野生动物"。

野生动物资源与野生动物的内涵和外延都不相同。野生动物资源是一个广义的法律概念,是所有野生动物群体和个体的总称。野生动物则是一个狭义的概念,是野生动物资源的组成部分。[4]

那么,野生动物资源属于国家所有,野生动物是野生动物资源的组成部分,是否可以得出所有野生动物就一定属于国家所有的结论呢?回答是否定的。根据我国《宪法》和相关法律的规定,野生动物资源所有权的主体只能是

---

[1] 参见李博:《从野生动物致害谈我国野生动物保护立法之完善》,载中国民商法律网,http://www.civillaw.com.cn/article/default.asp?id=23694#2,2009年10月25日访问。

[2] 需说明的是,水所有权、水资源所有权与水权具有不同内涵。水资源所有权属于国家,不可作为交易客体进行流通。水所有权可归普通民事主体享有,已成为可交易的客体,例如已引入企业储水设施、家庭水容器中的水。参见崔建远:《水权与民法理论及物权法典的制定》,载崔建远:《物权:生长与成型》,中国人民大学出版社2004年版,第303页。水权则是一种对水资源的使用权,属于用益物权的一种。See John R. Teerink. *Water Allocation Methods and Water Rights in the Western States*, U.S.A., in John R. Teerink and Masahiro Nakashima. *Water Allocation, Rights and Pricing: Examples from Japan and the United States*. The World Bank Press, 1993, p.11.

[3] 参见肖国兴、肖乾刚:《自然资源法》,法律出版社1999年版,第282-283页。

[4] 参见刘宏明:《浅议野生动物所有权》,《绿色中国》2005年第10期,第42页。

国家,不允许任何自然人和法人享有野生动物资源所有权。但是,事实上,自然人和法人均可享有野生动物所有权。驯养繁殖国家重点保护野生动物的单位和个人"出售"野生动物的行为,实际上是对野生动物或其产品的一种处分,无疑应以其拥有野生动物所有权为前提。由此可知,驯养繁殖国家重点保护野生动物的单位和个人对其驯养繁殖的野生动物已取得所有权,进而可得出单位和个人可以享有野生动物所有权的结论。[1]

具体而言,野生动物资源所有权与野生动物所有权的区别主要体现在以下三个方面:首先,客体不同。前者的客体是野生动物,后者的客体则是野生动物资源。野生动物与野生动物资源在内涵和外延上存在差异,野生动物资源的外延显然大于野生动物的外延。野生动物资源是一个广义的概念,是所有野生动物群体和个体的总称。野生动物则是一个狭义的法律概念,是野生动物资源的组成部分。其次,野生动物所有权与野生动物资源所有权在主体上亦不相同。野生动物资源是重要的自然资源,其所有权主体只能是国家,不允许任何自然人享有野生动物资源所有权。而野生动物所有权的主体不限于国家,自然人、法人和其他组织在符合法律规定的条件下,均可成为野生动物所有权的主体。最后,野生动物所有权和野生动物资源所有权的产生原因不同。按照国际法的主权原则,各国可以基于其主权对资源进行垄断,对外可排除其他国家获得,对内不允许任何公民和法人享有所有权。所以,野生动物资源所有权的产生原因是国家拥有主权,这也是野生动物资源所有权产生的唯一原因。而野生动物所有权的产生原因则多种多样,比较常见的就是基于合法的驯养繁殖和捕猎活动取得野生动物的所有权。[2]

(二)区分野生动物资源所有权与野生动物所有权的价值

1. 解决了野生动物资源归国家所有与开发利用野生动物之间的矛盾

在对待野生动物资源的态度上,生态理性与经济理性相对。生态理性主张,当一件事物趋向于保护生物共同体的完整性、稳定性与美感的时候,就是正确的。反之,则是错误的。[3] 经济理性则认为,"人类社会和广阔的环境

---

〔1〕 参见刘宏明:《浅议野生动物所有权》,《绿色中国》2005年第10期,第42－43页。
〔2〕 参见刘宏明:《浅议野生动物所有权》,《绿色中国》2005年第10期,第42－43页。
〔3〕 See Jan Hancock. *Environmental Human Rights: Power, Ethics, and Law*. Ashgate Publishing Limited Press, 2003, p. 3.

世界应当服从经济利益,而不是经济应当被组织起来服从于人类和环境的利益。"[1]基本的人类需要与反对经济理性的环境保护的需要是融为一体的,保护动物资源对主张生态理性的自然资源保护主义者来说不证自明,但对经济理性主义者来说则毫无意义。要想协调保护自然资源与发展经济之间的利益冲突,必须通过一种平衡方式加以调解,而非把利益冲突当作对某项权利不予承认的挡箭牌。

将野生动物资源所有权与野生动物所有权区分以后,私人就可依照法律规定的条件和程序,经由行政许可获得驯养权、狩猎权、捕捞权或养殖权,并通过行使这些权利而取得野生动物所有权。通过用行政法规定自然资源使用权既能保证自然资源使用权的公法属性,又可保证当其使用方式和外在条件满足物权化条件时适用或者准用物权编的规定,使得自然资源使用权能够"穿梭"不同的法律领域,维持自然资源使用权的"动态特征"。[2]这样一来,就解决了野生动物资源归国家所有与开发利用野生动物之间的矛盾。《野生动物保护法》第3条在第1款规定"野生动物资源属于国家所有"的同时,又在第2款规定"国家保障依法从事野生动物科学研究、人工繁殖等保护及相关活动的组织和个人的合法权益",显然就旨在解决野生动物资源归国家所有与合理开发利用野生动物资源之间的矛盾。

在美国,人们通过公共信托理论来解释野生动物资源所有权与野生动物所有权的区分。公共信托规则系调整私人所有权与其他人之间法律关系的最有影响和争议的规则之一。[3]公共信托理论认为,自然资源是大自然的赠与,对全体国民具有重要意义,但由于不适宜作为私人物权客体,则由政府为了增进公共利益而管理和控制这些资源。[4]公共信托在美国不仅是一个普通法财产观念,而且是一项法律规则。根据美国的公共信托理论,公共土地、水域和野生动植物资源,都为人们的利益而以信托方式由州加以控制,州在法律上享有对信托资源的所有权,而人们则可以为航行、钓鱼、狩猎、商业

---

[1] Jan Hancock, *Environmental Human Rights: Power, Ethics, and Law*. Ashgate Publishing Limited Press, 2003 p.3.

[2] 参见杨曦:《"静态"自然资源使用权立法观念之批判——兼论自然资源特许使用权的立法技术》,《学习与探索》2018年第9期,第90-91页。

[3] 参见[美]约翰·G.斯普林克林:《美国财产法精解》,钟书峰译,北京大学出版社2009年版,第498页。

[4] 参见楚道文、唐艳秋:《论生态环境损害救济之主体制度》,《政法论丛》2019年第5期,第142页。

和娱乐等公共目的而使用这些资源。[1] 这也解决了野生动物资源归国家所有与开发利用野生动物之间的矛盾。

2. 明晰不受《野生动物保护法》保护的野生动物的所有权归属问题

从逻辑上说,野生动物所有权的客体不仅包括受《野生动物保护法》保护的野生动物,即珍贵、濒危的陆生、水生野生动物和有益的或者有重要经济、科学研究价值的陆生野生动物,而且也包括未列入《野生动物保护法》保护范围的野生动物。

对于受《野生动物保护法》保护的野生动物,该法已明确将其规定为国家所有(第2条、第3条)。未被列入《野生动物保护法》保护范围的那些野生动物,有些可能具有一定的经济价值或利用价值,例如老鼠、蚱蜢、蝉等等;有些则没有什么经济价值,例如蚊子、苍蝇等等。由于这些野生动物既不属于《野生动物保护法》的保护范围,通常也没有或者只有很少的利用价值,故没有必要将其划入国家所有权的客体。在野生动物资源所有权与野生动物所有权相区分的情况下,可以将其作为无主物来对待,以解决此类野生动物的开发利用问题。

3. 有利于解决野生动物致人损害的赔偿问题

在将野生动物资源所有权与野生动物所有权相区分之后,在面对属于国家所有的野生动物致人损害的问题时,即当受《野生动物保护法》保护的野生动物侵犯他人的人身或财产权利时,受害人当然有权请求国家给予赔偿。需注意的是,此处的国家是在民法上自然资源国家所有权范畴内而言的,即此时的国家是民事主体,而非主权国家。这实际上也反映了受保护野生动物的国家所有权属性。野生动物致损的国家义务显然建立在此类受保护野生动物属于国家所有的基础之上。如果受《野生动物保护法》保护的野生动物属于无主物,那么让地方政府承担此类野生动物致人损害的赔偿责任,在法理上恐怕就难以自圆其说。

此外,在将野生动物资源所有权与野生动物所有权相区分之后,对于私人因饲养或狩猎而获得的野生动物致人损害的问题,显然应由该野生动物的所有权人而非国家来承担。这也有助于解决现实中因为《野生动物保护法》第19条规定而带来的地方政府承担责任过重的问题。

---

[1] 参见肖泽晟:《公物法研究》,法律出版社2009年版,第75页。

五、野生植物资源所有权的归属及行使

（一）野生植物资源所有权的归属

在我国，野生植物资源所有权的归属，与野生动物资源所有权的归属类似，也以国家所有为原则，非国家所有为例外。按照《物权法》第49条的规定，"法律规定属于国家所有的野生动植物资源，属于国家所有。"据此可知，并非所有的野生植物资源都属于国家所有，只有在其他法律规定野生植物资源归国家所有的情况下，才能认定为国家所有。可见，依据《物权法》第49条，法律规定属国家所有的野生动植物资源，属国家所有。同时，《野生植物保护条例》第2条第2款明确规定："本条例所保护的野生植物，是指原生地天然生长的珍贵植物和原生地天然生长并具有重要经济、科学研究、文化价值的濒危、稀有植物。"

与《野生动物保护法》第3条第1款明确规定"野生动物资源属于国家所有"不同，《野生植物保护条例》并未规定野生植物资源属于国家所有。不过，该条例第16条有关采集国家一级保护野生植物和国家二级保护野生植物的规定，与《野生动物保护法》第22条、第23条规定的狩猎权制度十分类似。另外，该条例关于野生植物资源的管理、保护、利用等方面的规定，也与《野生动物保护法》对于野生动物的规定类似。从这个角度来看，该条例似乎是将国家一、二级保护野生植物资源看作属于国家所有。

（二）野生植物资源所有权的行使

1. 行使主体

根据《野生植物保护条例》第8条的规定："国务院林业行政主管部门主管全国林区内野生植物和林区外珍贵野生树木的监督管理工作。国务院农业行政主管部门主管全国其他野生植物的监督管理工作。""国务院建设行政部门负责城市园林、风景名胜区内野生植物的监督管理工作。国务院环境保护部门负责对全国野生植物环境保护工作的协调和监督。国务院其他有关部门依照职责分工负责有关的野生植物保护工作。""县级以上地方人民政府负责野生植物管理工作的部门及其职责，由省、自治区、直辖市人民政府根据当地具体情况规定。"

2. 行使方式

《野生植物保护条例》)第3条规定："国家对野生植物资源实行加强保护、积极发展、合理利用的方针。"国家行使野生植物资源所有权的方式，主要

体现在保护野生植物资源、保护野生植物生存环境以及建立野生植物资源利用制度等方面。

(1) 建立野生植物资源保护制度

《野生植物保护条例》第9条规定："国家保护野生植物及其生长环境。禁止任何单位和个人非法采集野生植物或者破坏其生长环境。"为了保护野生植物,我国建立了国家重点保护野生植物和地方重点保护野生植物名录制度。根据《野生植物保护条例》第10条的规定,野生植物分为国家重点保护野生植物和地方重点保护野生植物;国家重点保护野生植物分为国家一级保护野生植物和国家二级保护野生植物;国家重点保护野生植物名录,由国务院林业行政主管部门、农业行政主管部门和国务院环境保护、建设等有关部门制定,报国务院批准公布;地方重点保护野生植物,是指国家重点保护野生植物以外,由省、自治区、直辖市保护的野生植物;地方重点保护野生植物名录,由省、自治区、直辖市人民政府制定并公布,报国务院备案。

(2) 建立野生植物生长环境保护制度

为保护野生植物的生长环境,我国建立了野生植物自然保护区和保护点制度。《野生植物保护条例》第11条规定："在国家重点保护野生植物物种和地方重点保护野生植物物种的天然集中分布区域,应当依照有关法律、行政法规的规定,建立自然保护区;在其他区域,县级以上地方人民政府野生植物行政主管部门和其他有关部门可以根据实际情况建立国家重点保护野生植物和地方重点保护野生植物的保护点或者设立保护标志。""禁止破坏国家重点保护野生植物和地方重点保护野生植物的保护点的保护设施和保护标志。"

为防止环境变化影响野生植物的生长,我国建立了监视、监测环境对野生植物生长影响的制度。《野生植物保护条例》第12条规定："野生植物行政主管部门及其他有关部门应当监视、监测环境对国家重点保护野生植物生长和地方重点保护野生植物生长的影响,并采取措施,维护和改善国家重点保护野生植物和地方重点保护野生植物的生长条件。由于环境影响对国家重点保护野生植物和地方重点保护野生植物的生长造成危害时,野生植物行政主管部门应当会同其他有关部门调查并依法处理。"第13条规定："建设项目对国家重点保护野生植物和地方重点保护野生植物的生长环境产生不利影响的,建设单位提交的环境影响报告书中必须对此作出评价;环境保护部门在审批环境影响报告书时,应当征求野生植物行政主管部门的意见。"

此外,《野生植物保护条例》第14条还规定："野生植物行政主管部门和有关单位对生长受到威胁的国家重点保护野生植物和地方重点保护野生植物应当采取拯救措施,保护或者恢复其生长环境,必要时应当建立繁育基地、种质资源库或者采取迁地保护措施。"

(3) 建立野生植物资源利用制度

为了合理平衡野生植物资源保护与利用之间的关系,我国建立了严格的野生植物采集制度。《野生植物保护条例》第16条规定:"禁止采集国家一级保护野生植物。因科学研究、人工培育、文化交流等特殊需要,采集国家一级保护野生植物的,必须经采集地的省、自治区、直辖市人民政府野生植物行政主管部门签署意见后,向国务院野生植物行政主管部门或者其授权的机构申请采集证。""采集国家二级保护野生植物的,必须经采集地的县级人民政府野生植物行政主管部门签署意见后,向省、自治区、直辖市人民政府野生植物行政主管部门或者其授权的机构申请采集证。"国家有关行政主管部门向当事人颁发采集证的行为,从民法的角度来看,可以解释为行使野生植物资源国家所有权的行为。另外,《野生植物保护条例》第16条第3款、第4款还规定:"采集城市园林或者风景名胜区内的国家一级或者二级保护野生植物的,须先征得城市园林或者风景名胜区管理机构同意,分别依照前两款的规定申请采集证。""采集珍贵野生树木或者林区内、草原上的野生植物的,依照森林法、草原法的规定办理。"

第二节　水资源的权利配置

一、水资源所有权的归属

开发和利用水资源,首先要确定水资源的权属。如果法律不对水资源的权属作出明确规定,那么对水资源进行自由放任式的开发利用极易引起水资源权属纠纷,并带来水资源管理上的混乱。随着社会发展、人口增长,人类开发利用自然资源的形态发生了质的变化,此前处于供大于求形势的资源禀赋状况被迅速打破,[1]需要确立资源的归属及利用关系。

---

[1]　参见邓海峰:《环境法与自然资源法关系新探》,《清华法学》2018年第5期,第53页。

与现今主要国家的立法例相似,[1]水资源在我国也属于国家所有。在我国,关于水资源所有权归属的立法经历了一个转变过程。1988年颁布的《水法》在第3条第1款、第2款明确规定:"水资源属于国家所有,即全民所有。""农业集体经济组织所有的水塘、水库中的水,属于集体所有。"这两款规定确立了水资源归属于国家和集体所有的二元制立法模式。2002年修改通过的《水法》,放弃了1988年《水法》依据"中国土地所有权的现状,根据水资源附属于土地所有权的观点设计"[2]水资源所有权归属的做法,将1988年《水法》第3条的规定修改为"水资源属于国家所有。水资源的所有权由国务院代表国家行使。农村集体经济组织的水塘和由农村集体经济组织修建管理的水库中的水,归各该农村集体经济组织使用。"据此可知,农村集体经济组织对附属于集体土地的水资源仅享有使用权,而无所有权。由此,现行法明确采纳了水资源属于国家所有的一元制立法模式。《宪法》第9条和《物权法》第46条也采纳了这种做法。根据《水法》第2条第2款的规定,国家所有的水资源既包括地表水,也包括地下水。《宪法》及《物权法》明确规定水资源归国家所有,同时《宪法》规定"国家所有即全民所有",在国有自然资源的具体运行方式上,《物权法》规定"国有财产由国务院代表国家行使所有权"。全民所有符合自然资源人人有权利用的公共物属性,国家所有方便国家机构统一管理自然资源的现实需要。[3]自然资源国家所有权的行使是实现自然资源"国家所有即全民所有"的价值原则的关键。而国家和全民的抽象性决定其无法直接行使所有权,物权法等法律规定由国务院代表国家行使所有权,由此发生所有者与行使者分离。在实践中,国务院需要通过分级代理的形式将行使自然资源国家所有权的职权分配给各级政府。因此,具体行使自然资源国家所有权的主体实际上就包括中央和各级地方政府,形成了"单一代表,

---

[1] 例如,《日本河川法》第2条规定,河川水资源属于公共财产。参见崔建远:《水权与民法理论及物权法典的制定》,载崔建远:《物权:生长与成型》,中国人民大学出版社2004年版,第349页。又如,《法国水法》第1条规定:"水是国家共同资产的一部分。作为一种可利用资源,在尊重自然平衡的同时,其保护、增值以及开发是符合大众利益的。在框架范围内,和其他已确定的权利一样,用水的权利属于所有人。"载中国水政网,http://shuizheng.chinawater.com.cn/gwsf/gwsf5.htm,2019年2月22日访问。

[2] 吕忠梅等著:《长江流域水资源保护立法研究》,武汉大学出版社2006年版,第175页。

[3] 参见朱冰:《自然资源"环境权"在财产法中的理论逻辑》,《学术月刊》2018年第11期,第106页。

分级行使"的模式。[1] 国有自然资源数量庞大,而国务院事务繁多,完全由国务院行使国家所有权显然不切实际。事实上,国有自然资源分布于不同的行政区域,多数自然资源也处于各级政府实际管辖之下,若能建立科学的管理体制和合理的代理制度,由地方政府代理国务院行使国家所有权,不仅有利于减轻国务院的负担,而且有利于更加有效地行使国家所有权。因此,在明确由国务院代表国家行使所有权的前提下,可以通过立法授权国务院建立分级代理行使国家所有权的体制,划清不同层级政府代理国务院行使国家所有权的边界,明确国务院和地方政府分级代理行使国家所有权的职责权限。[2]

二、水资源所有权的行使

(一)行使主体

根据2002年《水法》第3条的规定,水资源所有权由国务院代表国家行使;农村集体经济组织的水塘和由农村集体经济组织修建管理的水库中的水,归各该农村集体经济组织使用。对于水资源的开发、利用等工作,该法第13条规定:"国务院有关部门按照职责分工,负责水资源开发、利用、节约和保护的有关工作。""县级以上地方人民政府有关部门按照职责分工,负责本行政区域内水资源开发、利用、节约和保护的有关工作。"

(二)行使方式

水资源所有权的行使不仅包括国家对水资源的支配,还包括国家对水资源开发利用的管理。在水资源管理体制上,世界上有三种典型的管理模式,即:以欧洲为代表的流域管理体制,以美国为代表的行政区域管理体制和以日本为代表的部门管理体制。[3] 在我国,根据《水法》第12条的规定,国家对水资源实行流域管理与行政区域管理相结合的管理体制;国务院水行政主管部门负责全国水资源的统一管理和监督工作;国务院水行政主管部门在国家确定的重要江河、湖泊设立的流域管理机构,在所管辖的范围内行使法律、行政法规规定的和国务院水行政主管部门授予的水资源管理和监督职责;县级以上地方人民政府水行政主管部门按照规定的权限,负责本行政区域内水

---

[1] 参见叶榅平:《自然资源国家所有权行使人大监督的理论逻辑》,《法学》2018年第5期,第74页。

[2] 参见叶榅平:《自然资源国家所有权主体的理论诠释与制度建构》,《法学评论》2017年第5期,第153页。

[3] 参见韩洪建主编:《水法学基础》,中国水利水电出版社2004年版,第113-119页。

资源的统一管理和监督工作。

由国家或者地方政府的水行政主管部门编制水资源战略规划,可看作是国家行使水资源所有权的一种方式。按照《水法》第 14 条第 1 款、第 2 款的规定:"国家制定全国水资源战略规划。""开发、利用、节约、保护水资源和防治水害,应当按照流域、区域统一制定规划。规划分为流域规划和区域规划。流域规划包括流域综合规划和流域专业规划;区域规划包括区域综合规划和区域专业规划。"另外,《水法》第 17 条还规定:"国家确定的重要江河、湖泊的流域综合规划,由国务院水行政主管部门会同国务院有关部门和有关省、自治区、直辖市人民政府编制,报国务院批准。跨省、自治区、直辖市的其他江河、湖泊的流域综合规划和区域综合规划,由有关流域管理机构会同江河、湖泊所在地的省、自治区、直辖市人民政府水行政主管部门和有关部门编制,分别经有关省、自治区、直辖市人民政府审查提出意见后,报国务院水行政主管部门审核;国务院水行政主管部门征求国务院有关部门意见后,报国务院或者其授权的部门批准。""前款规定以外的其他江河、湖泊的流域综合规划和区域综合规划,由县级以上地方人民政府水行政主管部门会同同级有关部门和有关地方人民政府编制,报本级人民政府或者其授权的部门批准,并报上一级水行政主管部门备案。""专业规划由县级以上人民政府有关部门编制,征求同级其他有关部门意见后,报本级人民政府批准。其中,防洪规划、水土保持规划的编制、批准,依照防洪法、水土保持法的有关规定执行。"

《水法》第 7 条规定:"国家对水资源依法实行取水许可制度和有偿使用制度。但是,农村集体经济组织及其成员使用本集体经济组织的水塘、水库中的水的除外。国务院水行政主管部门负责全国取水许可制度和水资源有偿使用制度的组织实施。"由国家负责组织实施的取水许可制度,从国家的角度来看,实际上就是行使水资源所有权的一种方式。从使用人的角度来看,通过取水许可程序,使用人则可以在国家所有的水资源之上取得取水权。根据《物权法》第 123 条的规定,依法取得的取水权受法律保护。这实际上是将取水权作为一项用益物权来对待。

取水权的权利配置需要具体分析,需要进行制度考察及立法选择,为解决自然资源使用争端、处理水资源使用纠纷提供制度基础。取水权初始取得规则的设定应以人人享有平等取得机会为前提,以明晰取水权优先位序为核心内容,并应建立取水权的取得登记公示制度。应对取水权初始配置过程中不同用水目的之取水权的确立位序,进行立法明确及规范选择。取水权初始配置是取水权确权的基础。取水权法律效力的正当性及合法化,需要取水权确权来实现,而这又以取水权的初始配置为前提。毕竟,权利的取得就是指某项权利归属于特定主体的情形。[1]清晰界定水资源所有权的归属只是取水权配置的开始,更重要的是如何使水资源为私人享用。明确各种自然资源的所有权归属并未解决全部问题,更重要的是如何有效地通过对自然资源的利用以服务于公众生活。[2]具体到水权配置领域,就体现为如何从自物权(水资源所有权)中派生出水资源用益物权(取水权)。

如何处理取水权在初始配置过程中不同用水目的之取水权的先后位序,是取水权初始配置规范的核心内容。在当前日益严峻的环境污染形势之下,于取水权初始配置过程中,尤其必须注意为生态环境保护目的而用水的次序问题。生态环境用水及生态环境本身的保护问题,首先应当考虑的就是取水权初始配置中生态环境用水的优先次序及法律保障问题。《水法》第21条[3]只是通过"兼顾""充分考虑"等词句,对不同用水目的的取水权初始配置位序进行了原则性的规定,存在重大的立法缺陷,在授予取水权许可机关的裁量余地过于宽泛的同时,也使其在司法实践中难以具有可操作性。[4]另外,取水权的初始取得原则上需要水资源行政主管部门的登记,即不经登记无法取得取水权。

排水权的私法配置及其在《民法典》中的定位问题,也需要着重关注。若将水权喻为一枚硬币,则其中的取水权、排水权就似硬币的两面。取水权的初始配置实现了由水资源国家所有权到水资源使用权的转换,为自然状态的水资源转化成能够由私人实际使用的水提供了制度桥梁。相反,排水权的取得及行使则可能使水重新汇聚成自然状态的水资源。但是,我国现有立法却将排水权纳入到了取水权(而非水权)之中,将其作为取水权的一种情形进行

---

[1] 参见朱庆育:《民法总论》(第二版),北京大学出版社2016年版,第503页。

[2] 参见最高人民法院物权法研究小组编著:《〈中华人民共和国物权法〉条文理解与适用》,人民法院出版社2007年版,第354页。

[3] 该条内容为:"开发、利用水资源,应当首先满足城乡居民生活用水,并兼顾农业、工业、生态环境用水以及航运等需要。""在干旱和半干旱地区开发、利用水资源,应当充分考虑生态环境用水需要。"

[4] 参见单平基:《我国水权取得之优先位序规则的立法建构》,《清华法学》2016年第1期,第144页。

规范,[1]存在不妥之处,颇值商榷。毕竟,取水权与排水权二者之间具有不同的内涵及特性。取水权是从地上或地下水资源进行取水或用水的行为(《取水许可和水资源费征收管理条例》第2条第2款)。将取水权概念的外延扩展到排水权,将可能使取水权的内部产生矛盾:既包括将水资源所有权转化为水所有权的取(用)水权,又包括将水融入水资源之中的排水权,不利于分别理解水权、取水权、排水权等的属性、内涵及法律效力。因而,符合逻辑的做法是将取水权、排水权均作为水权下位概念进行定性及规范。

排水权规范是处理排水纠纷的制度基础。值此《民法典》编纂之际,面对我国排水权规范存在的立法缺陷及司法适用困境,实有必要在考察、归纳我国处理排水权纠纷之司法裁判实践经验的基础上,借鉴其他国家及地区先进立法例,为《民法典》编纂中排水权制度的重新设计、建构提供智识支撑,保障排水权立法规范设计之科学。在排水权的权利配置法律关系中,最核心的内容在于处理排水权人与承水人之间的权利义务。表面上看,排水权配置法律关系似乎体现的是相邻的两个标的物之间的关系,但归根到底还是排水权人与承水义务人之间的法律关系。毕竟,"标的与标的的关系(即两个权利客体之间的关系)当然不作为法律关系出现。没有人的参与,法律关系也毫无意义,因为法律秩序是只针对人的"[2]。

我国《物权法》中虽然有关于处理排水纠纷的相应规范(第86条),但此种规定过于简单、笼统,不利于排水纠纷的解决,亟需检讨及完善。另外,当我国投入大量人力、物力和财力修建水利工程之后,排水纠纷依旧不能避免的现实,充分说明水利工程的修建并非解决排水问题的可靠路径。[3]这也从侧面反映出排水权制度建设的重要性。现有排水规范呈现道德化的特性,且简单、笼统,欠缺司法操作性,极易滋生法官对排水纠纷恣意裁判的风险。比较立法例及我国司法实践关于排水权纠纷的裁判经验,可为我国《民法典》编纂中排水权规范的重构提供借鉴素材。基本原则是,自然排水及人工排水规范应当分置,在自然排水情形下,一般应当尊重自然排水的流向并赋予排

---

〔1〕 例如,《取水许可和水资源费征收管理条例》对"临时应急排水"进行了规范(第4条第1款第3项)。

〔2〕 [德]迪特尔·梅迪库斯:《请求权基础》,陈卫佐、田士永、王洪亮、张双根译,法律出版社2012年版,第20页。

〔3〕 参见于凤存、王友贞、袁先江、蒋尚明:《排水权概念的提出及基本特征初探》,《灌溉排水学报》2014年第2期,第135页。

水权人必要的疏水权,但若对承水义务人造成损害时,需承担损害赔偿责任;在人工排水情形下,一般没有权利使用邻地进行排水,但是,如果利用邻地进行排水的目的,在于使自己被水浸漫的土地变得干涸,或者利用邻地作为排放生活或其他用水到达河渠(道)的通道,则可对邻地进行利用,但不得任意变更水流及水道宽度,并需合理行使设堰权。

第三节 矿产资源的权利配置

一、矿产资源所有权的归属

与森林、草原等自然资源不同,矿产资源在我国实行单一的国家所有权。依据《宪法》第9条第1款、《物权法》第46条、《矿产资源法》第3条第1款和《矿产资源法实施细则》第3条的规定,矿藏或矿产资源属于国家所有。例如,《矿产资源法》第3条第1款规定:"矿产资源属于国家所有,由国务院行使国家对矿产资源的所有权。地表或者地下的矿产资源的国家所有权,不因其所依附的土地的所有权或者使用权的不同而改变。"《矿产资源法实施细则》第2条规定:"矿产资源是指由地质作用形成的,具有利用价值的,呈固态、液态、气态的自然资源。矿产资源的矿种和分类见本细则所附《矿产资源分类细目》。新发现的矿种由国务院地质矿产主管部门报国务院批准后公布。"可见,国家对于地上矿产资源与地下矿产资源均享有所有权。《物权法》第46条也规定,矿藏属于国家所有。这进一步明确了矿产资源国家所有权的民法属性。因此,国家以外的自然人、法人或非法人组织要开采矿产资源,并对矿产品实现自用或出售获利的处分,需要获得国家的特许,取得采矿权。在现有法律秩序下,采矿权是经由立法形成的权利。[1] 矿业权的取得和流转必须经过国家的许可(行政特许),矿业权的取得并不是以民事契约的成立生效为标志,而是以政府相关行政主管部门颁发相应的许可证为标志。[2]《矿产资源法》第3条第3款规定,勘查、开采矿产资源,必须依法分别申请、经批准取得探矿权、采矿权,并办理登记。第4款规定,从事矿产资源勘查和

---

[1] 参见宦吉娥:《法律对采矿权的非征收性限制》,《华东政法大学学报》2016年第1期,第41页。

[2] 参见耿宝建:《矿业权司法保护与〈矿产资源法〉修改——以最高人民法院近年三起矿业权行政裁判为例》,《法律适用》2019年第9期,第80页。

开采的,必须符合规定的资质条件。第 16 条规定,开采特定矿产资源的,由国务院地质矿产主管部门审批,并颁发采矿许可证。《矿产资源法实施细则》第 9 条还规定,勘查矿产资源,应当按照国务院关于矿产资源勘查登记管理的规定,办理申请、审批和勘查登记。这与世界上大多数国家和地区的做法是一致的。[1]

二、矿产资源所有权的行使

(一)行使主体

依据《宪法》第 9 条第 1 款、《物权法》第 46 条、《矿产资源法》第 3 条第 1 款和《矿产资源法实施细则》第 3 条的规定,矿藏或矿产资源属于国家所有。尤其是,继《宪法》及相关法律后,《物权法》第 46 条又进一步以法律的形式对国家所有权进行了规定,着重强调矿产资源归国家所有,防止其私有化。矿产资源国家所有权在《物权法》中的明确规定,为矿产资源价值的实现提供了法律依据。矿产资源属于国家所有是一种制度选择,因为矿产资源是经济发展和社会建设的物质基础,作为一种自然资源,具有稀缺性,规定其为国家所有,不仅体现了国家政府在整体经济上的宏观调控,也符合可持续发展的规律。《矿产资源法实施细则》第 2 条则规定:"矿产资源是指由地质作用形成的,具有利用价值的,呈固态、液态、气态的自然资源。矿产资源的矿种和分类见本细则所附《矿产资源分类细目》。新发现的矿种由国务院地质矿产主管部门报国务院批准后公布。"根据《矿产资源法》第 3 条第 1 款的规定,由国务院行使国家对矿产资源的所有权。另据该法第 11 条的规定,"国务院地质矿产主管部门主管全国矿产资源勘查、开采的监督管理工作。国务院有关主管部门协助国务院地质矿产主管部门进行矿产资源勘查、开采的监督管理工作。""省、自治区、直辖市人民政府地质矿产主管部门主管本行政区域内矿产资源勘查、开采的监督管理工作。省、自治区、直辖市人民政府有关主管部门协助同级地质矿产主管部门进行矿产资源勘查、开采的监督管理工作。"

---

〔1〕 例如,《日本矿业法》第 2 条规定:"对于尚未开采的矿物,只有国家有权授予开采权及获得权。"参见国家计委国土局法规处、北京大学法律系编:《外国国土法规选编(第 3 分册)》,1983 年版,第 177 页。在德国,诸如煤矿、盐矿及石油等矿产的开采权已经收归国有。参见[德]鲍尔、施蒂尔纳:《德国物权法》(上册),张双根译,法律出版社 2004 年版,第 683 页。英国普通法虽认为土地所有权人的权利上至天空,下达地心,"但土地所有权人也许不能去寻找或取得地下的煤或石油,因为这些权利属于公共机关"。See F. H. Lawson and Bernard Rudden. *The Law of Property* (second edition. Oxford University Press, 1982, p. 21.

现行采矿权制度是围绕矿产资源国家所有权(即全民所有)来制定和实施的,因此采矿权中公权和私权的混同与矿产资源国家所有的制度有着密切的关系。[1] 在确定矿产资源所有权的基础上,《物权法》对采矿权的概念及法律性质进行了界定,把采矿权在《物权法》第三编"用益物权"第十章"一般规定"中加以规定,确认采矿权的法律性质为用益物权,这无疑是立法上的巨大进步。关于采矿权的概念,《矿产资源法实施细则》第6条规定:"采矿权是指在依法取得的采矿许可证规定的范围内,开采矿产资源和获得所开采的矿产品的权利。取得采矿许可证的单位或者个人称为采矿权人。"通过字面含义,可知:其一,采矿权的主体是单位和个人;其二,采矿权的取得需要依法经过行政许可程序,取得后颁发采矿许可证;其三,采矿权的内容包括开采矿产资源的权利和开采后获得矿产品的权利;其四,采矿权必须在采矿许可证规定的范围内行使。从法律性质看,采矿权具有支配权能,可以对开采出来的矿产品进行直接支配。采矿权是财产权,是一种财产性民事权利,其典型的特征就是以经济价值的实现为目的。采矿权的客体是物,主要是有体物,诸如有形的矿产品等。采矿权具有排他性。从采矿权的物权特征看,它具有物权属性,这也是区分采矿权物权属性学说和非物权属性学说的关键所在。[2]

(二)行使方式

矿产资源具有来源公共性、用途公益性和管理公开性,特别是基于其对经济社会发展的基础保障和维护国家经济安全的作用,矿产资源具有较强的国家管制和行政管理色彩。矿产资源是人类生存所必需的重要物质。根据《宪法》第9条规定,矿藏等自然资源属于国家所有。国家保障自然资源的合理利用。矿业权是国家矿产资源所有权的重要实现方式,在我国矿产资源产权体系中居于核心地位。由于矿产资源关系到国计民生、国家安全和发展战略,国家必然要加以控制。国务院代表国家行使矿产资源所有权。[3] 根据《矿产资源法》第11条的规定,国务院及省、自治区、直辖市人民政府的地质矿产主管部门分别主管全国或者本行政区域内矿产资源勘查、开采的监督管理工

---

[1] 参见王士亨:《采矿权法律属性的理论重构与制度改革》,《经济问题》2020年第1期,第30页。

[2] 参见李建华、李靖:《采矿权法律性质的再认识》,《国家检察官学院学报》2017年第6期,第127-131页。

[3] 参见耿宝建:《矿业权司法保护与〈矿产资源法〉修改——以最高人民法院近年三起矿业权行政裁判为例》,《法律适用》2019年第9期,第77页。

作。该法第 7 条还规定:"国家对矿产资源的勘查、开发实行统一规划、合理布局、综合勘查、合理开采和综合利用的方针。"国家对矿产资源的勘查、开发实施的这些管理性行为,可以看作是行使矿产资源国家所有权的一种方式。

采矿权是基于矿产资源国家所有而产生的一项权利,矿产资源本身处于静止状态,如果不进行相关的资源开发利用活动,其经济和社会价值就不可能显现,这就需要由特定主体对矿产资源进行勘查、开采和利用,由此便形成了法律意义上的探矿权和采矿权。就采矿权而言,法律赋予了权利人开采矿产资源和获得所开采的矿产品的权利,同时国家实行采矿权有偿取得制度,以实现所有者收益。因此,从本质上看,采矿权属于私权,应纳入民法物权的范畴。但同时这项权利也是基于行政许可而产生的,根据《矿产资源法》《矿产资源开采登记管理办法》的规定,要想取得采矿权,必须经过各级政府主管部门的审批登记。由此可见,采矿权在本质上属于私权,但在权利来源上却依赖于行政许可。[1]

在实践中,为了更好地开发、利用矿产资源,国家一般将矿产资源的勘查、开采权赋予符合资质条件的民事主体,由其取得探矿权和采矿权,具体行使勘探、开采矿产资源的权利。《矿产资源法》第 3 条第 3 款规定:"勘查、开采矿产资源,必须依法分别申请、经批准取得探矿权、采矿权,并办理登记;但是,已经依法申请取得采矿权的矿山企业在划定的矿区范围内为本企业的生产而进行的勘查除外。国家保护探矿权和采矿权不受侵犯,保障矿区和勘查作业区的生产秩序、工作秩序不受影响和破坏。"采矿权是直接支配国家矿产资源进行开发利用并享有利益的一种排他的权利。[2] 采矿权定性为用益物权具有一定合理性,可解决采矿权人在事实层面获得矿产品与矿产资源在法律层面属于国家所有之间的矛盾,强调采矿权应受到所有权的制约。[3]

采矿权作为民法上财产权的一种特殊类型,具有高经济价值和高社会关联性。为了公共利益,可以对采矿权施加非征收性限制,但这些限制必须符合比例原则,且不能导致采矿权人基于采矿权而享有的核心利益的丧失。立

---

[1] 参见王士亨:《采矿权法律属性的理论重构与制度改革》,《经济问题》2020 年第 1 期,第 32 页。

[2] 参见江平主编:《中国矿业权法律制度研究》,中国政法大学出版社 1991 年版,第 56 页。

[3] 参见王士亨:《采矿权法律属性的理论重构与制度改革》,《经济问题》2020 年第 1 期,第 27-28 页。

法者在采矿权人财产利益和公共利益之间的权衡,必须采取措施避免财产权人承受过分的负担。[1] 在此意义上,可以说,采矿权具有公权和私权的双重属性。私权的行使遵循当事人意思自治原则,通常不会附加公法上的特别义务,非有法律的明确规定,公权力不得介入;而公权则附载着公法上的特别义务,权利行使受到主管行政机关的严格监管。譬如采矿权人在矿产资源的开采中应当采取措施将对矿区周边环境的污染降到最低限度,对于因采矿而破坏的土地、水域、环境负有修复义务和责任,无法修复的,应依法承担生态补偿的义务和责任。[2]

采矿权许可证的取得需要经过行政机关的许可,明显带有公权的色彩。采矿权的权利内容含有公权的属性,主要表现在国家对采矿权的主体进行了严格限制,只有具备一定资质的社会组织和个人才有权申请取得采矿权许可证,对资质的审查也比较严格。因此,从这一点看,国家对于采矿权的取得是有干预的,只不过这种干预是基于矿产资源的稀缺性和社会公共性。物权法中规定的一般物权,其取得并不需要采取申请加批准的方式。而因为采矿权具有公权力的色彩,使其区别于一般物权。对于采矿权人来说,要想开采和利用矿产资源,就必须依法申请获得行政机关的许可,按照许可证的范围去开采和利用,这就在物权的权利行使和取得方面进行了一定的限制。[3]

《矿产资源法》第5条规定:"国家实行探矿权、采矿权有偿取得的制度;但是,国家对探矿权、采矿权有偿取得的费用,可以根据不同情况规定予以减缴、免缴。具体办法和实施步骤由国务院规定。""开采矿产资源,必须按照国家有关规定缴纳资源税和资源补偿费。"国家依法批准民事主体取得探矿权和采矿权,并向探矿权人和采矿权人收取资源补偿费及其他费用,其实也是行使矿产资源国家所有权的一种方式。根据《物权法》第123条的规定,依法取得的探矿权、采矿权受法律保护。这就明确了探矿权和采矿权的用益物权属性。探矿权、采矿权作为一种用益物权,其母权就是矿产资源国家所有权。

---

[1] 参见宦吉娥:《法律对采矿权的非征收性限制》,《华东政法大学学报》2016年第1期,第41页。

[2] 参见王克稳:《论公法性质的自然资源使用权》,《行政法学研究》2018年第3期,第42页。

[3] 参见李建华、李靖:《采矿权法律性质的再认识》,《国家检察官学院学报》2017年第6期,第132页。

第四节　无线电频谱资源的权利配置

一、无线电频谱资源符合自然资源的特征

自然资源是一种规律性的存在。这从根本上决定了人类对自然资源进行研究、开发利用及保护的内容和方式,同时也是构建自然资源法律制度的起点和内在决定性因素。一般认为,构成自然资源需要具备价值性、有限性、地域性、整体性等特征。无线电频谱资源均符合这些特征。

（一）无线电频谱资源的价值性

自然资源的价值性,或称经济属性[1]、可使用性[2],是指所有的自然资源都具有使用价值,可以满足人类的各种需要。也就是说,任何自然物质和能量,只有在能够被人类用来改善生产和生活条件时,才能被称为自然资源。例如,土地资源可提供食物,森林、草地资源既能提供物质资料,又能提供良好的生态环境、改善气候,等等。

无线电频谱资源也具有价值性的特征。根据物理学的知识,无线电频谱是电磁波的一种,电磁波频谱中 3000GHz 以下的部分称为无线电频谱。无线电频谱资源可用来进行声音和图像广播、气象预报、导航、无线通信、灾害报警、报时等业务。[3]对于无线电频谱资源具有的价值性,法学界早有认识。盐野宏教授就曾指出,电波是贵重的资源,在这一点上类似于流水。[4]

在当今社会,不仅通信领域需要大量用到无线电频谱资源,其他学科也需要扩展利用无线电频谱资源的范围。无线电通信已被广泛应用于公众通信、广播、电视、铁路、交通、航空、水上、石油、化工、农村、气象、渔业、旅游、建筑、卫生、教育、国防、公安、安全等部门,并大量用于外贸、金融、证券、工商、体育等社会的各行各业,对于促进信息交流、保障国家安全、维护社会稳定、搞好生产调度、丰富人民物质文化生活都发挥着重要作用,具有明显的社会

---

[1] 参见蔡守秋:《环境资源法教程》,武汉大学出版社 2000 年版,第 432 页。
[2] 参见戚道孟主编:《自然资源法》,中国方正出版社 2005 年版,第 1 页。
[3] 参见希玉久:《频谱定义及频谱资源的特性》,《电子世界》2000 年第 4 期,第 54 页。
[4] 参见[日]盐野宏:《广播法制的课题》,第 77 页、第 81 页、第 139 页、第 143 页。转引自[日]盐野宏:《行政法》,杨建顺译,法律出版社 1999 年版,第 751 页,注释①。

效益和经济效益。[1]目前,无线电频谱资源的利用已非常紧张,其价值性也日益凸显。

(二)无线电频谱资源的有限性

有限性是自然资源的本质特征。[2]如张梓太教授所言,"对于不可再生资源来说,其形成的地质年代过程远远超过人类社会的预期时限,因此就现有的不可再生资源而言,只能是越用越少。对于可再生资源来说,其再生能力的维持和实现是需要一定条件的,而人类社会对自然资源开发利用的扩张性倾向往往会削弱甚至破坏可再生资源的自我更新和恢复能力,导致可再生资源数量和质量的长期性衰落"[3]。也就是说,任何自然资源,就其总量相对于人类的无限需求而言,都是有限的、稀缺的。

无线电频谱资源属于非耗竭性资源,或称恒定资源。恒定资源是指在大自然中大量存在,无论如何使用其总量也不会减少且无污染或少污染的资源,如太阳能、风能、潮汐能等。[4]无线电频谱资源也属于恒定资源的一种,它不同于土地、水、矿山、森林等可以再生或非再生的资源。"无线电频谱可以被利用但不会消耗掉,是一种非消耗性的资源。"[5]从这个角度看,可能会使我们对于无线电频谱资源的有限性产生疑问。但是,根据物理学知识,无线电频谱资源也是有限的。包括红外线、可见光、X射线在内的电磁波的频谱相当之宽,而无线电通信使用的频谱资源只限于3 kHz至3 000 GHz之间。更高的电磁频谱当然不以3 000 GHz为限,使用3 000 GHz以上电磁频谱的电信系统也在研究探索之中,但它最大不能超过可见光的范围。另外,尽管人们可通过频率、时间、空间这三维相互关联的要素进行频率的多次复用指配来提高频率利用率,但就某一频率或频段而言,在一定的区域、一定的时间、一定的条件之下,它又是有限的。[6]无线电频谱资源的这一特性,在立法中也得到了确认。例如,我国《无线电频率划分规定》在前言部分就指出:"无线电频谱是有限的自然资源。"

---

[1] 参见希玉久:《无线电频谱资源》,《全球定位系统》2002年第5期,第40-42页。
[2] 参见曹明德、黄锡生主编:《环境资源法》,中信出版社2004年版,第209页。
[3] 张梓太主编:《自然资源法学》,北京大学出版社2007年版,第5页。
[4] 参见肖国兴、肖乾刚:《自然资源法》,法律出版社1999年版,第15-17页。
[5] 倪旭佳、王峰:《法律视野中无线电频谱资源——我国无线电频谱所有权制度的完善方向》,《北京理工大学学报(哲学社会科学版)》2009年第3期,第20页。
[6] 参见希永久:《频谱定义及频谱资源的特性》,《电子世界》2000年第4期,第53-54页。

（三）无线电频谱资源的地域性

地域性，或称区域性，是指自然资源分布的不平衡，存在数量或质量上的显著地域差异，并有其特殊分布规律。自然资源的地域分布受太阳辐射、大气环流、地质构造和地表形态结构等因素的影响，其种类特性、数量多寡、质量优劣都具有明显的区域差异。[1]

无线电频谱资源呈现的地域性与传统的自然资源有所不同。无线电频谱资源是频率、时间、空间三要素的结合，因此在全球范围内寻求时空复用成为可能。也就是说，"无线电波有其固有的传播特性，它不受行政区域、国家边界的限制"[2]。从这个意义上说，无线电波不具有地域性。

然而，为了合理利用无线电频谱资源，又必须使其具有地域性，因为无线电频谱资源极易受到干扰。随着无线电发射设备数量的增加，空中电磁环境日趋复杂。每一部无线电发射设备对周边的无线电系统而言，都是潜在的干扰源。不从源头上控制无线电干扰，必将对各项无线电业务的开展带来安全隐患。[3]为解决这一问题，国际电联曾在国际间进行协调，最后根据地理条件和时差，使时空复用取得了协议，即根据时差把全球分成三个用频区，每个用频区的覆盖面积均有些出入，但大体相当。第一用频区为拉丁美洲、北美洲、北冰洋及印度洋；第二用频区为欧洲、非洲及大西洋；第三用频区为亚洲、大洋洲及太平洋。[4]可见，从频谱资源利用的角度来看，无线电频谱资源也具有自然资源所具有的地域性特征。任何使用者在一定的时间、空间条件下对某一频段的占用，都排斥了他人在同一时间、空间内对该频段的使用。

（四）无线电频谱资源的整体性

整体性是指每个地区的自然资源要素彼此具有生态联系，形成一个整体，触动其中一个要素，可能引起连锁反应，影响整个自然资源系统的变化。[5]自然资源在时间和空间条件下，紧密地联系为一个整体。

整体性也是无线电频谱资源的一个特征。由于无线电频谱资源利用中

---

〔1〕 参见刘成武：《自然资源概论》，科学出版社1999年版，第30－33页。

〔2〕 倪旭佳、王峰：《法律视野中无线电频谱资源——我国无线电频谱所有权制度的完善方向》，《北京理工大学学报（社会科学版）》2009年第3期，第21页。

〔3〕 资料来自对时任信息产业部政策法规司副司长李国斌的采访。参见韩永军、易龙：《科学开发频谱资源　严格规范检测机构——信产部政策法规司副司长李国斌解读无线电管理两部新规章》，《中国无线电》2006年第11期，第2－3页。

〔4〕 参见文天香：《为啥说无线电频谱是个资源》，《现代通信》1994年第8期，第8－9页。

〔5〕 参见曹明德、黄锡生主编：《环境资源法》，中信出版社2004年版，第211页。

物理设备的特殊性,无线电频谱资源的干扰是该资源使用的主要矛盾。对无线电频谱的滥用,如使用非许可频率、自行加大发射功率、使用不合格电气性能设备等,导致电磁环境恶化,可利用的频谱资源减少等严重威胁无线电通信的结果。无线电频谱资源有其固有的传播特性,"它最容易受到人为噪声和自然噪声的干扰如反射、折射、散射和波导等,使之无法正常操作和准确而有效地传送各类信息"[1]。因此,任何一个国家、地区、部门甚至个人都不得随意地使用,否则会造成相互干扰,不能确保正常通信。

无线电频谱资源作为一种特殊的自然资源,具有易受干扰又易污染电磁环境的特点。对电磁环境的影响也反映了其作为自然资源的整体性特征。电磁辐射即是一个很好的例证。电磁辐射是指能量以电磁波形式由磁源发射到空间的现象。恶化的电磁辐射环境不仅对人类生活日益依赖的通信、计算机与各种电子系统造成严重的危害,而且会对人类身体健康带来威胁。[2]

二、无线电频谱资源应纳入民法中的物的范围

在罗马法上,物被作为外部世界的某一部分来看待,仅指可以感觉的有形物。"罗马法物权的标的只能是这种意义上的物,即实体的物,罗马人也称它为物体(corpus)。这种实体性,作为物的要件,在古代就已存在;物权标的物的确都是可见的、可触觉的,即可明显感知的;像瓦斯、电力这类物质并不为罗马人所知,至少罗马人并不知道它们可以作为经济实体并因而成为权利的标的。"[3]

承袭罗马法关于物的定义,德国民法也将物权的客体限定为有体物,并且有体物仅指有形物。例如,《德国民法典》第90条规定:"法律意义上的物,仅为有体的标的。"但是,随着社会的发展,人们对物质资料的支配利用能力进一步提高,物的范畴也在不断扩大。实际上,现代社会对物的要求已经没有早期那般严格了。在早期社会,人们所能设定物权的标的无非是一些固体的"物",这与当时的生产力水平分不开。在那时,人们有能力支配的仅仅是这些容易被支配的物,这些物所表现的特点是很明显地以固定形式长期存

---

〔1〕 希永久:《频谱定义及频谱资源的特性》,《电子世界》2000年第4期,第54页。

〔2〕 参见王毅、徐辉:《城市电磁环境的新问题》,《城市管理与科技》2001年第3期,第14-18页。

〔3〕 [意]彼德罗·彭梵得:《罗马法教科书》(修订版),黄风译,中国政法大学出版社2005年版,第141页。

在。随着生产力的发展,人们逐步掌握了支配非固体物的技术,于是非有体物也成了民法中的物。

伴随着人们关于"物"这一概念认识的变化,所有权的概念也在发生变化。"近代以来,作为民事权利之一种的所有权具有观念性。所谓'所有权的观念性',指所有权系观念的存在,而不以对所有物的现实支配为必要。所有人即使现实并不直接支配标的物,其就标的物仍享有所有权。"[1]认为所有权和实物之间必然存在某些联系,拥有了所有权也就拥有了对物的直接排他性管领控制的观点,在现代社会难以立足。现代社会所阐述的所有权理论越来越趋向于消除权利和实物之间的必然联系。诚如劳森教授所言,"似乎我们正生活在一个比其他任何地方都更为纯粹的观念社会,在这个社会中,任何物质的、有形的东西都完全不存在了"[2]。实际上,所有权是一种直接与法律权利相联系的范畴,所有权与有体物品相对应的观点并非一成不变。

现代以来,人们逐渐认识到应扩大物的范围,认为物不以有体物为限,从而将电、热、声、光等自然力纳入其中。如梁慧星教授所言,"由于社会经济和科学技术的发展,对电、热、声、光等'能'的广泛利用,迫使法律扩张物的概念。于是,电、热、声、光等自然力,亦被称为物,而不拘于'有形'"[3]。郑玉波教授也持同样看法,认为"时至今日,科学发达,物之范围扩张,如自然力(水力、电力),亦应列于物之范畴,因而吾人对于'有体'二字的解释,固不必再斤斤于'无形'矣"[4]。史尚宽先生认为,"物权之客体,原则为有体物,然不以此为限。电、光、热之自然力上得有物权之成立。"[5]卡尔·拉伦茨教授亦指出:"根据一般之观点,'自然力'不属于有形的客体,比如,电、光波和声波、各种类型的射线。但人类可以控制的能量则属于民法意义上的无体的权利的客体。"[6]

无线电频谱资源虽然看似不具有特定性,但这只是因为其具有无形性而导致没有明显表现出特定性而已。当某一物已经为人类所支配和利用,并能

---

[1] 梁慧星、陈华彬:《物权法》(第四版),法律出版社2007年版,第112-113页。
[2] [英]F. H. 劳森:《英国法的理性力量》,1951年版,第79页。转引自[英]彼得·斯坦、约翰·香德:《西方社会的法律价值》,王献平译,中国法制出版社2004年版,第311页。
[3] 梁慧星:《民法总论》(第2版),法律出版社2001年版,第89页。
[4] 郑玉波:《民法总则》,中国政法大学出版社2003年版,第186页。
[5] 史尚宽:《物权法论》,中国政法大学出版社2000年版,第9页。
[6] [德]卡尔·拉伦茨:《德国民法通论》(上册),王晓晔、邵建东、程建英、徐国建、谢怀栻译,法律出版社2003年版,第381页。

为满足人们生活需要发挥作用时,就有必要使据此产生的物权法律关系在法律上得到明确。在现代社会,由于无线电频谱资源已可为人类所支配、控制,所以它也就开始具有民法意义上的物的特征了。

物权制度应该是一个不断发展和更新的权利体系。正如谢在全先生所言,"物权制度既是因人类为生活,必须支配外界物资而存在,与人类之存续,攸息相关,则其内容与构造,自与人类各时代之发展,以及社会背景之不同而有异"[1]。目前,我们所面临的基本情势是无线电频谱资源已经具有了物的特性,围绕无线电频谱资源来构建物权的权利体系已经势在必行。

既然无线电频谱资源属于民法上的物,那么它到底是属于动产还是不动产呢?我们认为,在性质上应当将无线电频谱资源界定为动产。民法上对于动产和不动产的划分,系以物是否能移动并且移动是否损害其价值为标准。无线电频谱资源能够被人类所控制,人类可以移动其频谱发射地域,并且不损害其价值,故应当视为动产。有些国家的立法例也是采用此种观点。例如,《瑞士民法典》第713条规定:"性质上可移动的有体物以及法律上可支配的不属于土地的自然力,为动产所有权的标的物。"[2]

三、无线电频谱资源在民法上可能采取的所有权模式

无线电频谱资源作为自然资源的一种,在民法上可以采取何种所有权模式?第一种选择是无(no)所有权模式,即任何人不得在无线电频谱资源之上享有所有权。第二种选择是公共(common)所有权模式,即每个人都在无线电频谱资源之上享有毫无限制的平等权利。第三种选择是私人(private)所有权模式,即某个私人单独或者几个私人共同对无线电频谱资源享有所有权。第四种选择是国家(state)所有权模式,即国家在无线电频谱资源上享有所有权。问题是,哪一种所有权模式是最佳选择呢?

无所有权模式采取的是一种资源的不开放体制,拒绝人类对特定资源的使用。[3] 无所有权模式最著名的例子是南极的冰川及荒野资源,这片区域不允许人类的开发活动。如果对无线电频谱资源采取无所有权模式,虽然对于保护无线电频谱资源及自然生态系统有很大好处,但却妨碍了人们使用无

---

[1] 谢在全:《民法物权论》(上册),中国政法大学出版社1999年版,第29－30页。

[2] 《瑞士民法典》,殷生根、王燕译,中国政法大学出版社1999版,第283页。

[3] See Jan Hancock. *Environmental Human Rights: Power, Ethics, and Law*. Ashgate Publishing Limited Press, 2003, pp. 137-138.

线电频谱资源来满足自己的需要,尤其是与现代社会通讯科技及经济发展的需要不相符合。

公共所有权模式与无所有权模式相反,允许每一个人都可毫无限制地使用自然资源,采取的是一种资源的开放体制。此种模式欠缺人类开发自然资源所导致生态破坏的相应限制机制,将导致自然资源的过度使用和环境退化。例如,由于"开放进入"(open access)规则的存在,公共牧地资源被过度放牧,公共森林资源被过度砍伐。"世界范围内土地资源的沙漠化以及森林资源的减少,大多应当归咎于'开放进入'规则。"[1]在资源公共所有中,对资源毫无节制的自由、过度使用会导致哈丁教授所言的"公共地悲剧"(the tragedy of the commons)[2]。如果在无线电频谱资源场合采用此种所有权模式,则可能产生滥用、滥占无线电频谱资源,从而导致通讯混乱的情况。

私人所有权模式具有排他使用的特点。例如,当一个人吃一只苹果时,他人就无法吃它;一辆私人汽车不可能按照两个人的意愿同时朝两个方向行驶。在私人所有权模式之下,所有权人可以排斥其他任何人使用其所有的自然资源;自然资源被法律确认为一种商品,其使用及带来的收益被看作是只与财产所有人有关;市场交换在自然资源配置中起作用。显然,无线电频谱资源不能采取私人所有权模式。原因在于:一方面,私人所有权模式剥夺了人们平等使用无线电频谱资源的可能性。人人需要享用无线电频谱资源的现实,决定了不能将其划入竞争性商品的行列。若采取无线电频谱资源私人所有权模式,那么在市场导向下,无线电频谱资源作为一种商品只会流向给所有权人带来最大利益的地方,竭泽而渔式地使用无线电频谱资源的行为便会频现。另一方面,无线电频谱资源具有重要的国防和军事价值,它的所有和使用对国家安全具有重要影响,由此也决定了无线电频谱资源不可能采取私人所有权模式。

无线电频谱资源国家所有权模式在将无线电频谱资源的支配权赋予国家的同时,国家可以对私人使用自然资源的权限和程序进行限制,由此实现对无线电频谱资源的持续有效利用,并可避免其他所有权模式带来的弊端。

---

[1] Robert Cooter, Thomas Ulen. *Law & Economics* (*fifth edition*). Addison Wesley Publishing, 2008, p. 154.

[2] See Hardin. *The Tragedy of the Commons*. Science, New Series, Vol. 162, No. 3859, 1968, pp. 1243-1248.

四、无线电频谱资源应属于国家所有

无线电通信的首次实际利用,是1896年马可尼的第一台无线电报设备在船舶与海岸间使用。当时人们主要将无线电广播视为航海操作的一种安全装置和军事技术的一个潜在优势,政府管理的作用仅类似于今天的机动车登记管理。那时,人们根据"先占原则",即时间上领先,权利上优先的准则,对无线电频谱资源这种尚待开发的资源进行抢占。[1]

但是,基于无线电频谱资源自身的特点,先占原则带来了许多问题。无线电频谱资源与其他自然资源不同,"无线信道的使用必须排除干扰,不允许相同频率的其他无线信道出现在同一时空,所以每个无线信道的频率都必须专用"[2]。由此,先占原则引发了许多问题。例如,在早期的美国,上百家广播电台因这种自由利用而互相干扰,谁也不能准确、有效地传输自己的信号,空中电波一片混乱。为避免新兴的无线电广播业陷入混乱,1927年,美国《无线电广播法》出台,并设立了联邦无线电广播委员会——世界上第一个可以根据具体的管理规则给申请人分配具体频率并发放许可证的职能机构。之后,又根据1934年的《通讯法》,将联邦无线电广播委员会改为现在的联邦通讯委员会(FCC),对无线电频谱资源进行广泛而有深度的管理。[3] 在美国,有关无线电频谱资源所有权的联邦法律主要是1934年的《通讯法》。该法第301条规定,该法的目的是保证联邦政府对无线电频谱资源的控制权,政府向民众提供无线电频谱的使用权而非所有权。[4]

上述事实表明,实现无线电频谱资源的合理化配置,首先必须明确无线电频谱资源的所有权主体。因为只有无线电频谱资源的所有权人明确了,无线电频谱资源才可能在所有权人的意愿下加入到市场交易中去。另一方面,只有所有权主体明确了,所有权的排他性才会构成滥用稀缺资源的坚固屏

---

[1] 参见许若群:《无线电频谱法律调整研究》,《河北法学》2002年第3期,第26–30页。

[2] 文天香:《为啥说无线电频谱是个资源》,《现代通信》1994年第8期,第8页。

[3] 参见许若群:《无线电频谱法律调整研究》,《河北法学》2002年第3期,第26–30页。

[4] Communications Act 1934, Section 301, "License for radio communication or transmission of energy. It is the purpose of this Act, among other things, to maintain the control of the United States over all the channels of radio transmission; and to provide for the use of such channels, but not the ownership thereof, by persons for limited periods of time, under licenses granted by Federal authority, and no such license shall be construed to create any right, beyond the terms, conditions, and periods of the license."

障,阻拦一切人的滥用和搭便车行为。

就无线电频谱资源本身的属性来说,无线电频谱资源不属于一般的物,其私有化与否不仅仅是权利本身的问题,而且对国民经济的健康发展及国家的稳定和安全具有重大影响。在此意义上,无线电频谱资源关乎一国的国防及国家安全,必须由国家所有。

国家对无线电频谱资源进行控制和管理是发挥无线电频谱资源效益的有效路径。在日本,与道路及河川水资源不同,"电波却并不包括在公物之中。本来,将公物法中的观点类推适用于规定电波管理的《电波法》的解释,也是可能的,但是,电波不属于传统的公物法的范畴。存在概括性公物概念的德国、法国也是一样,没有一个国家将电波作为公物从正面展开论述的。这主要是基于历史性理由,即创建公物法的时候,电波尚未成为人类支配管理的对象"[1]。实际上,"电波是贵重的资源,在这一点上类似于流水。从电波公物的构思出发,即从电波为国民共有的财产这一角度出发,试图将对电波利用的公共规制正当化的尝试,有时也得以进行"[2]。根据日本 2005 年颁布的《电波法》第 4 条,任何人如想设置电台必须取得部长的许可。[3] 由此可见,虽然日本对无线电频谱资源的所有权没有明确条文,但其通过对电台执照的行政许可表明了国家对无线电频谱资源事实上的所有权。随着公法与私法的融合,自然资源特许使用权的立法技术可以总结为两种路径:一种路径是私法的立法模式,物权法总则在理念上及在规范设计上,给各种准物权留足成长空间。至于每种准物权制度的躯干及枝叶,均应由单行法来设计,以此来满足物权法定的要求。[4] 另一种路径是公法立法模式,从外部用公法限制物权,即通过行政部门法规定一种自然资源使用权取得、征收、交易方式,然后在具有物权属性时,适用、准用物权法的相关规定。[5] 我国编纂

---

〔1〕 [日]盐野宏:《行政法》,杨建顺译,法律出版社 1999 年版,第 751 页。
〔2〕 [日]盐野宏:《广播法制的课题》,第 77 页、第 81 页、第 139 页、第 143 页。转引自[日]盐野宏:《行政法》,杨建顺译,法律出版社 1999 年版,第 751 页,注释①。
〔3〕 参见《日本电波法》第 4 条。转引自倪旭佳、王峰:《法律视野中无线电频谱资源——我国无线电频谱所有权制度的完善方向》,《北京理工大学学报(哲学社会科学版)》2009 年第 3 期,第 21 页。
〔4〕 参见崔建远:《准物权研究》,法律出版社 2012 年版,第 12 页。
〔5〕 参见王克稳:《行政许可中特许权的物权属性与制度构建研究》,法律出版社 2015 年版,第 213 页。

《民法典》过程中对于自然资源使用权基本沿用了物权法的设计思路。[1]

《宪法》第9条规定了自然资源属于国家所有。《物权法》第5章对国家所有权的主体和对象进行了细化规定,推动宪法上的国家所有制落实为民法上的国家所有权,特定类型的自然资源属于国有财产,由国务院代表国家行使所有权。据此,国家所有权也是私法所有权的一种,也具有占有、使用、收益、处分以及相应的排除权能。[2] 在我国,无线电频谱资源所有权的主体是国家。《无线电管理条例》第4条规定:"无线电频谱资源属国家所有。国家对无线电频谱实行统一规划、合理开发、科学管理、有偿使用的原则。"《物权法》第50条也规定:"无线电频谱资源属于国家所有。"

第五节 森林资源的权利配置

一、森林资源所有权的归属

森林资源指人力可以控制、支配的特定区域的森林有机体的总称。构成森林资源的森林、林木、林地乃至森林生态空间、环境容量、生态服务,都有其特定的内涵和外延,都可以成为独立的权利客体,分别设立不同的权利。同时,它们之间又密切关联,共同构成森林生态系统的整体。森林资源作为整体,亦可作为权利客体,成为法律调整的对象。[3] 在我国,森林资源所有权存在着国家所有权与集体所有权两种形式。《森林法》第14条第1款规定:"森林资源属于国家所有,由法律规定属于集体所有的除外。"《物权法》第48条规定:"森林、山岭、草原、荒地、滩涂等自然资源,属于国家所有,但法律规定属于集体所有的除外。"可见,森林资源在我国原则上属于国家所有,但又有属于集体所有的例外性规定,这一例外需要通过法律的特别规定来创设。

国家与集体享有森林资源的所有权,并不妨碍私人获得林木的所有权。个人所有的林木主要是指在农村的自留山、自留地和农村集体经济组织指定

---

[1] 参见杨曦:《"静态"自然资源使用权立法观念之批判——兼论自然资源特许使用权的立法技术》,《学习与探索》2018年第9期,第89页。

[2] 参见朱虎:《国家所有和国家所有权——以乌木所有权归属为中心》,《华东政法大学学报》2016年第1期,第20页。

[3] 参见林旭霞、张冬梅:《森林资源利用权的民法配置》,《东南学术》2019年第5期,第237页。

的其他地方种植的树木。在以承包或者其他方式取得使用权的林地上和在承包的荒山、荒地、荒滩上种植的树木,个人也可以取得其所有权。另外,包括森林资源在内的自然资源具有生态价值和经济价值双重属性,所有权制度中权利客体应仅指向自然资源的经济价值部分,而生态价值应当由社会公众共同享有,不能囿于所有权的限制。[1]

二、森林资源所有权的行使

（一）行使主体

对于国家享有所有权的森林资源的行使主体,《森林法》第 10 条规定:"国务院林业主管部门主管全国林业工作。县级以上地方人民政府林业主管部门,主管本行政区域的林业工作。乡镇人民政府可以确定相关机构或者设置专职、兼职人员承担林业相关工作。"据此可知,县级以上人民政府林业主管部门是行使森林资源国家所有权的主体。

关于集体享有所有权的森林资源的行使主体,《森林法》没有明确加以规定。不过,《物权法》第 60 条规定:"对于集体所有的土地和森林、山岭、草原、荒地、滩涂等,依照下列规定行使所有权:（一）属于村农民集体所有的,由村集体经济组织或者村民委员会代表集体行使所有权;（二）分别属于村内两个以上农民集体所有的,由村内各该集体经济组织或者村民小组代表集体行使所有权;（三）属于乡镇农民集体所有的,由乡镇集体经济组织代表集体行使所有权。"

（二）行使方式

为加强对森林资源价值的利用,我国实行林地承包经营制度。《民法典》的编纂及相关特别法的修订,为将森林资源利用中的权利及其行使规范化调整提供了难得的历史机遇。应以我国森林资源属于国家或集体所有的基本制度为前提,对森林资源权利配置围绕森林资源利用权的规范设置与归属秩序来展开。[2] 森林资源作为公共资源,同时具有经济效益和社会效益。为了拉动林区经济发展、合理利用森林资源,国家将林地的使用权划拨给林农集体所有,由政府核准颁发林权证。同时,国家鼓励林木所有权、林地使用权

---

[1] 参见薄晓波:《环境民事公益诉讼救济客体之厘清》,《中国地质大学学报(社会科学版)》2019 年第 3 期,第 29 页。

[2] 参见林旭霞、张冬梅:《森林资源利用权的民法配置》,《东南学术》2019 年第 5 期,第 236 页。

有序流转,以促进林业发展,帮助林农脱贫致富。[1]

森林资源利用权是非所有人对森林资源进行使用、收益的权利,而非生存性或公益性权利;森林资源利用权应作为独立于地权的用益物权,并与其他自然资源用益物权"多元并行"。[2]《物权法》第124条第2款规定:"农民集体所有和国家所有由农民集体使用的耕地、林地、草地以及其他用于农业的土地,依法实行土地承包经营制度。"第125条规定:"土地承包经营权人依法对其承包经营的耕地、林地、草地等享有占有、使用和收益的权利,有权从事种植业、林业、畜牧业等农业生产。"可见,《物权法》将林地承包经营权确立为用益物权,赋予了林农和其他经营者长期而有保障的林地使用权。

在推进我国林权制度改革过程中,保障农村集体林地所有权,是保障林农集体利益的重要环节。作为民事权利规范的林权,是指建立在国家、集体森林资源所有权基础上的定限物权,是用以规范非所有人对森林资源所享有的占有、使用、收益的权利。[3] 在林权改革过程中,要注重公众参与机制的构建。当前除了某些自然资源,如土地、矿产等少数种类的自然资源的开发利用的规划决策应保证公民参与外,其他自然资源的开发利用决策是否能成为重大行政决策,更多属于政府的裁量范围。其结果是,一些相对重要的自然资源,如土地、矿产、水资源等规划,更可能被政府列为重大行政决策的事项,从而使公众参与成为可能,而其他自然资源,如森林、无线电频谱资源、野生动植物等自然资源的开发利用决策,则很少被列入重大行政决策事项范围,公众参与基本无从谈起。[4]

另外,在坚持农村集体林地所有制的同时,应进一步丰富集体林地所有权的权能体系。现阶段集体林地所有权仍停留在物权法上传统的所有权理论之下,被概括为占有、使用、收益、处分的抽象权益,有必要从立法上适当丰富农村林地所有权权能体系,以能够更好地实现与保障农民群体林地利益为目标而赋予农村集体林地所有权更为具体的权能,从而也使林地所有权能更

---

[1] 参见冷罗生、王朝夷:《论我国林权流转制度的不足与完善——以恶意收购林权证贷款不还现象为例》,《河北法学》2019年第5期,第41-42页。
[2] 参见林旭霞、张冬梅:《森林资源利用权的民法配置》,《东南学术》2019年第5期,第236页。
[3] 参见林旭霞:《民法视野下的集体林权改革问题研究》,法律出版社2014年版,第56页。
[4] 参见欧阳君君:《论国有自然资源配置中的公众参与》,《江汉论坛》2018年第4期,第128页。

好地实现。[1]建议立法充分赋予与保障农民集体对承包地多元化的具体权能,保障农村集体林地主体发包权、监督权、收回权、获得补偿权、适度处分权、管理权等具体权利的实现,从而使林地权利主体能够更好地维护自身土地利益,营造更加健康的林权流转秩序,推动农村经济发展。[2]在我国,对自然资源的生态价值进行评估其实早有先例,2015年1月,原国家林业局发布的《森林资源资产评估技术规范》就涉及对森林资源生态价值的评估。目前,我国生态价值评估实践已经在森林生态、流域补偿、灾害、湿地生态、景观、城市生态等多个领域开展。[3]

值得注意的是,我国近年已经启动集体林权制度改革,在林区、山区对山林、林地的权属进行确权。在集体林权改革过程中,如果个人、法人或其他组织在确权以后得到的是受保护性而非经济性林地,如防护林、特种用途林等,就可能短期或长期得不到经济效益。如何解决这种分配不平衡的问题,就需要林业生态补偿机制的介入。[4]正如《森林法》《水法》中的森林和水的关系那样,它们既是一种自然资源也是人类赖以生存的环境要素,人类在对它们的资源功能进行获取性用益的同时,不可避免地还需遵循环境法对基于它们的生态功能而产生的消耗性用益的调整,其他自然资源客体也是如此。[5]在法律上确认权利人对森林资源享有所有权和使用权的情况下,若林权人的权利缺乏有效的保护手段,那么森林资源的使用效率必然是低下的。林权制

---

[1] 参见冷罗生、王朝夷:《论我国林权流转制度的不足与完善——以恶意收购林权证贷款不还现象为例》,《河北法学》2019年第5期,第47页。

[2] 参见管洪彦、孔祥智:《"三权分置"下集体土地所有权的立法表达》,《西北农林科技大学学报·社会科学版》2019年第1期,第1-9页。

[3] 参见黄锡生、杨睿:《生态文明视野下的荒地治理法律制度完善》,《中州学刊》2018年第9期,第50页。

[4] 参见刘璨:《中国集体林制度与林业发展》,经济科学出版社2008年版,第112-139页。

[5] 参见邓海峰:《环境法与自然资源法关系新探》,《清华法学》2018年第5期,第57页。有学者对在自然资源之上设置私法性质的用益物权持反对态度,认为在权利属性上,私法上的用益物权是一种支配权,即直接支配物的权利,权利人通过支配和反复使用标的物而收益,因此,能够创设为用益物权的标的物主要是那些具有固定性、永久性、非消耗性的物,因为只有具有这些特点的物才能在其上设定比较长期和稳定的使用权,这也是为什么用益物权基本上都是以土地为标的物的原因。相反,不少土地外自然资源具有可消耗性、流动性、不确定性等特点,不具备私法上用益物权的基本特征,无法创设为私法上的用益物权。对于矿产资源、地下水资源等消耗性自然资源,由于权利的行使直接导致了物的消耗,无法在这类物上设定长期和稳定的使用权,因而,在这类物上无法设定用益物权。参见王克稳:《论公法性质的自然资源使用权》,《行政法学研究》2018年第3期,第45页。

度安排对人们造林、护林以及合理利用森林、促进森林资源的可持续发展,具有深远的影响。

第六节 草原资源的权利配置

一、草原资源所有权的归属

草原资源所有权在我国存在着国家所有与集体所有两种形式。《草原法》第9条第1款规定:"草原属于国家所有,由法律规定属于集体所有的除外。国家所有的草原,由国务院代表国家行使所有权。"《物权法》第48条规定:"森林、山岭、草原、荒地、滩涂等自然资源,属于国家所有,但法律规定属于集体所有的除外。"可见,与森林资源相同,草原资源原则上也属于国家所有,但又有属于集体所有的例外性规定,这一例外需要通过法律的特别规定来创设。

二、草原资源所有权的行使

(一)行使主体

关于草原资源国家所有权的行使主体,根据《草原法》第9条第1款的规定,"国家所有的草原,由国务院代表国家行使所有权。"另外,《草原法》第8条还规定:"国务院草原行政主管部门主管全国草原监督管理工作。""县级以上地方人民政府草原行政主管部门主管本行政区域内草原监督管理工作。""乡(镇)人民政府应当加强对本行政区域内草原保护、建设和利用情况的监督检查,根据需要可以设专职或者兼职人员负责具体监督检查工作。"据此可知,县级以上人民政府草原行政主管部门是行使草原资源国家所有权的主体。

关于集体享有所有权的草原资源的行使主体,《草原法》第11条第3款规定:"集体所有的草原,由县级人民政府登记,核发所有权证,确认草原所有权",并未规定草原资源集体所有权的具体行使主体。《物权法》第60条对此作了明确规定,即"对于集体所有的土地和森林、山岭、草原、荒地、滩涂等,依照下列规定行使所有权:(一)属于村农民集体所有的,由村集体经济组织或者村民委员会代表集体行使所有权;(二)分别属于村内两个以上农民集体所有的,由村内各该集体经济组织或者村民小组代表集体行使所有权;(三)属于乡镇农民集体所有的,由乡镇集体经济组织代表集体行使所有权。"也就是说,在我国实行自然资源国家所有的领域,地方人民政府作为本行政区域内生态环境损害赔偿权利人的权利是由国务院授权赋予的,其前提是国务院代表国家行使并享有自然资源和生态环境所有权及其利益。然而,由法律规定属于集体所有的自然资源及其利益,国务院或者地方人民政府并不能代表。[1]

(二) 行使方式

关于草原资源国家所有权的行使方式,根据《草原法》第 10 条第 1 款的规定,"国家所有的草原,可以依法确定给全民所有制单位、集体经济组织等使用。"另据该法第 11 条第 1 款、第 2 款的规定,"依法确定给全民所有制单位、集体经济组织等使用的国家所有的草原,由县级以上人民政府登记,核发使用权证,确认草原使用权。""未确定使用权的国家所有的草原,由县级以上人民政府登记造册,并负责保护管理。"据此可知,将国有草原的使用权依法确定给全民所有制单位或者集体经济组织等使用,是行使草原资源国家所有权的重要方式。

关于草原资源集体所有权的行使方式,根据《草原法》第 13 条的规定,"集体所有的草原或者依法确定给集体经济组织使用的国家所有的草原,可以由本集体经济组织内的家庭或者联户承包经营。""在草原承包经营期内,不得对承包经营者使用的草原进行调整;个别确需适当调整的,必须经本集体经济组织成员的村(牧)民会议三分之二以上成员或者三分之二以上村(牧)民代表的同意,并报乡(镇)人民政府和县级人民政府草原行政主管部门批准。""集体所有的草原或者依法确定给集体经济组织使用的国家所有的草原由本集体经济组织以外的单位或者个人承包经营的,必须经本集体经济组织成员的村(牧)民会议三分之二以上成员或者三分之二以上村(牧)民代表的同意,并报乡(镇)人民政府批准。"可见,将集体所有的草原发包给本集体经济组织内的家庭或者联户承包经营,或者发包给本集体经济组织以外的单位或者个人承包经营,是集体依法行使草原所有权的重要方式。

另外,根据《物权法》第 124 条、第 125 条的规定,在国家所有由农民集体使用的草地上或者在集体所有的草地上,通过承包经营的方式,可以依法成

---

〔1〕 参见汪劲:《论生态环境损害赔偿诉讼与关联诉讼衔接规则的建立——以德司达公司案和生态环境损害赔偿相关判例为鉴》,《环境保护》2018 年第 5 期,第 39 页。

立用益物权性质的土地承包经营权。《草原法》第14条第1款规定:"承包经营草原,发包方和承包方应当签订书面合同。草原承包合同的内容应当包括双方的权利和义务、承包草原四至界限、面积和等级、承包期和起止日期、承包草原用途和违约责任等。承包期届满,原承包经营者在同等条件下享有优先承包权。"第15条进一步规定:"草原承包经营权受法律保护,可以按照自愿、有偿的原则依法转让。"

第七节 海域资源的权利配置

一、海域资源所有权的归属

海域是重要的自然资源,具有经济价值、社会价值、生态价值等多重价值,能满足人类不同的需求,决定了人类利用海域方式具有多样性,由此也带来广泛的利益冲突,对海域的相关制度安排必须符合海域价值多样性的要求,才能促使海域各种价值、功能的有效实现。我国海域实行国家所有,并通过海域使用权出让方式实现海域的分散利用。[1]根据《海域使用管理法》第2条第1款、第2款的规定,"本法所称海域,是指中华人民共和国内水、领海的水面、水体、海床和底土。""本法所称内水,是指中华人民共和国领海基线向陆地一侧至海岸线的海域。"这是自然资源主权模式的体现,主要通过明确自然资源国家所有权客体的方式,宣告国家对海域资源享有各项权力,因而又可以称为公有财产模式。[2]

在罗马法上,海域被认定为共用物。马尔西安在《法学阶梯》中指出,根据自然法,空气、流水、大海及海滨是共用物。[3]按照共用物的基本法理,它为全人类所共有,由一般公众自由使用。内拉蒂在《论羊皮纸书》第五卷中指出:海滨是公共的,不是国民的可有物,而是源于自然物,至今不属于任何人。[4]

---

[1] 参见唐俐:《论公物性质的国有海域使用制度的构建》,《海南大学学报(人文社会科学版)》2019年第3期,第124页。

[2] 参见熊勇先:《论我国宪法涉海条款的规范构造》,《政治与法律》2018年第8期,第86页。

[3] 参见[古罗马]马尔西安:《法学阶梯》(第3卷)。转引自[意]桑德罗·斯奇巴尼选编:《物与物权》,范怀俊译,中国政法大学出版社1999年版,第8页。

[4] 参见[古罗马]内拉蒂:《论羊皮纸书》(第5卷)。转引自[意]桑德罗·斯奇巴尼选编:《物与物权》,范怀俊译,中国政法大学出版社1999年版,第11页。

在现代社会,包括我国在内的大多数国家规定海域资源的所有权由代表全体公众利益的国家享有,[1]海域资源所有权实质上是海域资源国家所有权。"国家所有"与"全民所有"之间的所有权是形式与实质的关系。"国家"是具有政治意义和法律意义的概念,而"全民"指的是全体人民。[2]《海域使用管理法》第3条第1款规定:"海域属于国家所有,国务院代表国家行使海域所有权。任何单位或者个人不得侵占、买卖或者以其他形式非法转让海域。"《物权法》第46条也规定海域属于国家所有。自然资源物权的设立前提在于自然资源可以成为物权的客体。在此基础上,自然资源物权具有同时包括自然资源所有权和自然资源他物权的特性。更为重要的是,自然资源物权可以通过自然资源用益物权以及自然资源所有权两条途径维护环境公益。[3]

从侵权法角度看,当海域受到环境污染与生态破坏时,国家作为海域所有权主体有权提出海洋生态环境损害索赔。中共中央办公厅、国务院办公厅2017年印发的《生态环境损害赔偿制度改革方案》(以下简称《方案》)建立了我国生态环境损害赔偿制度,旨在"体现环境资源生态功能价值,促使赔偿义务人对受损的生态环境进行修复"。《方案》第4条第(3)款"明确赔偿权利人"中明确表述:"在健全国家自然资源资产管理体制试点区,受委托的省级政府可指定统一行使全民所有自然资源资产所有者职责的部门负责生态环境损害赔偿具体工作;国务院直接行使全民所有自然资源资产所有权的,由受委托代行该所有权的部门作为赔偿权利人开展生态环境损害赔偿工作。"可以看出,《方案》明确授权地方人民政府作为生态环境损害的赔偿请求权主体,主要由政府及其有关部门代表国家对自然资源所有权的行使。[4]同时,国家有履行海域环境保护的义务,当海域生态环境受损时,通过开展海域生

---

[1] 据学者考证,英国依据公共信托原则将海域资源所有权归于王室,美国则将其归于联邦政府所有,法国视其领海范围内的海域资源为公有财产,而意大利、智利和韩国则将其归于国家所有。参见尹田主编:《中国海域物权制度研究》,中国法制出版社2004年版,第11-14页。

[2] 参见肖萍、卢群:《论生态环境损害赔偿权利人的法律地位》,《江西社会科学》2019年第6期,第190页。

[3] 参见余彦、马竞遥:《环境公益诉讼起诉主体二元序位新论——基于对起诉主体序位主流观点的评判》,《社会科学家》2018年第4期,第115页。

[4] 参见薄晓波:《环境民事公益诉讼救济客体之厘清》,《中国地质大学学报(社会科学版)》2019年第3期,第29页。

态环境损害索赔保护海域生态环境,是其履行义务的内容。海域自然资源国家所有权(或主权权利)可作为海域生态环境损害政府索赔的请求权基础,从权利的角度支持国家"可以"索赔;国家环境保护监管义务则可作为国家履行海域生态环境损害索赔职责的基础,从义务的角度表明国家"应当"索赔。政府部门"代表国家"进行海域生态环境损害索赔,前提在于"国家"有索赔请求权。作为特殊的法律主体,国家不但可以成为生态环境损害的索赔主体,也可依法承担环境侵害国家赔偿责任。[1] 因为,自然资源国家所有权由国务院行使,当国家利益受侵害时,应当由法定的国家利益归属主体——国务院及其授权的行政机构作为受害人主张行使救济型请求权;救济的方式根据法律规定有所不同,既可以通过国家直接行使行政权力的方式予以救济,也可以通过司法途径主张损害赔偿。[2]

二、海域资源所有权的行使

(一) 行使主体

按照《海域使用管理法》第 3 条第 1 款的规定,"国务院代表国家行使海域所有权"。该法第 7 条规定:"国务院海洋行政主管部门负责全国海域使用的监督管理。沿海县级以上地方人民政府海洋行政主管部门根据授权,负责本行政区毗邻海域使用的监督管理。"因此,国家海洋行政主管部门代表国家对全国海洋实施监督管理,既负责全国海域使用的监督管理,也负责海洋环境的监督管理。随着新一轮国家机构改革,国家海洋局的海域资源管理与环境保护职能被拆分、整合到自然资源部与生态环境部,[3] 而且船舶管理、渔业管理等继续由海事、渔政等涉海部门管理,海上执法体制中的海洋环境保护执法队伍也将整合到生态环境保护综合执法队伍中。可见,我国海洋环境

---

〔1〕 参见陈惠珍:《国家机构改革背景下海洋生态环境损害政府索赔体制研究》,《中国政法大学学报》2019 年第 4 期,第 9 页。

〔2〕 参见薄晓波:《环境民事公益诉讼救济客体之厘清》,《中国地质大学学报(社会科学版)》2019 年第 3 期,第 32 页。

〔3〕 组建自然资源部和生态环境部是我国推进生态文明建设的重大改革。它部分地解决了我国长期忽略生态环境系统性保护的体制性障碍,即在解决了职责交叉重复、多龙治水以及监管者与所有者不加区分问题的同时,把原来分散的污染防治和生态保护职责统一起来,并打通了地上和地下、岸上和水里、陆地和海洋、城市和农村、一氧化碳和二氧化碳等五个本应一体化管理但却被人为分割的问题。参见李艳芳:《论生态文明建设与环境法的独立部门法地位》,《清华法学》2018 年第 5 期,第 39 页。

监督管理体制,在横向上进一步呈现出分散管理型特点。[1] 自然资源部主要负责各类自然资源的确权登记、有偿使用以及合理开发利用等,为开展国有自然资源的统计和报告提供了极大的便利。[2] 另外,根据该法第 16 条、第 17 条和第 18 条的规定,县级以上人民政府海洋行政主管部门可以依法根据相应的权限,批准申请人提出的使用海域申请。有学者认为,县级以上人民政府海洋行政主管部门享有用海项目的审批权,其实质是国务院授权地方政府行使海域国家所有权。[3]

(二) 行使方式

海域是重要的自然资源,具有强烈的公共物品属性。海域等海洋资源虽然可以看作物的一种,但与私人物品不同,海洋是重要的自然资源,与其他自然资源一样是人类赖以生存和发展的重要物质基础,并且海域、沙滩、海洋鱼类等海洋资源长期以来一直被视为人类的共同遗产,目前多数国家将海洋纳入公用物的范畴,允许公众在不妨碍他人的前提下自由利用这一遗产。[4] 就海域资源传统法律制度而言,存在着明显的结构性缺陷。原因在于,海域资源的财产属性一直没有得到充分重视,海域资源物权存在先天不足。传统制度一般都是从国际法意义上去认识海域资源的,即便是从国内法的角度出发,更多地也是就海域资源的公法意义而言,法律对海域资源规范的重点在于与国家安全及国家利益密切相关的界限划分、海域防务等方面。即使其中涉及一些对海域资源的经济开发性活动,也是以行政管理为主。为此,需要健全海洋资源开发保护制度,以有效规范海洋资源开发利用和保护活动,使之符合可持续发展的要求。[5] 我国宪法规定海域等自然资源归国家所有,排除了将海域等自然资源作为私人所有权客体的可能性而赋予国家积极干预自然资源的权力,国家在怎样干预、干预度方面可以有多种选择:既可以根据需要将自然资源直接设定为公物交给公众使用以直接实现公共利益,也

---

[1] 参见陈惠珍:《国家机构改革背景下海洋生态环境损害政府索赔体制研究》,《中国政法大学学报》2019 年第 4 期,第 12 页。

[2] 参见周华:《论国务院向全国人大常委会报告国有资产管理情况制度的实行》,《人大研究》2019 年第 7 期,第 11 页。

[3] 参见尹田主编:《中国海域物权制度研究》,中国法制出版社 2004 年版,第 16 页。

[4] 参见中国民法典立法研究课题组:《中国民法典草案建议稿附理由:物权编》,法律出版社 2004 年版,第 71 页。

[5] 参见孙佑海:《从反思到重塑:国家治理现代化视域下的生态文明法律体系》,《中州学刊》2019 年第 12 期,第 58 页。

可以将自然资源授予国家机关或相关国有单位利用以间接实现公共利益;还可以依据公平和效率原则把不同资源分别交给最能发挥该资源之效益的社会主体去利用,国家只保留"名义上的所有权"——监管利用和分享收益的终极权力。[1]

不容否认的是,随着社会情势的变化,海域资源已经逐渐取得了类似于土地的不动产地位,对此必须引起足够重视,并及时在相关的物权理论和实践中有所回应。首先,从社会发展层面而言,随着陆地资源的逐渐枯竭,必须逐步实现从陆地到海洋资源开发的转移,海域资源将成为与土地并存的人类生产和生活的重要场所和基本物质资料,以海域为主要规范对象的物权权利体系应成为相关制度安排的核心和基础。其次,从科学技术发展水平而言,对海域资源的利用方式和途径将逐步扩展,海域将成为与土地类似的可供开发利用的基础性的自然资源类型。目前,海域资源领域的交通航运、养殖、矿业、旅游等海域资源开发利用的规模和程度不断扩展,这表明如今海域资源所承载的社会功能已具备物权制度生长和发展的社会现实基础。[2] 最后,海域资源的使用往往与其他自然资源的开发紧密相关。以采矿权为例,为解决资源载体与资源竞争性使用下公共财产体制与私有财产体制的冲突需要采取必要的限制措施。土地、水域和海域是采矿活动的资源载体,又均具有多用途性,这些用途又经常是竞争性的。在发生冲突时,如果权利主体均是私主体,此时便可通过协商或侵权机制处理。但如果介入了公共财产制,便需要立法或司法对公共财产制所代表的公共利益与采矿权人利益进行衡量。[3]

根据《海域使用管理法》第3条第2款的规定,"单位和个人使用海域,必须依法取得海域使用权。"该法第19条还规定:"海域使用申请经依法批准后,国务院批准用海的,由国务院海洋行政主管部门登记造册,向海域使用申请人颁发海域使用权证书;地方人民政府批准用海的,由地方人民政府登记造册,向海域使用申请人颁发海域使用权证书。海域使用申请人自领取海域使用权证书之日起,取得海域使用权。"县级以上人民政府向海域

---

[1] 参见巩固:《自然资源国家所有权公权说再论》,《法学研究》2015第2期,第123页。
[2] 参见张璐:《中国自然资源物权的类型化研究》,载陈小君:《私法研究(第7卷)》,法律出版社2009年版,第157-158页。
[3] 参见宦吉娥:《法律对采矿权的非征收性限制》,《华东政法大学学报》2016年第1期,第53页。

使用申请人颁发海域使用权证书,使申请人取得海域使用权的行为,显然不仅仅是一种行政管理行为,而且也是行使海域资源国家所有权的一种方式。另外,根据《物权法》第122条的规定,"依法取得的海域使用权受法律保护"。据此可知,海域使用权已经成为以海域资源国家所有权为母权的一种用益物权。

结　论

自然资源权利配置法律机制的合理构建,须立基于自然资源之上权利层次性的解读。自然资源国家所有权的定性需嵌入整个自然资源权利链条中,而非孤立地单一化定性。自然资源之上的权利呈现出极强的层次性,具体体现为:自然资源于宪法层面所体现的全民所有"形态"、宪法层面的所有权、民法层面的所有权、自然资源用益物权及自然资源产品所有权。强调自然资源之上权利的层次性并非否定权利平等性,而是理顺不同权利之间的过渡、转化、派生及生成关系,实现自然资源权利配置目的的公共性。

绿色原则作为《民法总则》首创的民法基本原则,需要《民法典》物权编的规范配套和规则落实,使其相关制度设计不仅具备经济功能,而且彰显绿色原则蕴含的绿色发展理念。法律基本原则所蕴含法律理念的实现需要具体规则的创设、解释和适用。绿色原则向物权编的辐射,进而对自然资源权利配置产生直接影响,本质上取决于基本原则的统率性,亦是《民法典》所处生态文明时代特征的重要展现:应借助物权制度固有的高效实现机制,为践行绿色发展理念和促进生态文明建设提供坚实的私法规范基础。这一辐射过程需要统筹法的伦理性、价值性和技术性,既要充分彰显绿色原则蕴含的生态伦理、环保理念,也要考量《民法典》的体例结构和规范逻辑,使之真正成为沟通私法与公法(民法与环境保护法)以及衡平经济利益与生态利益的制度桥梁,实现绿色原则的物权规则化,构筑对自然资源、生态环境危机的私法制度回应,彰显《民法典》的时代特色。

具体到不同自然资源权利的具体配置,关于宅基地权利的配置,宅基地

"三权分置"是中央层面对农村宅基地法制的重大改革设想和实施乡村振兴的重要组成部分,关系到农村社会的稳定、农业新型产业的发展和农民切实的居住权益,是宅基地法制改革的核心。宅基地"两权分离"的制度困境是生发宅基地集体所有权、"宅基地农户资格权"、"宅基地使用权"之宅基地"三权分置"改革设想的现实依据。"宅基地农户资格权"是农户成员权在宅基地权利配置中的具体体现,经由宅基地"三权分置"将其从宅基地集体所有权中分离出来价值巨大,既可强化农户作为集体成员的资格认同,防止宅基地集体所有权主体"虚置",又可为农户分享宅基地财产收益提供权利基础,更可为"适当放活宅基地使用权"后避免农户"居无其所"消除后顾之忧。宅基地"三权分置"的改革设想使对宅基地的利用不再过度聚焦于宅基地使用权的居住功能,有利于体系化地探讨宅基地权利制度,为完善农村闲置宅基地政策和振兴乡村提供法制保障。宅基地"三权分置"权利结构中,宅基地集体所有权是"宅基地农户资格权"和宅基地使用权的母权基础,"宅基地农户资格权"是将宅基地所有权转化为宅基地使用权的制度桥梁,宅基地使用权的适度流转则是实现宅基地所有权、"宅基地农户资格权"乃至整个宅基地法制改革目标的重要路径。

  关于承包地的权利配置,农地"三权分置"权利结构在修改后的《农村土地承包法》中的提出,标志着我国农地法制改革已经由修法程序向纵深发展。但是,现有修法方案尚存在较大的法理缺失。科学的农地权利结构可使散乱无章的农地使用规则实现优化配置。"三权分置"权利结构并非纯粹从理论角度分析的立法问题,而是直接关系到农村社会长治久安和亿万农户切身权益的重大命题。"三权分置"的合理表达应当是农地集体所有权(自物权)、农户承包经营权(他物权)、新型主体"土地经营权"(债权)。由集体土地所有权到农户承包经营权,实现了农地由实际所有到实际使用的重大变革,现今需实现从农地实际承包到实际经营的再次变革。将"土地经营权"纳入债权范畴并赋予登记能力,具有节约制度变革成本的天然优势,并可稳定"土地经营权"人的经营预期。

  《民法典》物权编草案继续采用土地承包经营权这一法权概念,而未创设"土地承包权",符合私权生成逻辑,有利于节约制度变革成本和维护农地法权秩序,值得肯定。土地承包经营权的变动模式应由债权意思主义改采债权形式主义,将登记作为权利设立和变动的生效要件,既契合农地确权登记的实践需求,亦为权利流转提供制度基础。为实现顺畅流转,《民法典》物权编应取消土地承包经营权转让所受《农村土地承包法》之过分严苛条件的限制,且应允许土地承包经营权出租、入股和实行家庭承包的土地承包经营权抵押。土地承包经营权抵押权的实现可选择强制管理方式,彰显土地承包经营权的财产权属性,亦防止农户失地。

循此,为应对日益严峻的自然资源危机,需要合理的自然资源权利配置法律机制的构建。这既需要探讨自然资源权利配置的基础理论,也需要对具体的权利配置规范进行分析。司法纠纷的解决需要依赖自然资源权利配置的既有规则,但当既有规则不完善甚至缺失时,则需要立法创设相对完善的规则。建构我国自然资源权利配置法律机制,便是从根本上解决自然资源权利配置纠纷的一条路径。

参考文献

一、中文著作

[1] 崔建远.准物权研究.2版.北京：法律出版社,2012.
[2] 崔建远.民法总则：具体与抽象.北京：中国人民大学出版社,2017.
[3] 崔建远.物权法.4版.中国人民大学出版社,2017.
[4] 崔建远.物权：生长与成型.北京：中国人民大学出版社,2004.
[5] 常鹏翱.物权法的基础与进阶.北京：中国社会科学出版社,2016.
[6] 陈慈阳.环境法总论.台北：元照出版有限公司,2012.
[7] 陈新民.德国公法学基础理论(上册).济南：山东人民出版社,2001.
[8] 陈甦主编.民法总则评注(上册).北京：法律出版社,2017.
[9] 陈小君,等.农村土地法律制度研究——田野调查解读.北京：中国政法大学出版社,2004.
[10] 陈小君,等.农村土地问题立法研究.北京：经济科学出版社,2012.
[11] 曹康泰主编.中华人民共和国水法导读.北京：中国法制出版社,2003.
[12] 曹明德,黄锡生主编.环境资源法.北京：中信出版社,2004.
[13] 蔡守秋.基于生态文明的法理学.北京：中国法制出版社,2014.
[14] 蔡守秋.环境资源法教程.武汉：武汉大学出版社,2000.
[15] 丁渠.最严格水资源管理制度河北实施论.北京：中国检察出版社,2013.
[16] 党的十九大报告辅导读本编写组编著.党的十九大报告辅导读本.北京：人民出版社,2017.
[17] 房绍坤.用益物权基本问题研究.北京：北京大学出版社,2006.
[18] 房绍坤.物权法用益物权编.北京：中国人民大学出版社,2007.
[19] 扈纪华.民法总则起草历程.北京：法律出版社,2017.

[20] 胡德胜.生态环境用水法理创新和应用研究——基于25个法域之比较.西安：西安交通大学出版社,2010.

[21] 何海波.法学论文写作.北京：北京大学出版社,2014.

[22] 黄萍.自然资源使用权制度研究.上海：上海社会科学院出版社,2013.

[23] 韩洪建主编.水法学基础.北京：中国水利水电出版社,2004.

[24] 黄风.罗马法.北京：中国人民大学出版社,2009.

[25] 韩德强主编.环境司法审判区域性理论与实践探索.北京：中国环境出版社,2015.

[26] 韩锦绵.水权交易的第三方效应研究.北京：中国经济出版社,2012.

[27] 胡康生主编.中华人民共和国物权法释义.北京：法律出版社,2007.

[28] 胡康生主编.中华人民共和国农村土地承包法通俗读本.北京：法律出版社,2002.

[29] 江平主编.中国物权法教程.北京：知识产权出版社,2007.

[30] 江平主编.物权法教程.北京：中国政法大学出版社,2011.

[31] 江平主编.物权法.北京：法律出版社,2009.

[32] 江平,米健.罗马法基础.北京：中国政法大学出版社,2004.

[33] 江平主编.中国矿业权法律制度研究.北京：中国政法大学出版社,1991.

[34] 梁慧星,陈华彬.物权法.6版.北京：法律出版社,2016.

[35] 梁慧星.民法总论.北京：法律出版社,2017.

[36] 梁慧星.中国民事立法评说：民法典、物权法、侵权责任法.北京：法律出版社,2010.

[37] 梁慧星.中国民法典草案建议稿附理由·物权编.北京：法律出版社,2013.

[38] 梁治平编.法律的文化解释.北京：生活·读书·新知三联书店,1994.

[39] 梁治平.清代习惯法：社会与国家.北京：中国政法大学出版社,1996.

[40] 林诚二.民法总则(上册).北京：法律出版社,2008.

[41] 林旭霞.民法视野下的集体林权改革问题研究.北京：法律出版社,2014.

[42] 雒文生,李怀恩.水环境保护.北京：中国水利水电出版社,2009.

[43] 刘世庆,巨栋,刘立彬,郭时君,等.中国水权制度建设考察报告.北京：社会科学文献出版社,2015.

[44] 刘家安.物权法.2版.北京：中国政法大学出版社,2015.

[45] 刘文,王炎庠,张敦富编著.资源价格.北京：商务印书馆,1996.

[46] 刘守英.直面中国土地问题.北京：中国发展出版社,2014.

[47] 刘保玉.物权体系论——中国物权法上的物权类型设计.北京：人民法院出版社,2004.

[48] 刘成武.自然资源概论.北京：科学出版社,1999.

[49] 刘璨.中国集体林制度与林业发展.北京：经济科学出版社，2008.

[50] 李国强.物权法讲义.北京：高等教育出版社，2016.

[51] 李宜琛.日耳曼法概说.北京：中国政法大学出版社，2003.

[52] 李淑明.民法物权.台北：元照出版有限公司，2012.

[53] 龙卫球，刘保玉主编.中华人民共和国民法总则释义与适用指导.北京：中国法制出版社，2017.

[54] 吕忠梅等著.长江流域水资源保护立法研究.武汉：武汉大学出版社，2006.

[55] 马新彦主编.物权法.北京：科学出版社，2007.

[56] 《民法总则立法背景与观点全集》编写组.民法总则立法背景与观点全集.北京：法律出版社，2017.

[57] 裴丽萍.可交易水权研究.北京：中国社会科学出版社，2008.

[58] 彭万林主编.民法学.北京：中国政法大学出版社，2001.

[59] 彭诚信，陈吉栋.生活中的民法——《民法总则》的生活解读.上海：上海人民出版社，2017.

[60] 戚道孟主编.自然资源法.北京：中国方正出版社，2005.

[61] 孙宪忠.中国物权法总论.3版.北京：法律出版社，2014.

[62] 孙宪忠.国家所有权的行使与保护研究.北京：中国社会科学出版社，2015.

[63] 孙宪忠.争议与思考——物权立法笔记.北京：中国人民大学出版社，2006.

[64] 孙宪忠.论物权法.修订版.北京：法律出版社，2008.

[65] 孙宪忠.德国当代物权法.北京：法律出版社，1997.

[66] 苏永钦.寻找新民法.增订版.北京：北京大学出版社，2012.

[67] 苏永钦.民事立法与公私法的接轨.北京：北京大学出版社，2005.

[68] 隋彭生.用益债权原论：民法新角度之法律关系新思维.北京：中国政法大学出版社，2015.

[69] 史尚宽.物权法论.北京：中国政法大学出版社，2000.

[70] 单平基.水资源危机的私法应对——以水权取得及转让制度研究为中心.北京：法律出版社，2012.

[71] 石宏主编.中华人民共和国民法总则：条文说明、立法理由及相关规定.北京：北京大学出版社，2017.

[72] 王利明.物权法研究.4版.北京：中国人民大学出版社，2016.

[73] 王利明主编.中华人民共和国民法总则详解(上、下册).北京：中国法制出版社，2017.

[74] 王利明.物权法.北京：中国人民大学出版社，2015.

[75] 王利明，杨立新，王轶，程啸.民法学.5版.北京：法律出版社，2017.

[76] 王利明.民法总则.北京：中国人民大学出版社，2017.

[77] 王利明主编.民法.7版.北京：中国人民大学出版社,2018.

[78] 王利明主编.中国物权法草案建议稿及说明.北京：中国法制出版社,2001.

[79] 王泽鉴.民法物权.2版.北京：北京大学出版社,2010.

[80] 王亚华.水权解释.上海：上海三联书店,上海人民出版社,2005.

[81] 王伟中主编.中国可持续发展态势分析.北京：商务印书馆,1999.

[82] 王名扬.法国行政法.北京：北京大学出版社,2007.

[83] 王克稳.行政许可中的特许权的物权属性与制度构建研究.北京：法律出版社,2015.

[84] 王洪亮.自然资源物权法律制度研究.北京：清华大学出版社,2017.

[85] 王灵波.美国自然资源公共信托制度研究.北京：中国政法大学出版社,2016.

[86] 王克稳.行政许可中特许权的物权属性与制度构建研究.北京：法律出版社,2015.

[87] 魏振瀛主编.民法.7版.北京：北京大学出版社,高等教育出版社,2017.

[88] 谢在全.民法物权论(上、中、下册).北京：中国政法大学出版社,2011.

[89] 徐涤宇,胡东海,熊剑波,张晓勇.物权法领域公私法接轨问题研究.北京：北京大学出版社,2016.

[90] 肖国兴,肖乾刚.自然资源法.北京：法律出版社,1999.

[91] 肖乾刚主编.自然资源法.北京：法律出版社,1992.

[92] 肖泽晟.公物法研究.北京：法律出版社,2009.

[93] 尹飞.物权法·用益物权.北京：中国法制出版社,2005.

[94] 尹田.物权法.2版.北京：北京大学出版社,2017.

[95] 尹田.物权法理论评析与思考.2版.北京：中国人民大学出版社,2008.

[96] 尹田主编.中国海域物权制度研究.北京：中国法制出版社,2004.

[97] 于海涌编著.中国民法典草案立法建议(提交稿).北京：法律出版社,2016.

[98] 杨建华,郑杰夫.民事诉讼法要论.北京：北京大学出版社,2013.

[99] 张新宝.《中华人民共和国民法总则》释义.北京：中国人民大学出版社,2017.

[100] 张千帆,党国英,高新军,等.城市化进程中的农民土地权利保障.北京：中国民主法制出版社,2013.

[101] 张穹,周英主编.取水许可和水资源费征收管理条例释义.北京：中国水利水电出版社,2006.

[102] 张梓太主编.自然资源法学.北京：北京大学出版社,2007.

[103] 朱庆育.民法总论.2版.北京：北京大学出版社,2016.

[104] 朱岩,高圣平,陈鑫.中国物权法评注.北京：北京大学出版社,2007.

[105] 曾世雄.民法总则之现在与未来.北京：中国政法大学出版社,2001.

[106] 郑玉波.民法总则.北京：中国政法大学出版社,2003.

[107] 最高人民法院物权法研究小组编著.《中华人民共和国物权法》条文理解与适用. 北京：人民法院出版社，2007.

[108] 中华人民共和国统计局编. 2017 中国统计年鉴. 北京：中国统计出版社，2017.

[109] 中国民法典立法研究课题组. 中国民法典草案建议稿附理由：物权编. 北京：法律出版社，2004.

二、中文译著

[1] [德]阿列克西. 法律原则的结构. 雷磊，编译. 北京：中国法制出版社，2012.

[2] [美]阿兰·兰德尔. 资源经济学：从经济角度对自然资源和环境政策的探讨. 施以正，译. 北京：商务印书馆，1989.

[3] [德]本德·吕斯特，阿斯特丽德·施塔德. 德国民法总论. 18 版. 于馨淼，张姝，译. 北京：法律出版社，2017.

[4] [德]鲍尔，施蒂尔纳. 德国物权法(上册). 张双根，译. 北京：法律出版社，2004.

[5] [意]彼德罗·彭梵得. 罗马法教科书. 修订版. 黄风，译. 北京：中国政法大学出版社，2005.

[6] [美]本杰明·N. 卡多佐. 法律科学的悖论. 董炯，彭冰，译. 北京：中国法制出版社，2002.

[7] [美]本杰明·N. 卡多佐. 法律的成长. 董炯，彭冰，译. 北京：中国法制出版社，2002.

[8] [美]博登海默. 法理学、法哲学及其方法. 邓正来，译. 北京：中国政法大学出版社，1998.

[9] [英]彼得·斯坦，约翰·香德. 西方社会的法律价值. 王献平，译. 北京：中国法制出版社，2004.

[10] [罗马]查士丁尼. 法学总论. 法学阶梯. 张企泰，译. 北京：商务印书馆，1989.

[11] [德]迪特尔·施瓦布. 民法导论. 郑冲，译. 北京：法律出版社，2006.

[12] [德]迪特尔·梅迪库斯. 请求权基础. 陈卫佐，田士永，王洪亮，张双根，译. 北京：法律出版社，2012.

[13] [日]大村敦志. 民法总论. 江溯，张立艳，译. 北京：北京大学出版社，2004.

[14] [日]大村敦志. 从三个纬度看日本民法研究——30 年、60 年、120 年. 渠涛，等译. 北京：中国法制出版社，2015.

[15] [日]大桥洋一. 行政法学的结构性变革. 吕艳滨，译. 北京：中国人民大学出版社，2008.

[16] [意]登特列夫. 自然法：法律哲学导论. 李日章，梁捷，王利，译. 北京：新星出版社，2008.

[17] [美]戴维·H. 格奇斯. 水法精要. 4 版. 陈晓景，王莉，译. 天津：南开大学出版社，2016.

[18] [英]戴维·M.沃克.牛津法律大辞典.李双元,等译.北京:法律出版社,2003.

[19] [法]弗朗索瓦·泰雷,菲利普·森勒尔.法国财产法(上、下册).罗结珍,译.北京:中国法制出版社,2008.

[20] [英]弗里德利希·冯·哈耶克.法律、立法与自由.第一卷.邓正来,等译.北京:中国大百科全书出版社,2000.

[21] [英]F.H.劳森,B.拉登.财产法.施天涛,等译.北京:中国大百科全书出版社,1998.

[22] [法]佛朗索瓦·泰雷,菲利普·森勒尔.法国财产法.罗结珍,译.北京:中国法制出版社,2008.

[23] [美]盖多·卡拉布雷西,菲利普·伯比特.悲剧性选择——对稀缺资源进行悲剧性分配时社会所遭遇到的冲突.徐品飞,张玉华,肖逸尔,译.北京:北京大学出版社,2005.

[24] [德]汉斯-约哈希姆·慕斯拉克,沃夫冈·豪.德国民法概论.14版.刘志阳,译.北京:中国人民大学出版社,2016.

[25] [德]哈里·韦斯特曼,哈尔姆·彼得·韦斯特曼.德国民法基本概念.16版.张定军,葛平亮,唐晓琳,译.北京:中国人民大学出版社,2014.

[26] [美]霍尔姆斯·罗尔斯顿.哲学走向荒野.刘耳,叶平,译.长春:吉林人民出版社,2000.

[27] [日]近江幸治.民法讲义Ⅱ 物权法.王茵,译.北京:北京大学出版社,2006.

[28] [日]近江幸治.民法讲义Ⅰ 民法总则.6版补订.北京:北京大学出版社,2015.

[29] [美]杰克·唐纳利.普遍人权的理论与实践.王浦劬,等译.北京:中国社会科学出版社,2001.

[30] [英]J.G.斯塔克.国际法导论.赵维田,译.北京:法律出版社,1987.

[31] [德]卡尔·拉伦茨.德国民法通论(上、下册).王晓晔,邵建东,程建英,徐国建,谢怀栻,等译.北京:法律出版社,2003.

[32] [德]卡尔·拉伦茨.法学方法论.陈爱娥,译.台北:台湾五南图书出版有限公司,1999.

[33] [德]卡尔·拉伦茨.法律行为解释之方法——兼论意思表示理论.范雪飞,吴训祥,译.北京:法律出版社,2018.

[34] [奥]凯尔森.法与国家的一般理论.沈宗灵,译.北京:中国大百科全书出版社,1996.

[35] [美]康芒斯.制度经济学(上).于树生译.北京:商务印书馆,1962.

[36] [德]罗伯特·阿列克西.法概念与法效力.王鹏翔,译.北京:商务印书馆,2015.

[37] [日]芦部信喜.宪法.李鸿禧,译.台北:元照出版有限公司,2001.

[38] [美]罗斯科·庞德. 普通法的精神. 唐前宏,等译. 北京:法律出版社,2001.

[39] [美]罗伯特·D. 考特,托马斯·S. 尤伦. 法和经济学. 3版. 施少华,姜建强,等译. 上海:上海财经大学出版社,2002.

[40] [德]米夏埃尔·马丁内克. 德意志法学之光:巨匠与杰作. 田士永,译. 北京:法律出版社,2016.

[41] [日]美浓部达吉. 公法与私法. 黄冯明,译. 北京:中国政法大学出版社,2003.

[42] [美]曼瑟尔·奥尔森. 集体行动的逻辑. 陈郁,郭宇峰,李崇新,译. 上海:格致出版社,上海三联书店,上海人民出版社,2011.

[43] [加]莫德·巴洛,托尼·克拉克. 水资源战争——向窃取世界水资源的公司宣战. 张岳,卢莹,译. 北京:当代中国出版社,2008.

[44] [德]萨维尼. 当代罗马法体系(第一卷). 朱虎,译. 北京:中国法制出版社,2010.

[45] [日]穗积陈重. 法典论. 李求轶,译. 北京:商务印书馆,2014.

[46] [日]山本敬三. 民法讲义Ⅰ 总则. 解亘,译. 北京:北京大学出版社,2004.

[47] [澳]斯蒂芬·巴克勒. 自然法与财产权理论:从格劳秀斯到休谟. 北京:法律出版社,2014.

[48] [意]桑德罗·斯奇巴尼选编. 物与物权. 范怀俊,译. 北京:中国政法大学出版社,1999.

[49] [美]汤姆·泰坦伯格. 自然资源经济学. 高岚,李怡,谢忆,等译. 北京:人民邮电出版社,2012.

[50] [美]托马斯·思德纳. 环境与自然资源管理的政策工具. 张蔚文,黄祖辉,译. 上海:上海三联书店,上海人民出版社,2005.

[51] [日]田山辉明. 物权法. 增订本. 陆庆胜,译. 北京:法律出版社,2001.

[52] [德]维尔纳·弗卢梅. 法律行为论. 迟颖,译. 北京:法律出版社,2013.

[53] [德]维亚克尔. 近代私法史(下册). 陈爱娥,黄建辉,译. 上海:上海三联书店,2006.

[54] [德]乌尔里希·克卢格. 法律逻辑. 雷磊,译. 北京:法律出版社,2016.

[55] [德]魏伯乐,[美]奥兰·扬,[瑞士]马塞厄斯·芬格主编. 私有化的局限. 上海:上海三联书店,上海人民出版社,2006.

[56] [日]我妻荣. 我妻荣民法讲义Ⅱ 新订物权法. 有泉亨补订,罗丽,译. 北京:中国法制出版社,2008.

[57] [美]乌戈·马太. 比较法律经济学. 沈宗灵,译. 北京:北京大学出版社,2005.

[58] [日]星野英一. 私法中的人. 王闯,译. 北京:中国法制出版社,2004.

[59] [美]约翰·G. 斯普林克林. 美国财产法精解. 钟书峰,译. 北京:北京大学出版社,2009.

[60] [以色列]尤瓦尔·赫拉利. 人类简史:从动物到上帝. 北京:中信出版社,2014.

[61] [日]盐野宏.行政法.杨建顺,译.北京:法律出版社,1999.

[62] [法]雅克·盖斯旦,吉勒·古博.法国民法总论.陈鹏,张丽娟,石佳友,杨燕妮,谢汉琪,译.北京:法律出版社,2004.

[63] [英]朱迪·丽丝.自然资源:分配、经济学与政策.蔡运龙,杨友孝,秦建新,等译.北京:商务印书馆,2002.

[64] [英]詹宁斯·瓦茨修订.奥本海国际法.第1卷第1分册.王铁崖,等译.北京:中国大百科全书出版社,1996.

[65] 法国民法典(上册).罗结珍,译.北京:法律出版社,2005.

[66] 最新日本民法.渠涛,译注.北京:法律出版社,2006.

[67] 意大利民法典.费安玲,丁玫,张密,译.北京:中国政法大学出版社,2004.

[68] 瑞士民法典.殷生根,王燕,译.北京:中国政法大学出版社,1999.

三、中文论文

[1] 薄晓波.环境民事公益诉讼救济客体之厘清.中国地质大学学报(社会科学版),2019(3).

[2] 崔建远.水权与民法理论及物权法典的制定.法学研究,2002(3).

[3] 崔建远.民法分则物权编立法研究.中国法学,2017(2).

[4] 崔建远.水权转让的法律分析.清华大学学报(哲学社会科学版),2002(5).

[5] 崔建远.自然资源国家所有权的定位及完善.法学研究,2013(4).

[6] 崔建远.编纂民法典必须摆正几对关系.清华法学,2014(6).

[7] 崔建远.征收制度的调整及体系效应.法学研究,2014(4).

[8] 崔建远.土地承包经营权的修改意见.浙江社会科学,2005(6).

[9] 陈华彬.我国民法典物权编立法研究.政法论坛,2017(5).

[10] 陈仪.保护野生动物抑或保护国家所有权.法学,2012(6).

[11] 陈旭琴.论国家所有权的法律性质.浙江大学学报(人文社会科学版),2001(2).

[12] 陈勇.晋冀豫清漳河水权之争.民主与法制时报,2010-1-18.

[13] 陈红梅.生态损害的私法救济.中州学刊,2013(1).

[14] 陈惠珍.国家机构改革背景下海洋生态环境损害政府索赔体制研究.中国政法大学学报,2019(4).

[15] 陈小君,蒋省三.宅基地使用权制度:规范解析、实践挑战及其立法回应.管理世界,2010(10).

[16] 陈小君,高飞,耿卓,伦海波.后农业税时代农地权利体系与运行机理研究论纲.法律科学,2010(1).

[17] 陈小君.我国农村土地法律制度变革的思路与框架——十八届三中全会《决定》相关内容解读.法学研究,2014(4).

[18] 陈华彬.论编纂民法典物权编对《物权法》的修改与完善.法治研究,2016(6).

[19] 曹明德.论我国水资源有偿使用制度——我国水权和水权流转机制的理论探讨与实践评析.中国法学,2004(1).

[20] 池京云,刘伟,吴初国.澳大利亚水资源和水权管理.国土资源情报,2016(5).

[21] 蔡守秋.论公众共用自然资源.法学杂志,2018(4).

[22] 蔡立东,姜楠.农地三权分置的法实现.中国社会科学,2017(5).

[23] 楚道文,唐艳秋.论生态环境损害救济之主体制度.政法论丛,2019(5).

[24] 杜健勋.国家任务变迁与环境宪法续造.清华法学,2019(4).

[25] 邓海峰.环境法与自然资源法关系新探.清华法学,2018(5).

[26] 戴孟勇.狩猎权的法律构造——从准物权的视角出发.清华法学,2010(6).

[27] 丁文.论"三权分置"中的土地承包权.法商研究,2017(3).

[28] 丁文.论土地承包权与土地承包经营权的分离.中国法学,2015(3).

[29] [德]弗里德里希·克瓦克等.德国物权法的结构及其原则.孙宪忠译//梁慧星主编.民商法论丛(第12卷).法律出版社,1999.

[30] 房绍坤.农民住房抵押之制度设计.法学家,2015(6).

[31] 房绍坤.民法典物权编用益物权的立法建议.清华法学,2018(2).

[32] 房绍坤.论土地承包经营权抵押的制度构建.法学家,2014(2).

[33] 冯华,陈仁泽.农村土地制度改革,底线不能突破——专访中央农村工作领导小组副组长、办公室主任陈锡文.人民日报,2013-12-5.

[34] 巩固.自然资源国家所有权公权说.法学研究,2013(4).

[35] 巩固.自然资源国家所有权公权说再论.法学研究,2015(2).

[36] 龚向和.理想与现实:基本权可诉性程度研究.法商研究,2009(4).

[37] 龚向和.国家义务是公民权利的根本保障——国家与公民关系新视角.法律科学,2010(4).

[38] 葛云松.物权法的扯淡与认真——评《物权法草案》第四、五章.中外法学,2006(1).

[39] 郭明瑞.关于物权法公示公信原则诸问题的思考.清华法学,2017(2).

[40] 郭明瑞.民法典编纂中继承法的修订原则.比较法研究,2015(3).

[41] 郭晓虹,麻昌华.论自然资源国家所有的实质.南京社会科学,2019(5).

[42] 郭明瑞.关于编纂民法典须处理的几种关系的思考.清华法学,2014(6).

[43] 郭明瑞.关于宅基地使用权的立法建议.法学论坛,2007(1).

[44] 郭明瑞.关于农村土地权利的几个问题.法学论坛,2010(1).

[45] 关涛.民法中的水权制度.烟台大学学报(哲学社会科学版),2002(4).

[46] 盖晓慧.狭义环境损害的民事救济困境及制度救赎.河北法学,2019(4).

[47] 高海.农村宅基地上房屋买卖司法实证研究.法律科学,2017(4).

[48] 高飞.农村土地"三权分置"的法理阐释与制度意蕴.法学研究,2016(3).

[49] 高圣平.农民住房财产权抵押规则的重构.政治与法律,2016(1).

[50] 高圣平.论农村土地权利结构的重构——以《农村土地承包法》的修改为中心.法学,2018(2).

[51] 高圣平.农地三权分置视野下土地承包权的重构.法学家,2017(5).

[52] 高飞.土地承包经营权流转的困境与对策探析.烟台大学学报(哲学社会科学版),2015(4).

[53] 耿卓.农村土地财产权保护的观念转化及其立法回应——以农村集体经济有效实现为视角.法学研究,2014(5).

[54] 耿宝建.矿业权司法保护与《矿产资源法》修改——以最高人民法院近年三起矿业权行政裁判为例.法律适用,2019(9).

[55] 管洪彦,孔祥智."三权分置"下集体土地所有权的立法表达.西北农林科技大学学报·社会科学版,2019(1).

[56] 韩大元.论社会变革时期的基本权利效力问题.中国法学,2002(6).

[57] 韩世远.宅基地的立法问题.政治与法律,2005(5).

[58] 韩松.我国农民集体所有权的实质.法律科学,1992(1).

[59] 韩永军,易龙.科学开发频谱资源 严格规范检测机构——信产部政策法规司副司长李国斌解读无线电管理两部新规章.中国无线电,2006(11).

[60] 胡艳超,刘定湘,刘小勇,郎劢贤.甘肃省农业水权制度改革实践探析.中国水利,2016(12).

[61] 胡鞍钢,王亚华.从东阳—义乌水权交易看我国水分配体制改革.中国水利,2001(6).

[62] 黄智宇.生态文明语境下我国自然资源多元治理体系之优化.江西社会科学,2017(10).

[63] 黄萍.生态环境损害索赔主体适格性及其实现——以自然资源国家所有权为理论基础.社会科学辑刊,2018(3).

[64] 黄锡生,杨睿.生态文明视野下的荒地治理法律制度完善.中州学刊,2018(9).

[65] 宦吉娥.法律对采矿权的非征收性限制.华东政法大学学报,2016(1).

[66] 江晓华.宅基地使用权转让的司法裁判立场研究.法律科学,2017(1).

[67] 焦富民."三权分置"视域下承包土地的经营权抵押制度之构建.政法论坛,2016(5).

[68] 吕忠梅.物权立法的"绿色"理性选择.法学,2004(12).

[69] 吕忠梅.新时代中国环境资源司法面临的新机遇新挑战.环境保护,2018(1).

[70] 吕忠梅课题组.绿色原则在民法典中的贯彻论纲.中国法学,2018(1).

[71] 吕忠梅.关于物权法的"绿色"思考.中国法学,2000(5).

[72] 梁上上.利益的层次结构与利益衡量的展开——兼评加藤一郎的利益衡量论.

法学研究,2002(1).

[73] 李永军.民法典总则的立法技术及由此决定的内容思考.比较法研究,2015(3).

[74] 李艳芳,穆治霖.关于设立气候资源国家所有权的探讨.政治与法律,2013(1).

[75] 李永燃,李永泉.我国农民集体土地所有权的性质与构造——以日本民法上的入会权为借鉴.西南交通大学学报(社会科学版),2010(4).

[76] 李艳芳.论生态文明建设与环境法的独立部门法地位.清华法学,2018(5).

[77] 李蕊.论我国公有产权的双向度配置.法商研究,2019(3).

[78] 李浩.生态损害赔偿诉讼的本质及相关问题研究——以环境民事公益诉讼为视角的分析.行政法学研究,2019(4).

[79] 李兴宇.生态环境损害赔偿磋商的性质辨识与制度塑造.中国地质大学学报(社会科学版),2019(4).

[80] 李国强.论农地流转中"三权分置"的法律关系.法律科学,2015(6).

[81] 李建华,李靖.采矿权法律性质的再认识.国家检察官学院学报,2017(6).

[82] 梁慧星.松散式、汇编式的民法典不适合中国国情.政法论坛,2003(1).

[83] 刘茂林,陈明辉.宪法监督的逻辑与制度构想.当代法学,2015(1).

[84] 刘卫先.对我国水权的反思与重构.中国地质大学学报(社会科学版),2014(2).

[85] 刘敏."准市场"与区域水资源问题治理——内蒙古清水区水权转换的社会学分析.农业经济问题,2016(10).

[86] 刘峰,段艳,马妍.典型区域水权交易水市场案例研究.水利经济,2016(1).

[87] 刘斌.浅议初始水权的界定.水利发展研究,2003(2).

[88] 刘长兴.论流域资源配置的基本原则与制度体系.政法论丛,2019(6).

[89] 刘静.论生态损害救济的模式选择.中国法学,2019(5).

[90] 刘士国.绿色化与我国民法典编纂.社会科学,2017(9).

[91] 刘子衿."风光"买卖——黑龙江明令,多省潜行,气象系分羹新能源.南方周末,2012-8-23.

[92] 林潇潇.论生态环境损害治理的法律制度选择.当代法学,2019(3).

[93] 林莉红,邓嘉咏.论生态环境损害赔偿诉讼与环境民事公益诉讼之关系定位.南京工业大学学报(社会科学版),2020(1).

[94] 林旭霞,张冬梅.森林资源利用权的民法配置.东南学术,2019(5).

[95] 刘健,尤婷.生态保护补偿的性质澄清与规范重构.湘潭大学学报(哲学社会科学版),2019(5).

[96] 刘连泰."土地属于集体所有"的规范属性.中国法学,2016(3).

[97] 刘宏明.浅议野生动物所有权.绿色中国,2005(10).

[98] 龙翼飞,徐霖.对我国农村宅基地使用权法律调整的立法建议.法学杂志,2009(9).

[99] 冷罗生,王朝夷.论我国林权流转制度的不足与完善——以恶意收购林权证贷

款不还现象为例.河北法学,2019(5).

[100] 孟勤国.物权法开禁农村宅基地交易之辩.法学评论,2005(4).

[101] 孟勤国.禁止宅基地转让的正当性和必要性.农村工作通讯,2009(12).

[102] 马俊驹,丁晓强.农村集体土地所有权的分解与保留——论农地"三权分置"的法律构造.法律科学,2017(3).

[103] 倪旭佳,王峰.法律视野中无线电频谱资源——我国无线电频谱所有权制度的完善方向.北京理工大学学报(哲学社会科学版),2009(3).

[104] 欧阳君君.论国有自然资源配置中的公众参与.江汉论坛,2018(4).

[105] 欧阳君君.行政特许的概念分析.理论月刊,2016(1).

[106] 彭诚信.自然资源上的权利层次.法学研究,2013(4).

[107] 彭诚信,单平基.水资源国家所有权理论之证成.清华法学,2010(6).

[108] 彭诚信.我国物权变动理论的立法选择(上).法律科学,2000(1).

[109] 彭诚信.彰显人文关怀的民法总则新理念.人民法治,2017(10).

[110] 裴丽萍.水权制度初论.中国法学,2001(2).

[111] 潘佳.自然资源使用权限制的法规范属性辨析.政治与法律,2019(6).

[112] 邱源.国内外水权交易研究述评.水利经济,2016(4).

[113] 邱本.自然资源环境法哲学阐释.法制与社会发展,2014(3).

[114] 秦鹏,冯林玉.民法典绿色原则的建构逻辑与适用出路.大连理工大学学报(社会科学版),2018(3).

[115] 税兵.自然资源国家所有权双阶构造说.法学研究,2013(4).

[116] 单平基.我国水权取得之优先位序规则的立法建构.清华法学,2016(1).

[117] 单平基.论我国水资源的所有权客体属性及其实践功能.法律科学,2014(1).

[118] 单平基,彭诚信."国家所有权"研究的民法学争点.交大法学,2015(2).

[119] 单平基."三权分置"理论反思与土地承包经营权困境的解决路径.法学,2016(9).

[120] 单平基.民法典编纂中恶意占有有益费用求偿权的证立及界分.当代法学,2016(3).

[121] 孙宪忠."统一唯一国家所有权"理论的悖谬及改革切入点分析.法律科学,2013(3).

[122] 孙佑海.从反思到重塑:国家治理现代化视域下的生态文明法律体系.中州学刊,2019(12).

[123] 孙宪忠.推进我国农村土地权利制度改革若干问题的思考.比较法研究,2018(1).

[124] 孙宪忠.推进农地三权分置经营模式的立法研究.中国社会科学,2016(7).

[125] 施志源.民法典中的自然资源国家所有权制度设计——基于多国民法典的考

察与借鉴.南京大学学报(哲学·人文科学·社会科学),2018(2).

[126] 施志源.自然资源用途管制的有效实施及其制度保障——美国经验与中国策略.中国软科学,2017(9).

[127] 石佳友.物权法中环境保护之考量.法学,2008(3).

[128] 田东奎.民国水权习惯法及其实践.政法论坛,2016(6).

[129] 田韶华.论集体土地上他项权利在征收补偿中的地位及其实现.法学,2017(1).

[130] 唐俐.论公物性质的国有海域使用制度的构建.海南大学学报(人文社会科学版),2019(3).

[131] 王利明.论国家作为民事主体.法学研究,1991(1).

[132] 王利明,易军.改革开放以来的中国民法.中国社会科学,2008(6).

[133] 王涌.自然资源国家所有权三层结构说.法学研究,2013(4).

[134] 王小军,陈吉宁.美国先占优先权制度研究.清华法学,2010(3).

[135] 王洪亮.论水权许可的私法效力.比较法研究,2011(1).

[136] 王洪亮.论水上权利的基本结构——以公物制度为视角.清华法学,2009(4).

[137] 王建平.乌木所有权的归属规则与物权立法的制度缺失——以媒体恶炒发现乌木归个人所有为视角.当代法学,2013(1).

[138] 王小军,陈吉宁.美国先占优先权制度研究.清华法学,2010(3).

[139] 王利明.民法典的时代特征和编纂步骤.清华法学,2014(6).

[140] 王利明.《物权法》与环境保护.河南省政法管理干部学院学报,2008(4).

[141] 王利明.我国民法典物权编中担保物权制度的发展与完善.法学评论,2017(3).

[142] 王雷.我国民法典编纂中的团体法思维.当代法学,2015(4).

[143] 王军权,蓝楠.信托制度在水权出让环节的作用研究.中国地质大学学报(社会科学版),2017(5).

[144] 王凤春.美国联邦政府自然资源管理与市场手段的应用.中国人口·资源与环境,1999(4).

[145] 王灵波.论公共信托理论与水权制度的冲突平衡——从莫诺湖案考察.中国地质大学学报(社会科学版),2016(3).

[146] 王灿发,冯嘉.从国家权力的边界看"气候资源国家所有权".中国政法大学学报,2014(1).

[147] 王社坤.自然资源产品取得权构造论.法学评论,2018(4).

[148] 王克稳.论公法性质的自然资源使用权.行政法学研究,2018(3).

[149] 王克稳.论自然资源国家所有权权能.苏州大学学报(哲学社会科学版),2018(1).

[150] 王克稳.论我国国有自然资源的范围.南京社会科学,2018(10).

[151] 王克稳.自然资源国家所有权的性质反思与制度重构.中外法学,2019(3).

[152] 王立峰.人权与政治合法性.法学研究,2009(4).

[153] 王明远,孙雪妍.论国际海底矿产资源的法律地位.中国人民大学学报,2019(4).

[154] 王秀卫.我国环境民事公益诉讼举证责任分配的反思与重构.法学评论,2019(2).

[155] 王旭光.论生态环境损害赔偿诉讼的若干基本关系.法律适用,2019(21).

[156] 王清军.法政策学视角下的生态保护补偿立法问题研究.法学评论,2018(4).

[157] 王清军.生态补偿支付条件:类型确定及激励、效益判断.中国地质大学学报(社会科学版),2018(3).

[158] 王文军.论农村宅基地上房屋的买卖.清华法学,2009(5).

[159] 王崇敏.论我国宅基地使用权制度的现代化构造.法商研究,2014(2).

[160] 王士亨.采矿权法律属性的理论重构与制度改革.经济问题,2020(1).

[161] 王毅,徐辉.城市电磁环境的新问题.城市管理与科技,2001(3).

[162] 魏衍亮,周艳霞.美国水权理论基础、制度安排对中国水权制度建设的启示.比较法研究,2002(4).

[163] 魏治勋.全面有效实施宪法须加快基本权利立法.法学,2014(8).

[164] 汪恕诚.水权和水市场:谈实现水资源优化配置的经济手段.水电能源科学,2001(1).

[165] 汪劲.论生态环境损害赔偿诉讼与关联诉讼衔接规则的建立——以德司达公司案和生态环境损害赔偿相关判例为鉴.环境保护,2018(5).

[166] 温世扬,潘重阳.宅基地使用权抵押的基本范畴与运行机制.南京社会科学,2017(3).

[167] 温世扬,吴昊.集体土地"三权分置"的法律意蕴与制度供给.华东政法大学学报,2017(3).

[168] 文天香.为啥说无线电频谱是个资源.现代通信,1994(8).

[169] 徐祥民.自然资源国家所有权之国家所有制说.法学研究,2013(4).

[170] 徐显明."基本权利"析.中国法学,1991(6).

[171] 徐以祥.论我国环境法律的体系化.现代法学,2019(3).

[172] 徐国栋.认真透析《绿色民法典草案》中的"绿".法商研究,2003(6).

[173] 肖萍,卢群.论生态环境损害赔偿权利人的法律地位.江西社会科学,2019(6).

[174] 夏勇.民本与民权——中国权利话语的历史基础.中国社会科学,2004(5).

[175] 希玉久.频谱定义及频谱资源的特性.电子世界,2000(4).

[176] 希玉久.无线电频谱资源.全球定位系统,2002(5).

[177] 许若群. 无线电频谱法律调整研究. 河北法学, 2002(3).

[178] 熊勇先. 论我国宪法涉海条款的规范构造. 政治与法律, 2018(8).

[179] 杨立新. 民法分则物权编应当规定物权法定缓和原则. 清华法学, 2017(2).

[180] 杨解君, 赖超超. 公物上的权利(力)构成——公法与私法的双重视点. 法律科学, 2007(4).

[181] 杨曦. 审批视角下的分级代理行使自然资源所有权研究. 大连理工大学学报(社会科学版), 2019(1).

[182] 杨曦. "静态"自然资源使用权立法观念之批判——兼论自然资源特许使用权的立法技术. 学习与探索, 2018(9).

[183] 杨代雄. 乡土生活场域中的集体财产:从权力到权利. 当代法学, 2005(4).

[184] 于凤存, 王友贞, 袁先江, 蒋尚明. 排水权概念的提出及基本特征初探. 灌溉排水学报, 2014(2).

[185] 于飞. 基本权利与民事权利的区分及宪法对民法的影响. 法学研究, 2008(5).

[186] 易继明. 民法典的不朽——兼论我国民法典制定面临的时代挑战. 中国法学, 2004(5).

[187] 俞江. 保护既有权益是民法典编纂的底线. 法学, 2015(7).

[188] 岳永兵. 宅基地"三权分置":一个引入配给权的分析框架. 中国国土资源经济, 2018(1).

[189] 姚洋. 中国农地制度:一个分析框架. 中国社会科学, 2000(2).

[190] 叶榅平. 自然资源国家所有权行使人大监督的理论逻辑. 法学, 2018(5).

[191] 叶榅平. 自然资源国家所有权主体的理论诠释与制度建构. 法学评论, 2017(5).

[192] 余彦, 马竞遥. 环境公益诉讼起诉主体二元序位新论——基于对起诉主体序位主流观点的评判. 社会科学家, 2018(4).

[193] 张志坡. 物权法定缓和的可能性及其边界. 比较法研究, 2017(1).

[194] 张翔. 基本权利冲突的规范结构与解决模式. 法商研究, 2006(4).

[195] 张翔. 基本权利的双重性质. 法学研究, 2005(3).

[196] 张翔. 基本权利的受益权功能与国家的给付义务——从基本权利分析框架的革新开始. 中国法学, 2006(1).

[197] 张梓太, 陶蕾. "国际河流水权"之于国际水法理论的构建. 江西社会科学, 2011(8).

[198] 张璐. 中国自然资源物权的类型化研究//陈小君. 私法研究(第7卷). 法律出版社, 2009.

[199] 张力. 论国家所有权理论与实践的当代出路——基于公产与私产的区分. 浙江社会科学, 2009(12).

[200] 张牧遥.论国有自然资源权利配置之公众参与权的诉权保障.苏州大学学报(哲学社会科学版),2018(1).

[201] 张梓太,李晨光.关于我国生态环境损害赔偿立法的几个问题.南京社会科学,2018(3).

[202] 张震.民法典中环境权的规范构造——以宪法、民法以及环境法的协同为视角.暨南学报(哲学社会科学版),2018(3).

[203] 张力.自然资源分出物的自由原始取得.法学研究,2019(6).

[204] 张震.中国宪法的环境观及其规范表达.中国法学,2018(4).

[205] 张鸣起.中华人民共和国民法总则的制定.中国法学,2017(2).

[206] 张敏."一号文件"提出探索宅基地"三权分置"禁止下乡建"小产权房".21世纪经济报道.2018年2月6日第002版.

[207] 朱福惠.公民基本权利宪法保护观解析.中国法学,2002(6).

[208] 朱虎.国家所有和国家所有权——以乌木所有权归属为中心.华东政法大学学报,2016(1).

[209] 朱凌珂.美国自然资源损害赔偿范围制度及其借鉴.学术界,2018(3).

[210] 朱丽.美国环境公共利益司法保护制度与实践及对我国的启示.环境保护,2017(21).

[211] 朱岩."宅基地使用权"评释.中外法学,2006(1).

[212] 朱广新.土地承包权与经营权分离的政策意蕴与法制完善.法学,2015(11).

[213] 朱冰.自然资源"环境权"在财产法中的理论逻辑.学术月刊,2018(11).

[214] 郑尚元.宅基地使用权性质及农民居住权利之保障.中国法学,2014(2).

[215] 郑贤君.方法论与宪法学的中国化.当代法学,2015(1).

[216] 周永坤.论宪法基本权利的直接效力.中国法学,1997(1).

[217] 周珂.我国环境立法价值与功能之方法论研究——兼论彭真环境立法方法论.政法论丛,2019(5).

[218] 周俭.宅基地"三权分置"对农民有啥好处?中国妇女报,2018年1月20日第003版.

[219] 周华.论国务院向全国人大常委会报告国有资产管理情况制度的实行.人大研究,2019(7).

[220] 翟国强.宪法权利的价值根基.法学研究,2009(4).

四、英文论著

[1] [美]贝哈安特.不动产法(英文影印本第3版).董安生,查松注,汤树梅校.中国人民大学出版社,2002.

[2] Iriam Seemann. *Water Security, Justice and the Politics of Water Rights in Peru and Bolivia*. Palgrave Macmillan, London, 2016.

[3] David H. Getches. *Water Law*. Saint Paul Minnesota Press, 1984.

[4] Nandita Singh. *The Human Right to Water: From Concept to Reality*. Springer, Switzerland, 2016.

[5] Christopher A. Riddle. *Human Rights, Disability and Capabilities*. Palgrave Pivot, New York, 2017.

[6] James Gordley. *Foundations of Private Law: Property, Tort, Contract, Unjust Enrichment*. Oxford University Press, 2006.

[7] Michael Gregory. *Conservation Law in the Countryside*. Tolley Publishing Company Limited, 1994.

[8] H. L. A Hart. *The Concept of Law* (2nd ed.). Oxford University Press, 1994.

[9] John R. Teerink and Masahiro Nakashima. *Water Allocation, Rights and Pricing: Examples from Japan and the United States*. The World Bank Press, 1993.

[10] Robert Cooter and Thomas Ulen. *Law & Economics* (fifth edition). Addison Wesley Publishing, 2008.

[11] Joseph E. Stiglitz. Carl E. Walsh. *Economics* (3rd edition). W. W. Norton & Company Inc., 2002.

[12] Chennat Gopalakrishnan, Asit K. Biswas, Cecilia Tortajada. *Water Institutions: Policies, Performance and Prospects*. Springer-Verlag Berlin Heidelberg, 2005.

[13] Oliver Wendell Holmes. *The Common Law*(1881). Reprinted in The Collected Works of Justice Holmes, Complete Public Writings and Selected Judicial Opinions of Oliver Wendell Holmes, ed. by S. M. Novick, Chicago. IL: University of Chicago Press, 1995.

[14] H. L. A. Hart. *Essays in Jurisprudence and Philosophy*. Oxford University Press, 1983.

[15] W. Montgomery. *Environmental Geology* (6th ed). The McGraw-Hill Companies, Inc., 2003.

[16] Robert E. Beck. *Water and Water Rights*. Michie Company Press, 1991.

[17] Lee, Boehlje, Nelson and Murry. *Agricultural Finance*. Lowa State University Press, 1988.

[18] F. H. Lawson and Bernard Rudden. *The Law of Property*. 2d ed., Oxford University Press, 1982.

[19] Joshua Getzler. *A History of Water Rights at Common Law*. Oxford University Press, 2004.

[20] James Gordley. *Foundations of Private Law: Property, Tort, Contract, Unjust Enrichment*. Oxford University Press, 2006.

[21] David H. Getches. *Water Law*. Saint Paul Minnesota Press, 1984.

[22] Robert E. Beck. *Water and Water Right*. Michie Company Law Publishers, 1991.

[23] David H. Getches. *Water Law in a Nutshell (3rd ed)*. West Publisher Company, 1997.

[24] E. Fisher. *Water Law*. Law Book Co of Australasia Press, 2000.

[25] David Ingle Smith. *Water in Australia Resources and Management*. Oxford University Press, 1998.

[26] Jan Hancock. *Environmental Human Rights: Power, Ethics and Law*. Ashgate Publishing Limited Press, 2003.

[27] Christine Aklein. *Natural Resources Law*. Aspen Publishers, 2005.

[28] Ugo Mattei. *Comparative Law and Economics*. Michigan University Press, 1997.

[29] Richard Bartlett. *A Comparative of Crown Right and Private Right to Water in Western Australia: Ownership, Riparian Right and Groundwater*. The University of Western Australia Press, 1997.

[30] Jeremy Nathan Jungreis. *"Pemit" Me Another Drink: A Proposal for Safeguarding the Water Rights for Federal Lands in the Regulated Riparian East*. Harvard Environmental Law Review, Vol. 29, 2005.

[31] Fabian Schuppert. *Introduction: Justice, Climate Change, and the Distribution of Natural Resources*. Res Publica, Volume 22, 2016.

[32] Mariana Valverde. *From Persons and Their Acts to Webs of Relationships: Some Theoretical Resources for Environmental Justice*. Crime, Law and Social Change, Volume 68, 2017.

[33] William H. Hunt. *Law of Water Rights*. The Yale Law Journal, Vol. 17, 1908.

[34] Steve Vanderheiden. *Human Rights, Global Justice, or Historical Responsibility? Three Potential Appeals*. The Journal of Value Inquiry, Vol. 51, 2017.

[35] Joseph W. Dellapenna. *The Law of Water Allocation in the South eastern States at the Opening of the Twenty-first Century*. Arkansas Little Rock Law Review, Vol. 9, 2002.

[36] Megan Hennessy. *Colorado River Water Rights: Property Rights in Transition*. The University of Chicago Law Review, Vol. 71, 2004.

[37] Maria Rosaria Marella. *The Commons as a Legal Concept*. Law and Critique, Volume 28, 2017.

[38] Charles J. Meyers. *The Colorado River*. Stanford Law Review, Vol. 19, 1966.

[39] Russ Harding. *Groundwater Regulation: An Assessment*. Mackinac Center for Public Policy, April, 2005.

[40] David M. Flannery, Blair D. Gardner and Jeffrey R. Vining. *The Water Resources Protection Act and Its Impact on West Virginia Water Law*. West Virginia Law Review, Spring, 2005.

[41] Joseph W. Dellapenna. *Global Climate Disruption and Water Law Reform*. Widener Law Review, Vol. 15, 2009.

[42] H. S. Gordon. *The Economic Theory of a Common Property Resource: The Fishery*. Journal of Political Economy, Vol. 62, 1954.

[43] Hakkon Kim, Kwangwoo Park, Doojin Ryu. *Corporate Environmental Responsibility: A Legal Origins Perspective*. Journal of Business Ethics, Vol. 140, 2017.

[44] Hardin. *The Tragedy of the Commons*. Science, New Series, Vol. 162, 1968.

[45] Hugh Breakey. *Who's Afraid of Property Rights? Rights as Core Concepts, Coherent, Prima Facie, Situated and Specified*. Law and Philosophy, Vol. 33, 2014.

[46] Felix S. Cohen. *Dialogue on Private Property*. Rutgers Law Review, Vol. 9, 1954.

[47] World Bank. *Water Resources Management in Japan Policy, Institutional and Legal Issues*. World Bank Analytical and Advisory Assistance (AAA) Program China: Addressing Water Scarcity Background Paper April 2006, No. 1.

[48] World Bank. *Evolution of Integrated Approaches to Water Resource Management in Europe and the United States: Some Lessons from Experience*. World Bank Analytical and Advisory Assistance (AAA) Program China: Addressing Water Scarcity Background Paper April 2006, No. 2.

[49] World Bank. *Water Resources Management in an Arid Environment: The Case of Israel*. World Bank Analytical and Advisory Assistance (AAA) Program China: Addressing Water Scarcity Background Paper July 2006, No. 3.

[50] World Bank. *Dealing with Water Scarcity in Singapore: Institutions, Strategies, and Enforcement*. World Bank Analytical and Advisory Assistance (AAA) Program China: Addressing Water Scarcity Background Paper July 2006, No. 4.

[51] Joseph L. Sax. *The Limits of Private Rights in Public Waters*. Environmental Law, Vol. 19, 1989.

[52] David M. Flannery, Blair D. Gardner and Jeffrey R. Vining. *The Water Resources Protection Act and Its Impact on West Virginia Water Law*. West Virginia Law Review, Spring, 2005.

[53] Olivia S. Choe. *Appurtenancy Reconceptualized: Managing Water in an Era of Scarcity*. Yale Law Journal, Vol. 113, 2004.

[54] Richard A. Epstein. *Possession as the Root of Title*. Georgia Law Review, Vol. 13, 1979.

[55] DanTarlock. *The Future of Prior Appropriation in the New West*. Natural Resources Journal, Vol. 41, 2001.

[56] Joseph L. Sax. *Rights that Inhere in the Title Itself: The Impact of the Lucas Case on Western Water Law*. Loyola Law Review, Vol. 26, 1993.

[57] Joseph W. Dellapenna. *The Law of Water Allocation in the Southeastern States at the Opening of the Twenty First Century*. Arkansas Little Rock Law Review, Vol. 9, 2002.

[58] Olivia S. Choe. *Appurtenancy Reconceptualized: Managing Water in an Era of Scarcity*. Yale Law Journal, Vol. 113, 2004.

[59] Joseph W. Dellapenna. *The Law of Water Allocation in the Southeastern States at the Opening of the Twenty-first Century*. Arkansas Little Rock Law Review, Vol. 9, 2002.

[60] Richard A. Epstein. *Why Restrain Alienation?*. Columbia Law Review, Vol. 85, 1985.

[61] Guido Calabresi, A. Douglas Melamed. *Property Rules, Liability Rules, and In-alienability: One View of the Cathedral*. Harvard Law Review, Vol. 85, 1972.

[62] George Duke. *The Weak Natural Law Thesis and the Common Good*. Law and Philosophy, Vol. 35, 2016.

[63] Margarita V. Alario, Leda Nath Steve, Carlton-Ford. *Climatic Disruptions, Natural Resources, and Conflict: the Challenges to Governance*. Journal of Environmental Studies and Sciences, Vol. 6, 2016.